Volker Schoßwald

Bauernkrieg, Thomas Müntzer und Rebellen der Reformation

Glaube Eifer Terror

Grundlegend überarbeitete Neuauflage, Schwabach, 2024
Mit Fotos und Bildern des Autors

Verlag: BoD · Books on Demand GmbH, In de Tarpen 42,
22848 Norderstedt
Druck: Libri Plureos GmbH Friedensallee 273, 22763 Hamburg
ISBN: **978-3-7693-1299-7**

Detailliertes Verzeichnis

1 Teil 1: Der Bauernkrieg und Thomas Müntzer

1.1 Bauern: Ohne Krieg kein Überleben

Einfach waren sie, die Bauern, die vor 500 Jahren für ihre Rechte kämpften. Schwerlich kann man die bäuerlichen Gerätschaften, die sie im Krieg einsetzten, als Waffen bezeichnen. Von Kriegsführung hatten sie keine Ahnung, spürten aber die Wut in sich, die ein Vertrauen auf Sieg erzeugen kann. Wenig wohlgenährte Menschen müssen wir uns vorstellen, denn das Essen war einfach: Brot und Milchprodukte, Gemüse und Obst der Jahreszeiten. Nota bene: am 23. April 1516 erließ der bayerische König sein heute bewundertes Reinheitsgebot.[1] Aber was war der Grund? Er wollte, dass für das Bier kein wertvolles Getreide, sondern nur die minderwertige Gerste verwendet werden sollte. Das Reinheitsgebot sollte der Mangelernährung gegensteuern. Dass Bier, welches auch als Biersuppe konsumiert wurde, der Volksgesundheit diente, wissen wir erst heute. Grund war die Hygiene, die zum Brauen nötig war sowie der desinfizierende Alkohol.

Was aber wussten die Bauern über die Welt? Lese- und schreibunkundig mussten sie sich auf Erzählungen stützen, auf das, was die Kundigen zu sagen hatten oder die besser gebildeten Pfarrer. Wenige Straßen und üble Pfade beschränkten den Verkehr auf die nähere Umgebung. Freilich, in Kutschen wäre man schon herum gekommen oder zu Pferd. Die Handwerker, die sich auf die Walz begaben, erweiterten ihren Horizont („Das Wandern ist des Müllers Lust"). Die Walz wurde in jener Zeit gerade erst eingeführt und sollte, wie man heute sagen würde, den Transfer von Fachwissen beflügeln.

Die Unterdrückungen der bäuerlichen Bevölkerung, die Entwicklung hin zur Leibeigenschaft waren derart krass geworden, dass sich fast gleichzeitig ab Ende des 15. Jahrhunderts in verschiedenen Gegenden Südwestdeutschlands Bauern erhoben. Auf ihre Fahnen malten sie den bäuerlichen gebundenen Schuh, und so wurde ihre Bewegung Bundschuh genannt.

Zunächst waren die lokalen Erhebungen mit Verschwörungscharakter noch nicht vernetzt. Wo sie zu tatsächlichen Revolten führten, wurden diese von den militärisch überlegenen Fürsten niedergeschlagen. Da jedoch nicht gleichzeitig die Ursachen bekämpft wurden, entlud sich die Unruhe zwei Jahrzehnte später im Bauernkrieg.

Die Geschichtsrezeption der DDR unterschied sich von der der BRD. 1983 war auch in der DDR das „Luther-Jahr", von dem man wirtschaftlich zu profitieren versuchte und dem man zugleich ideologisch das Karl-Marx-

---

[1] Der Wahrheit zuliebe: Die Franken hatten durch Bamberg schon früher ihr Reinheitsgebot erhalten… Am 12.10.1489 erließ der Bamberger Fürstbischof Heinrich III. ein Gebot, das für weite Teile Ober-, Mittel- und Unterfrankens gültig war.

Jahr zur Seite stellte: Jener war 500 Jahre zuvor geboren, dieser 100 Jahre zuvor gestorben.[2]

In einer Dokumentation des Bauernkrieges[3] aus jenem Jubiläumsjahr gibt es vorgeschriebene ideologische Einordnungen: „Die drei oberschwäbischen Bauernhaufen, die ein riesiges Gebiet beherrschten, stellten eine gewaltige Macht des organisierten Volkes dar. Und dennoch offenbaren sich hier Inkonsequenzen, die für den Aufstand selbst verhängnisvoll wurden."[4] Diese Inkonsequenzen sieht der Verfasser Werner Lenk darin, dass die „Christliche Vereinigung" sich nicht „als die alleinige Macht, sondern als ein Defensivbündnis" konstituierte, „das erstens die bestehende feudale Obrigkeit neben sich gelten lässt und zweitens die Berechnung der alten Staatsgewalt und ihrer militärischen Macht nicht selbst in die Hand nimmt." Lenk meinte, es wäre der richtige Zeitpunkt für eine Revolution der Unterdrückten gewesen. Dass die Bauern zur Schlichtung der Gerechtigkeitsfragen „unparteiische Richter, evangelische Prediger – selbst Luther wird dafür vorgesehen" haben wollen, bedeutete für den Vertreter der DDR den „Tod des Aufstandes"[5]. Diese alternative Sicht aus DDR-Perspektive sollten wir im Blick behalten. Die Geschichte der Menschheit hat immer wieder gezeigt, dass auch die Strömungen, die unterlegen waren, ihre Wahrheiten transportierten und nur bornierte Sieger dies zum eigenen Schaden nicht in ihre Sicht integrieren konnten. Geschichte muss immer dialektisch wahrgenommen werden.[6]

So waren sich etwa die Bauern von Ebern nahe Bamberg nicht sicher, wie sie sich im Kriegsfall als handelnde Partei verhalten sollten und fragten den benachbarten „Bildhäuser Bauernhaufen" bei Münnerstadt an. Sie ließen sich beraten, welche Form des Raubens angesagt wäre. In einer ernsthaften Antwort konnten sie lesen: *„Die von Ebern sollen, soviel sie auf den Zug gelegt, herabnehmen. Zum andern, dass man niemand Beut geben solle, dann denjenigen, so bei der Tat gewest."*[7]

Damals entstand die Ordnung des „Bildhäuser Bauernhaufens", der zu entnehmen ist, dass sie in gewisser Weise urchristlich kommunistisch

---

2 Bei der Fahrt zu den Lutherstädten im Trabi eines befreundete Pfarrers querten wir 1983 etliche Dörfer, in denen Transparente über der Hauptstraße prangten: „Die Lehre von Karl Marx ist allmächtig, weil sie wahr ist." Ob der Wahrheit eine echte Macht innewohnt, lässt sich freilich infrage stellen. Als ich die Tour vierzig Jahre später wiederholte, hingen dort Plakate der AfD. Deren Fundament besteht neben Ressentiments aus Fakenews.

3 Lenk, W., (Hg), Dokumente aus dem deutschen Bauernkrieg, 1983 (Reclam Leipzig!)

4 Ebd. S.32

5 Ebd.

6 Das ist ein Plädoyer für eine dialektische Geschichtsbetrachtung, wie ich sie als durch den sokratisch-platonischen Humanismus geprägter Philosoph für unerlässlich halte.

7 Dokumente, S.133

dachten[8]. Dabei ging es weniger darum, dass allen alles gemeinsam gehören solle, als vielmehr darum, dass es allen gleich gehen solle, niemand mehr oder weniger habe solle. Das zeigt sich an der geforderten Behandlung der Adligen. Diese sollten nicht bestraft werden, sondern lediglich einen Lebensstandard haben, wie er allgemein üblich ist – also: Schlösser abreißen, Häuschen bauen. Auffallend ist, dass die Juden explizit erwähnt werden: *„daß allen und jeden Schultheißen und Dorfmeistern geschreiben werde, die Juden in ihren Häuseren, wie bishere beschehen, bleiben zu lassen…"*[9] Die Gefahr, dass die „Wutbürger" antisemitische Exzesse ausleben könnten, hatten die Anführer offenbar im Blick.

1.2   Das neue Zeitalter! Welches?

Am 11.9.2001 riefen nach dem Anschlag auf das WTB eifrige Journalisten ein neues Zeitalter aus: „Dieses Ereignis hat die Welt verändert." Oder begann das neue Zeitalter 1945, als die USA die (bisher einzigen!) Atombomben über Japan abwarfen? Oder schon im ersten Weltkrieg, als die Deutschen zum ersten Mal Giftgas einsetzten… oder im 16. Jahrhundert, als edle Ritter wie Götz von Berlichingen von feigen Feuerwaffenbenutzern marginalisiert wurden. Manche bevorzugen andere Parameter, etwa digitale Revolution mit weltweiter Vernetzung, KI mit Fake News... oder der Siegeszug des Fernsehens, des Rundfunks, der Tageszeitung… oder der Kauf der Blut-WM durch Katar, die Besatzung TV-Deutschlands bei der EM durch symbolträchtig verschleierte Emiratsfrauen.

Schon 106 Wörter belegen die Uneindeutigkeit einer „Zeitalter"-Definition, bei der es mit der Nähe zur Gegenwart immer schwammiger und interessengesteuerter wird. Klassische Historiker datieren den Anbruch der Neuzeit ins 15. bis 16. Jahrhundert mit den Stichwörtern Buchdruck, „Entdeckung Amerikas" oder Martin Luther. Ist auch der Bauernkrieg trotz seines blutigen Endes ein **Zeitenwende**-Fanal? Der Kampf um soziale Gerechtigkeit kumulierte in einer Gegend, in der heute unsere Demokratie angegriffen wird.

DDR-Geschichtsbücher aus Thüringen und Sachsen interpretieren den Bauernkrieg als Beginn der frühbürgerlichen Revolutionen.[10] Doch ein

---

[8] Apg 2,42–47 beschreibt die Jerusalemer Urgemeinde nach Jesu Tod und Auferstehung: „Sie hielten an der Lehre der Apostel fest und an der Gemeinschaft, am Brechen des Brotes und an den Gebeten. Alle wurden von Furcht ergriffen; denn durch die Apostel geschahen viele Wunder und Zeichen. Und alle, die gläubig geworden waren, bildeten eine Gemeinschaft und hatten alles gemeinsam. Sie verkauften Hab und Gut und gaben davon allen, jedem so viel, wie er nötig hatte. Tag für Tag verharrten sie einmütig im Tempel, brachen in ihren Häusern das Brot und hielten miteinander Mahl in Freude und Einfalt des Herzens. Sie lobten Gott und waren beim ganzen Volk beliebt. Und der Herr fügte täglich ihrer Gemeinschaft die hinzu, die gerettet werden sollten."

[9] Ebd.S.135: „Ordnung des Bildhäuser Bauernhaufens" Mai 1525

[10] Auch F. Engels, „Der deutsche *Bauernkrieg*" 1850.

wirklicher „Bauernkrieg" fand nicht statt. Die regionalen Aufstände scheiterten an fehlender Koordination, Eigensinn und mangelnder Strategie. Die Adeligen und Kirchenfürsten agierten strukturierter und gewannen.

Wir beschäftigen uns hier zunächst mit der führenden Persönlichkeit im mitteldeutschen Raum, Thomas Müntzer. Sein Lebensweg führt auf besondere Weise in den Bauernkrieg hinein, aber es ist nicht der Weg eines Bauern, sondern eines Theologen. Nach dem Ende von Thomas Müntzer und mit ihm auch vom Bauernkrieg werfen wir einen Blick auf seine Zeitgenossen, die ebenfalls von rebellischem Eifer erfasst waren.

Wir schauen in das feudalistische Zeitalter. Die soziale Schere war extrem. Sklaverei war an der Tagesordnung, auch wenn sie nicht so genannt wurde. Leibeigenschaft drückt dasselbe aus. Aber auch die, die nicht versklavt waren, lebten in prekären Umständen. Der Adel hatte immer mehr Lebensgrundlagen an sich gerissen. Inzwischen war der Bogen so überspannt, dass es zu lokalen Revolten kam. Thomas Müntzer, seinerseits christlicher Prediger, formulierte es mit seinem Gespür für Ungerechtigkeit plastisch: *"Sieh zu, die Grundsuppe des Wuchers, der Dieberei und der Räuberei sind unsere Herren und Fürsten; sie nehmen alle Kreaturen als Eigentum: die Fische im Wasser, die Vögel in der Luft, das Gewächs auf Erden muss alles ihrer sein."*[11]

Man hört schon den Vorklang zu: „Wacht auf, Verdammte dieser Erde!", der „Internationale". *„Wacht auf, Verdammte dieser Erde, / die stets man noch zum Hungern zwingt! / Das Recht wie Glut im Kraterherde / nun mit Macht zum Durchbruch dringt. / Reinen Tisch macht mit dem Bedränger! / Heer der Sklaven, wache auf! / Ein Nichts zu sein, tragt es nicht länger / Alles zu werden, strömt zuhauf! Völker, hört die Signale! / Auf zum letzten Gefecht! / Die Internationale / erkämpft das Menschenrecht."*

1.3 Thomas Müntzer: Gottesstreiter für Gerechtigkeit

Für Thomas Müntzer, zunächst Anhänger, Mitstreiter und dann Konkurrent Luthers trifft das Prädikat Rebell besonders augenfällig zu und es ist kein Wunder, dass die DDR bei dem Versuch, eine parallele Symbolfigur zu Luther aufzubauen, auf Thomas Müntzer stieß.

1.3.1 Biographische Stationen

Thomas Müntzer wurde in der spannungsvollen Phase des Paradigmenwechsels vom Mittelalter zur Neuzeit 1489 in Stolberg im Harz geboren; die Familie zog 1501 nach Quedlinburg um, weil der Vater in politische Schwierigkeiten kam. Die Darstellung Müntzer mit Pelzkragen deutet auf einen wohlhabenden Hintergrund.

1506 immatrikulierte sich Thomas an der fortschrittlichen Universität von Leipzig, studierte Theologie und wurde 1514 zum Priester im Bistum Halberstadt geweiht. Zwei Jahre später legte er sein Magisterexamen ab und

---

[11] Müntzer, Schriften, S.113

traf nach weiteren zwei Jahren auf Martin Luther, dem allmählich bekannt werdenden reformistischen Professor in Wittenberg. 1519, als die Reformation voll angelaufen war, verfolgte er als Beobachter wiederum in Leipzig die Disputation der kritischen Geister Luther und Karlstadt mit Roms Vertreter Eck. Karlstadt seinerseits konnte ihm mit seinen schwärmerischen, charismatischen Facetten Impulse geben, die ihn auf seine Stelle als Prediger in Zwickau begleiteten. Dorthin hatte ihn Luther persönlich empfohlen.

Müntzer mit Pelzkragen und das Müntzerdenkmal in Stolberg. Von den der Ideologie der DDR verpflichteten Historikern wurde er ganz anders eingeordnet als in der BRD, wo er deswegen sogar ein Stück weit verpönt war.

1.3.1.1 Zwickau

Thomas Müntzer traf 1520 in Zwickau ein. Dort tummelten sich als neue geistliche Bewegung die Zwickauer Propheten. Mit dieser charismatisch geprägten Gruppierung konnte Müntzer sich angeregt austauschen. Parallel dazu entstanden in der Stadt soziale Bewegungen. Verbesserungen vom Rat der Stadt forderten vor allem die Tuchmachergesellen. Da Müntzer nicht zuletzt wegen persönlichen geistlichen Freundschaften dies beredt unterstützte, setzte der Magistrat ihn ab[12].

1.3.1.2 Der Heilige Geist und die „Zwickauer Propheten"

„Gott spricht direkt zu mir, ich brauche dafür keine Priester, keine Kleriker. Der Heilige Geist erfüllt mich." Dies hörten einfache Leute aus der neuen Botschaft des Wittenberger Mönches und Professors Martin Luther heraus. Die geistliche und berufliche Reputation unterstützte die Glaubwürdigkeit seiner Positionen. Luther stellte für den religiösen Bereich alle menschlichen Autoritäten in Frage. Außer Bibel und Gott hatte der individuelle Glaube nichts über sich.

In der kleinen sächsischen Stadt **Zwickau** erfasste der Heilige Geist vor allem Handwerker. Sie spürten die Nähe Gottes; sie spürten: Gott spricht in mir und durch mich. Diese Erfahrung machten auch Nikolaus Storch und Thomas Drechsel, zwei Zwickauer Tuchknappen, Gesellen der Tuchma-

---

[12] Luther veröffentlichte zeitgleich seine Schrift „Von der Freiheit eines Christenmenschen".

cherzunft. Zu ihnen gesellten sich andere Handwerker, z.B. Schuster. Gemeinsam legten sie die Bibel aus. Sie galt ihnen als einzige Autorität, studierte Theologen hatten keinen Vorrang. Für die Auslegung beanspruchten sie die Wirkung des Heiligen Geistes bei sich. Nach ihrem Wortführer nannte sie der Volksmund die „Zwickauer Storchianer". Luther verhöhnte sie als „Zwickauer Propheten", wobei diese Abwertung ein reales Moment enthielt: Die Propheten verkünden die direkte Botschaft Gottes ohne Umweg über Buchstaben.

Einer ihrer führenden Köpfe, Theologiestudent „Stübner", Markus Badstübner aus Elsterberg, stand seinerseits Thomas Müntzer persönlich sehr nahe und gewann ihn für den Kreis, der den heiligen Zahlen der Bibel folgend genau 72 Nachfolgern Jesu umfassen sollte.

Von der Herkunft her war Müntzer im Vergleich zu diesen „Jüngern" „etwas Besseres", doch seine Theologie nivellierte den sozialen Status. Die stimmige geistliche Gemeinschaft erquickte seine Seele.

Ab Mai 1520 vertrat er Sylvius Egranus als Pfarrer in der Marienkirche in Zwickau. Nach dessen Rückkehr wurde er Prediger an der Katharinenkirche. Mit seinen profilierten Predigten fand er Zugang zu den „Storchianern", brüskierte aber die örtlichen Franziskaner, da er Gott höher als die Kirche positionierte.[13] Der Klerus und die Monasten sahen ihnen Einfluss schwinden. Den Mönchen in der Tradition des Franziskus von Assisi mangelte es offenbar an sozialem Bewusstsein. Auch dieser Orden war in die Oberflächlichkeit abgedriftet.

Zur Botschaft der „Zwickauer Propheten" gehörte, dass Gott die Herrschaft ergreifen will. Als vom Geist Gottes geleitet spürten sie, dass sie nicht einfach abwarten sollten, bis sich am Sankt-Nimmerleinstag etwas als Gottes Werkzeug dem Ergreifen seiner Herrschaft den Weg bereiten. So versuchten sie, 1521 den Magistrat abzusetzen. Machtübernahme ist nicht der selbstverständliche Kompetenzbereich von Handwerkern. Da half auch nicht der Heilige Geist, und die Aktion misslang. Die Rädelsführer flüchteten nach Wittenberg, quasi in das Zentrum der Rebellion gegen die Obrigkeiten. Von dort kamen mit Schriften wie „Von der Freiheit eines Christenmenschen" gut lesbare Thesen des Professors Luther.

Auch der Prediger Müntzer wurde am 17. April aus Zwickau verbannt, erhielt jedoch noch sein Salär, dessen Empfang er quittierte: „Thomas Müntzer, qui pro veritate militat in mundo"[14]. Das Wort „militat" näherte sich in den folgenden Jahren seiner deutschen Bedeutung.

---

[13] Ich selbst erlebte dies, als mein Kirchenvorstand meine Entlassung durchsetzte, da ich den sonntäglichen Gottesdienstbesuch höher gewichtete als eine zeitgleich angesetzte KV-Sitzung. Die Kirchenvorsteher nahmen sich wichtiger als Gott und wurden in der Folge auch von der servilen Kirchenleitung bestätigt.

[14] „Thomas Müntzer, der für die Wahrheit in der Welt kämpft". Die Quittung ist erhalten.

1521 erschienen die „Schwärmer" in Wittenberg und fanden dort, weil dieser Ort eine große Ausstrahlungskraft und damit eine kräftige Anziehungskraft hatte, mehr Aufmerksamkeit. Viele, vor allem jüngere Leute auf der Suche nach dem richtigen Weg trafen sich dort. Luther selbst, der Charismatikern sehr kritisch gegenüberstand, war jedoch abwesend, da er auf dem Reichstag in Worms für seine Sache zu kämpfen hatte und anschließend zur Sicherheit auf der Wartburg untertauchte. Dass er die „Schwärmer"[15] ablehnte und letztlich bekämpfte, hing auch damit zusammen, dass für diese Bewegung die universitäre Bildung eine negative Konnotation hatte. Ihre Erfahrungen mit scholastischen Grundeinstellungen und vielleicht auch dem aktuellen Humanismus waren schlecht. Wer die hochgestochenen wie auch inhaltsleeren universitären Äußerungen ihrer Zeitgenossen wahrnimmt, versteht zumindest die Ablehnung dieser leblosen universitären „Bildung". Dies zeigen die satirischen Briefe der „Dunkelmänner" um Ulrich von Hutten, denen Dominikanermönche als Beschreibung der Realität jubelnd zustimmten.

Die unmittelbare Auslegung der Bibel durch ihre Leser war zwar von Luther ermöglicht und ursprünglich auch angepeilt, aber hier entglitt ihm seine Fangemeinde. Aus der Bibel, speziell aus dem Neuen Testament, lassen sich auch regimekritische Aussagen ableiten. Die Schwärmer erwarteten, dass auch ihre Obrigkeit sich zum Glauben, zum „neuen" Glauben bekennen müsste. Wegen ihrer frappanten biblischen Argumentationsfähigkeit interessierte sich selbst Melanchthon für sie. Andreas Karlstadt stand ihnen vorübergehend sehr nahe.

Aus den biblischen Interpretationen ergab sich auch viel Sozialkritik. Das Potential dafür finden wir nicht zuletzt bei den großen Propheten, aber auch im Magnificat der Maria, die einen sozialen Umsturz besingt[16]. Gerade die Propheten konnten ja recht drastisch werden, ihre mittelalterlichen Nachfolger ebenfalls. Friedrich der Weise erhielt Hilferufe aus Wittenberg, weil der Rat der Stadt theologisch nicht mehr mithalten konnte, aber andererseits die Religion einen hohen Stellenwert in der Gesellschaft und auch der lokalen Politik hatte. Parallel zu den Schwärmern hatte Andreas Karlstadt seine ikonoklastischen Reden gehalten und den Bildersturm initiiert. Da musste der Erzengel von der Wartburg vor Ort erscheinen und mit dem Flammenschwert seines Mundes dem höllischen Treiben ein Ende bereiten. „Luther kommt!" hieß es und der Reformator hielt seine markanten Invokavitpredigten, in denen er die Reformen verdammte und nur seine Reförmchen bestehen ließ.

---

[15] In meiner Begrifflichkeit ist „Schwärmer" ein positives Wort: Ein Jüngling schwärmt für ein Mädchen; da sind ganz heftige positive Gefühle im Spiel. Luther freilich war Gefühlen gegenüber offenbar relativ kritisch…

[16] Den Text legten urchristliche Gemeindeglieder Mirjam, der Mutter des Jeshua ben Jussuf aus Nazareth in den Mund gelegt.

Dieser Macht mussten die Propheten weichen – mit ihnen vielleicht auch zeitweise der Heilige Geist. Manche mögen Thomas Müntzer gefolgt sein, der immer stärker in die eschatologisch motivierte Sozialrevolution überging.

Die Zwickauer Propheten zeigen: Religion bedarf immer auch der unvermittelten, direkten Erfahrung.

1.3.1.3 Müntzer auf Wanderung, nach Prag und Allstedt

Müntzer zog nach Prag. An Allerheiligen veröffentlichte er das sozialkritische „Prager Manifest", in dem er den Mangel an Glaubensverkündigung beklagt: *„Von keinem Gelehrten habe ich auch nur ein einziges Wörtlein von der in allen Kreaturen ausgedrückten Ordnung Gottes vernommen, (…) sonderlich nicht von den verfluchten Pfaffen (…) Aber Sankt Paulus schreibt den Korinthern am dritten der anderen Epistel, dass die Herzen der Menschen das Papier oder Pergament sind, da (hinein) Gott mit seinem Finger, nicht mit Tinte, seinen unverrücklichen Willen und ewige Weisheit einschreibt. (…) Das tut Gott deshalb von Anbeginn in seinen Auserwählten, damit sie nicht ein ungewisses, sondern ein unüberwindliches Zeugnis vom Heiligen Geist haben, der da genugsam Zeugnis gibt unserm Geist, dass wir Gottes Kinder sind. Denn wer den Geist Christi nicht in sich spürt, ja der ihn nicht gewiss hat, der ist nicht ein Glied Christi, sondern des Teufels."*[17] Von Prag aus wanderte er wieder in sächsische Lande. Dort pulsierte die Reformation, zu der er in der Tiefe seines Herzens gehörte.

Die St. Johannis-Kirche von Allstedt

Nach etlichen Irrwegen beriefen ihn die Allstedter 1523 als Pfarrer an die Johanniskirche. Dort arbeitete er an der Öffnung des lateinischen Gottesdienstes zur deutschen Sprache („Deutsches Kirchenamt") und bereitete so Luthers „Deutsche Messe" vor. Im gleichen Jahr heiratete er Ottilie von Gersen, also zwei Jahre vor der empörenden Eheschließung von Martin und Käthe. Im März 1524 wurde er Vater.

Als Müntzer im März 1524 in Allstedt gegen die „Abgötterey" in der Mallerbacher Kapelle predigte, legten einige Hörer Feuer, was als Brandstiftung und zugleich als Landesverrat gewertet wurde: Der Landesherr Friedrich der Weise forderte die Auslieferung der Täter. Die Allstedter widersetzten sich und gründeten im Gegenzug einen (natürlich „heiligen") „Bund" mit den Mansfelder Burgknappen, um militant den Gotteswillen durchzusetzen.[18]

---

[17] Das Prager Manifest, 1521

[18] Vieles erinnert an den „Djihad". Es war eben alles schnell „heilig"; wurde damit quasi legitimiert. Heute würde das in Deutschland niemandem gelingen. Religiöse Legitimation scheint obsolet. Irrationale Legitimation scheint akzeptabel, Böse-Sein ist wie in den 1930er Jahren wieder eine Option.

1.3.1.4 Mühlhausen und die Endzeit

Nach seiner aufrührerischen „Fürstenpredigt" musste Müntzer Anfang
August fliehen. Er hatte in einer Auslegung des Propheten Daniel dem ge-
meinen Volk eine neue Position gegeben. Es wäre nun das heilige Volk,
von daher auch frei und nicht mehr den Fürsten untertan, die es entgegen
Gottes Willen knechteten. Die Fürsten hätten nun die Aufgabe, das Volk in
die Freiheit zu begleiten, etwa auch im Widerstand gegen andere Fürsten.
Wenn sie sich nicht in Gottes Willen einfügten, würden sie in der Hölle
landen. Wer die Predigt aufmerksam studiert, merkt, dass Müntzer hier gar
nicht sozialkritisch argumentiert, sondern religiös. Es geht ihm um die
Glaubensfreiheit. Das schien ab schon systemkritisch.

In Mühlhausen[19] fand Müntzer eine neue Predigtstelle. Dort begegnete
er Heinrich Pfeiffer, mit dem ihn viele Grundeinstellungen verbanden. Sie
bildeten daraufhin eine Art „Doppelgespann" in der Führung der Gemeinschaft und gründeten den „Ewigen Bund Gottes". Müntzer und Pfeiffer un-
ternahmen etliche Reisen, darunter in die Kaiserstadt Nürnberg, wo sie die
„Ausgedrückte Entblößung" veröffentlichten. Mittels der sehr erfolgreichen
und engagierten Nürnberger Multiplikatoren konnten provokante Sentenzen in die Welt geschickt werden: *„Ja, lieber Thomas, du schwärmest! Die
Schriftgelehrten sollen schöne Bücher lesen, und der Bauer soll ihnen zu-
hören, denn der Glaube kommt durchs Gehör! Ach ja, da haben sie ein
feinen Griff gefunden, der wurde viel ärger Buben an die Statt der Pfaffen
und Mönche setzen, denn vom Anbeginn der Welt geschehen ist."*[20] In der
„Entblößung" bezeichnete sich Müntzer <u>selbstironisch</u> als Schwärmer und

---

[19] Der gegenwärtig wohl bedeutendste „Sohn Mühlhausens" ist Sonny Hennig,
1946 dort geboren und in Nürnberg Mitbegründer der Deutsch-Rock-Band „Ihre
Kinder", die musikalische und inhaltliche Zeichen für die Aufbruchsgeneration
„68" setzten. Im geistigen Umfeld von Müntzer mit dem Grundanliegen einer Gerechtigkeit für alle wäre er gut aufgehoben gewesen.

[20] Thomas Müntzer, Ausgedrückte Entblößung des falschen Glaubens. Zum
Sechsten. 1524

14

stellte das Hören auf die Schrift in den Kontext des Analphabetismus, den sich nicht nur die Papisten, sondern auch die Lutheraner zunutze machen konnten. Höhnisch titulierte er sie als „Allerchristlichste" und ihren Anführer als „mönchischen Abgott": *„Wollen auch die Allerchristlichsten genannt sein und gaukeln hin und her, die Gottlosen, ihre Gesellen, zu verteidigen; und sprechen aus dem Bart, sie wollen nicht wehren, wenn ihre Untertanen von ihren Nachbauren ums Evangelium verfolgt werden. Sie wollen nur schlechte Diebhenker und gute, prächtige Büttel sein. Die frommen Leute, ihre Pfaffen, die ihnen das Evangelium predigen, freien alte Weiber mit großen Reichtümern. Denn sie haben Sorge, sie müssen zuletzt nach Brot gehen. Ja, wahrlich, es sind feine evangelische Leute, sie haben gar einen festen, starken Glauben. Er sollte wohl zutreffen, wer sich auf ihre scheinbarliche Larve und Geschwätz mit ihrem mönchischen Abgott verließe, denn sie pochen gar sehr drauf und aufmutzen ihren buchstabischen Glauben viel höher, denn niemand sagen kann."*[21] Für die Fabrikation dieses Machwerks geriet der Nürnberger Drucker Hergot unter Druck und wurde drei Jahre später in Leipzig hingerichtet.

Durch seine Reise in die oberrheinischen Bauernerhebungsgebiete bekam Müntzer hautnahen Kontakt zu militanten Gruppierungen. Als er 1525 Pfarrer von Sankt Marien in Mühlhausen wurde, beschleunigte sich das Tempo: am 9. März die Mobilmachung in Mühlhausen, eine Woche später Wahl des neuen „Ewigen Rates", einen Monat später das Hissen der „Regenbogenfahne" als Zeichen der ewigen Gültigkeit des göttlichen Wortes in Sankt Marien. Im Mai kochte der Zorn der Bauern über; sie griffen zu den „Waffen", also Sensen und anderen bodenständigen Gerätschaften. Am 15. Mai kam es zur Schlacht bei Frankenhausen unter dem Himmelszeichen des Regenbogens. Die militärisch dilettantischen Bauern verloren nach wenigen Minuten ihre Disziplin – es gab ein heilloses Fluchtdurcheinander. Müntzer wurde ausgeliefert, in Schloss Heldrungen verhört und gefoltert – in der Anwesenheit u.a. von Landgraf Philipp von Hessen, dem Förderer der Reformation. Im Fürstenlager vor Mühlhausen wurde Müntzer zusammen mit seinem Christenfreund Pfeiffer am 27. Mai 1525 enthauptet und die Köpfe zur Schau gestellt.

1.3.2 Rebellion durch Bibelauslegung

Müntzer ging den Weg von der Kanzel zum Schlachtfeld, aber er blieb dabei Theologe - wie auch Zwingli fünf Jahre nach ihm. Beide blieben bis zum Schluss Theologen, nicht Kriegstheologen[22], sondern offen für die kritische Kraft der Heiligen Schriften. Aus diesen Schriften bezogen die Reformatoren viele ihrer Impulse. Die sozialrevolutionären Ansätze, die sich bei Jesus, aber auch bei seinen biblischen Auslegern finden, wurden neu aufgegriffen. Zugleich empfingen die Reformatoren auch Impulse aus ihrer

---

[21] Ebd.

[22] wie kaisertreuen Universitätsgeister mit ihrer Begeisterung für den ersten Weltkrieg

jeweiligen Gegenwart. Sie waren Kinder ihrer Zeit, also auch ihres Zeitgeistes, und der war weder friedvoll noch sozial. So braute sich eine Grundsuppe für revolutionäre Aktivitäten zusammen.

Schon damals zeigte sich: Wenn Kontrahenten von „Gott" redeten, bezogen sie sich nicht unbedingt auf denselben „Gott".

Ich verfluche die, die mit der „Begründung" „Es gibt nur einen Herrgott"[23] plappern: „Alle Religionen sind gleich" Sie haben keine Ahnung und machen apodiktisch diese Ahnungslosigkeit zum Maßstab.

Was für ein Theologe! Müntzers Exegetik erscheint als die Beziehung eines spritzigen Geistes mit dem Heiligen Geist. Durch seine vitale Interpretation scheint Gott zu sprechen. Der Mit-Reformator schätzte die Heilige Schrift weniger als Norma normans denn als spirituelle Impulsgeberin, was mehr ihrer Geschichte als ihrem Status Quo entsprach. Dennoch wollte er sie nicht als Steinbruch für seine Ideologien missbrauchen, sondern durch den heiligen Geist richtig verstehen und zeitgemäß interpretieren. Statt geistloser Paraphrasendrescherei frönte er vitaler Allegorisierung.

Für Müntzer wirkte zunächst der humanistische Aufbruch mit seiner Forderung nach dem erfrischenden Gang „zu den Quellen" motivierend. So ging es auch Melanchthon, dem Großneffen von Reuchlin[24]. Die seit kurzem mögliche und euphorisch praktizierte Massenproduktion von Schriften deutscher und lateinischer Sprache beschleunigte den authentischen Informationsfluss. Als Müntzer 1518 Luther begegnete, kamen auch die Adressaten der Bibelübersetzung neu ins Blickfeld: <u>Jedermann!</u> Jedermann sollte Gottes Wort selbst lesen und verstehen können - dank Guttenberg und Luther.[25]

Hermeneutik war schon bei Müntzer sehr spannend. Im Konflikt von Landbesitzern und verarmter Bevölkerung, die zur Selbsthilfe griff, argumentierte Müntzer offensiv exegetisch beispielsweise mit Joh. 8, der Begegnung Jesu mit der Ehebrecherin.[26] Die eigentlich biografisch-paränetische Geschichte interpretierte er wie ein Gleichnis und identifizierte die Ehebrecherin mit den aufständischen Bauern, die er von ihren Motiven her rechtfertigte. Interessant, aber bedenklich: Immerhin argumentierte er mit der Heiligen Schrift, die göttliche Autorität repräsentiert. Das entspricht einer sekundären Legitimation des Arguments.

---

[23] Schoßwald, Herrgott, 1989

[24] Reuchlin agierte als einer der nachhaltigsten Humanisten, als es um Erhalt und Erlernen der biblischen Sprachen ging, speziell des Hebräischen.

[25] 1516: Durch die Herausgabe der griechischen Version des Novum Testamentum von Erasmus konnte im Prinzip jeder, der lesekundig sowie der griechischen Sprache mächtig war, überprüfen, ob die kirchlichen Worte mit dem biblischen Zeugnis übereinstimmten oder „Erdichtungen" waren.

[26] Schriften S.113

1.3.3   Ist „Gottes Wort" ohne „Gottes Geist" zu verstehen?

Der humanistisch geprägte Professor an der Universität zu Wittenberg, Dr. Luther hatte das einfach formulierbare Anliegen, dass die Heiligen Schriften als Gottes Wort jedermann verstehen sollte. Seine Übersetzungen ergänzte er durch unterweisende volkstümliche Schriften, wie etwa den beiden Katechismen.

Für Müntzer trat jedoch zu Luthers pädagogischem Impetus ein wichtiger Gesichtspunkt hinzu: Das Verstehen sollte über den Heiligen Geist laufen. Luther reagierte hier auffällig zögerlich. Der Jurist schätzte das nachprüfbare schriftliche Wort Gottes höher als das wenig verifizierbare Wirken des Geistes. Immerhin bereitete Thomas Müntzer seinem Mentor Luther den Weg zur deutschen Liturgie, als er 1523 in Allstedt zu in Deutsch gehaltenen Messen überging.

Andererseits löste auch er sich nicht einfach von den volkskirchlichen Fesseln: Obwohl er die Kindertaufe für christlich getarnten Aberglauben hielt, behielt er diese in der Praxis bei. Die Lutheraner haben es nie geschafft, sich von der Fessel der Kindertaufe zu lösen[27], sondern beharren mit dem starren Argument „Geschenk der Taufe" auf einer illusorischen Praxis, die heutzutage in aller Regel von der Kirche wegführt[28]. **Wenn Müntzer Luthers „Sola gratia" als menschlichen Trick deutet, sich die Konsequenzen des Glaubens vom Leibe zu halten[29], so hat er bereits in der ersten Phase der Reformation das Teufelchen entdeckt, das inzwischen ein nicht mehr wegzudenkendes Kirchenglied geworden ist.** „Hauptsache getauft" ist bis heute ein Status Confessionis vieler Vertreter der Volkskirchen, die ihre Ausreden angesichts der Realität so schnell finden wie Alkoholiker.

Das pädagogische Anliegen der Ermöglichung eines selbstverantworteten Glaubens durch Kenntnis der Quellen, das Reformatoren wie Melanchthon[30] hatten, war für ihren Mitstreiter Müntzer zu kurz gegriffen: Es ging um Gottes Wort. Zu seinem Verständnis und seiner Verkündigung gehörte unverzichtbar der Geist Gottes, der Heilige Geist. Den vermisste er bei seinem ehemaligen Lehrmeister. Das wird nicht ganz stimmen, denn Luthers kraftvolle Auslegung bedurfte seines persönlichen Gepackt-Seins,

---

[27] Luthers Ausführungen gegen die Wiedertäufer ist ein erbärmliches Sich-Winden mit markigen Worten. Luther Deutsch IV, hg. K.Aland, S.95ff., z.B. „weil niemand bisher hat beweisen können, dass die Kinder in der Taufe nicht glauben." S.122. Das ähnelt einer Diktion, die sagt: Weil niemand in mein Gehirn schauen kann, kann niemand beweisen, dass ich kein Genie bin, also bin ich ein Genie.

[28] Die Kindertaufe ist das Opium der Pfarrer, die sich den Blick auf die zerfallende Kirche vernebeln.

[29] F.Hauss, Väter der Christenheit, 1991, S.188

[30] Dieser gründete zielgerichtet die heutigen Gymnasien, das erste 1525 in Nürnberg.

welches Exegese und Eisegese verbindet[31]. Darin glich er Müntzer, dem er zu nüchtern war. Wenn überhaupt, dann wirkte der Heilige Geist durch Luther wie Müntzer. Aber "der Herren eigner Geist" (Faust zu Wagner) spüren wir in Aggression und Unflätigkeit. *Hier prallten zwei Hitzköpfe aufeinander, die ein vergleichbares intellektuelles Niveau hatten, welches verbal zu unterschreiten sie sich äußerst willig zeigten.*

Beides, die Hochschätzung der Schrift wie auch platteste Polemik demonstrierte Müntzers Nürnberger Schrift 1524: "Hochverursachte Schutzrede und Antwort **wider das geistlose, sanftlebende Fleisch zu Wittenberg**, welches mit verkehrter Weise durch den Diebstahl der Heiligen Schrift die erbarmungswürdige Christenheit so ganz jämmerlich besudelt hat."[32] Luther ließ sich in der Bibelauslegung durch gesellschaftliche Zwänge bremsen. Luther war erfolgreicher, Müntzer aber der unerschrockenere Exeget, der durchgehend auf Bibelstelle um Bibelstelle als absolute Autorität verwies, zugleich hochemotional den Gegenpart denunzierend: „der allerehrgeizigste Dr. Lügner", „Doktor Ludibrii" oder „der tückische Kolkrabe".

Unverhohlen psychologisierend unterstellte er dem Wittenberger Professor narzisstischen Ehrgeiz: „Die jetzigen Schriftgelehrten tun nichts anderes als vor Zeiten die Pharisäer, rühmen sich der Heiligen Schrift, schreiben und klecksen alle Bücher voll und schwatzen je länger je mehr."[33] Luthers Opus belegt diese Vermutung - denken wir nur an seine selbstgefällige Unangreifbarkeit im „Sendbrief vom Dolmetschen" 1530.[34]

Luther war durch Erfolg anders zu bestechen als durch Geld. Seine Herkunftsfamilie verwöhnte ihn keineswegs mit Anerkennung, die Anerkennung durch arrivierte Zeitgenossen streichelte das Ego.

Luthers Vater hatte sich aus kleinen Verhältnissen zum erfolgreichen Unternehmer hochgearbeitet. Vielleicht aufgrund der Anerkennung von „oben" und zahlreichen Anhängern ließ Luther mit den Jahren zunehmend Selbstkritik vermissen. So beanspruchte er Erfolge der Reformation exklusiv: *„Wiewohl sie unseres Sieges gebrauchen und genießen, nehmen Weibe und lassen päpstliche Gesetze nach, was sie doch nicht erstritten haben, und ihr Blut hat deswegen nicht in der Gefahr gestanden, sondern ich hab's müssen mit meinem bisher drangewagtem Leib und Leben erlangen."[35]*

---

31 Für Nicht-Theologen: Exegese ist die Aus-legung der Heiligen Schrift, der Versuch, ihre Bedeutung zu verstehen und zu artikulieren, Eis-egese sagt man dann, wenn der Eindruck entsteht, dass die eigenen Vorlieben in die Bibel hinein-interpretiert werden.

32 Th.Müntzer, Schriften und Briefe, hg. G.Wehr, 1978, S.108ff

33 ebd.S.109

34 Luther Deutsch 7, hg. Aland S.198f: Verantwortung D. Martin Luthers, und 201f: Ein Sendbrief.

35 Juli 1524 (Schriften S.179),

Nicht nur drangewagt, sondern auch dabei verloren hat seinen Leib und sein irdisches Leben allerdings Müntzer, nicht Luther.

Solch ein Wagnis, das Leben für seine Überzeugung einzusetzen scheint bei <u>uns</u> kaum gefordert. In der islamischen Welt hingegen gibt es solche Aufrufe. Im Gegensatz zu den reaktionären, revanchistischen, ja, faschistoiden Inhalten der Islamisten wirkt ihre Bereitschaft, ihr Leben einzusetzen, beeindruckend.

Dabei sind weder im Mittelalter noch in der Gegenwart die Motive einfach sozial oder nationalistisch bedingt. Ein "heiliger Eifer" klingt selbst bei teuflischen Aktionen durch. Die Attentäter von New York und Washington am 11.9.01 schienen aus guten Familien zu stammen und hatten gediegene Ausbildungen. Eben das trifft auch für Müntzer zu. Die Motivsuche wird uns in beiden Fällen nicht ausschließlich in den sozialen Bereich führen. Wenn die islamistischen Fanatiker tatsächlich die eigenen Motive mit denen Allahs identifizieren, so können sie entgegen beschwichtigenden Behauptungen konfliktscheuer progressiver Weltversteher den Koran zitieren: "Und so soll kämpfen in Allahs Weg, wer das irdische Leben verkauft für das Jenseits. Und wer da kämpft in Allahs Weg, falle er oder siege er, wahrlich, dem geben wir gewaltigen Lohn."[36] Eben auch dem, der im "heiligen Krieg" fällt, sei es dadurch, dass er ein Flugzeug in Hochhäuser steuert, in Cafés unschuldige Menschen abknallend erschossen wird oder im afghanischen Gebirge umkommt, winkt der himmlische Preis.

Wer die Selbstdarstellungen der Islamisten zur Kenntnis nimmt, stößt auf viel Eitelkeit. Das demonstrierte bereits der ermordete Bin Laden in seinen Videobotschaften. Selbstgefälligkeit bei der Begründungen von Morden scheint dazu zu gehören. Sie verhindert zugleich die Infragestellung des eigenen Tuns.[37] Jean-Paul Sartre, der sehr gradlinig denkende Philosoph verwies unerbittlich auf die Verantwortung eines Jeden und sah uns zur Freiheit verdammt: „Jupiter: … **Das schmerzliche Geheimnis der Götter und der Könige: daß nämlich die Menschen frei sind**. Sie sind frei, Ägist. Du weißt es, und sie wissen es nicht."[38]

1.3.4   Rebellion aufgrund der Bibel

Müntzer argumentierte mit der Bibel. Dabei standen ihm nur die hermeneutischen Möglichkeiten des 16. Jahrhunderts, nicht aber des 20. Jahrhunderts zur Verfügung.

---

[36] 4.Sure Vers 76

[37] Angeblich sagte A.Hitler am 18. April 1945 gegenüber Generaloberst Carl Hilpert „Wenn das deutsche Volk den Krieg verliert, hat es sich als meiner nicht würdig erwiesen". Zitiert nach Hans Adolf Jacobsen (Hrsg.): *Kriegstagebuch des Oberkommandos der Wehrmacht (Wehrmachtführungsstab) 1940–1945.* Band 4, Ausgabe 1, 1965, S. 68.

[38] Sartre, Die Fliegen, S.54

Der Begriff Hermeneutik leitet sich vom Götterboten Hermes her: Die göttliche Botschaft soll den Menschen gebracht werden. In der theologischen Hermeneutik sind die Götterboten die Theologen, die die Heiligen Schriften für die einfachen Menschen ergründen und auslegen. Die Auslegung der Bibel hat Vorrang vor allen anderen Ordnungen. Egal, was der Staat oder die Kirche sagt: Hier ist Gottes Wort und dies hat einen höheren Seinsrang. Diese Gewichtung ist in sich ein Aufruhr gegen die herrschende Ordnung. Angeblich hat Luther sie in Worms auf dem Reichstag dem Kaiser gegenüber artikuliert. Die Folge für ihn war die Reichsacht. Auf diesen Aufruhr stand der Tod. Der Rebell wurde anschließend zur eigenen Sicherheit auf die Wartburg gebracht, wo er inkognito lebte.

In der Ernsthaftigkeit des Schriftverständnisses waren sich Müntzer und Luther einig: Das ist Gottes Wort. Und dieses Wort Gottes muss allen Menschen gebracht werden. Hier lagen sie im Trend der Zeit: Der Humanismus hatte einen pädagogischen Impetus, der uns in Reuchlin und seinem Neffen Melanchthon begegnet. Für seinen Impetus „ad fontes" brauchte man die Sprachen der Quellen, um sie lesen zu können. Zugleich hieß dies: Wenn ich an die Quelle herankomme, nämlich die Heiligen Schriften in ihrer Ursprungssprache, dann bin ich dem Wort Gottes ganz nahe. Da, so dachten Luther, Müntzer und ihre Gesinnungsgenossen, ist Gottes Wort unverfälscht. Im 20. Jahrhundert formulierte man „Gottes Wort im Menschenwort", weil man realisiert hatte, dass die Bibel von Menschen geschrieben worden war und – anders als Moslems es heute noch vom Koran behauptet – nicht direkt von Gott eingegeben worden ist. Im 16. Jahrhundert sah man das auch in Zentraleuropa noch unbefangener.

Umso folgenreicher war der Zugang zu den Heiligen Schriften in der Muttersprache. In Hinblick auf den Zugang für alle zu den Heiligen Schriften wurde das 16.Jahrhundert von der katholischen Kirche durch das zweite vatikanische Konzil im 20.Jahrhundert erreicht; erst durch dieses Konzil wurde die Muttersprache mit der Kirchensprache gleichberechtigt.[39] Bemerkenswerter Nebenaspekt: Die biblischen Ursprachen Hebräisch, Aramäisch und Griechisch (Koine) hatten ebenfalls gegenüber der Kirchensprache Latein eine untergeordnete Autorität. Daran hatte selbst die Autorität des großen Erasmus von Rotterdam mit seiner humanistischen Bewegung nur marginal etwas geändert.[40]

Geistesgeschichtlich leitete Luther die Neuzeit ein, als er der individuellen Religionsfreiheit den Weg bereitete. Briefpartner in diesem Prozess war immerhin Henry VIII., der die englische Kirche von Rom löste und als

---

[39] Erst der deutschstämmige bajuwarische Benedikt XVI. stellte dies wieder in Frage durch seine Zulassung der Eucharistie in lateinischer Sprache.

[40] Im Islam scheint dieser Prozess zur territorialen Volkssprache als religiöser Hauptsprache noch bevorzustehen. Da Allah arabisch spricht, gilt der Koran nur auf Arabisch als authentisch. Entsprechend abhängig sind die normalen Gläubigen von denen, die Arabisch lesen und verstehen können.

anglikanische Kirche mit King (später war es mitunter eine Queen) als Oberhaupt weiterführte[41].

Der Synergieeffekt des humanistischen Aufbruchs zum erfrischenden Gang „zu den Quellen" mit der euphorisch praktizierten Massenproduktion von aktuellen Schriften beschleunigte den authentischen Informationsfluss. Dank Guttenberg und Luther sollte jedermann Gottes Wort selbst lesen können. Der Rückgriff auf die Ursprachen verband Luther mit dem Humanismus. Daraus entwickelte sich kontinuierlich der historisch-kritische Umgang mit den Schriften. Dabei wollte man so exakt wie möglich die älteste Form der Schrift herausfinden. Aber wer hätte es gewagt, „Gottes Wort" zu verändern? Die Quellenlage ist freilich eindeutig: Selbst wenn es nur durch Abschreibfehler wäre, wurde Gottes Wort immer wieder verändert. Mitunter geschah dies auch gezielt, etwa um den ursprünglichen Sinn, den ein Schreiber vermutete, wieder herzustellen.[42]

„Jesus verkündete das Reich Gottes und es kam die Kirche." Diese kirchengeschichtliche Erkenntnis wird in der evangelischen Theologie gerne kolportiert. Eigentlich gehört sie in die argwöhnisch beäugte Pneumatologie.[43] „Luther wollte die Kirche reformieren und zeugte die lutherische Orthodoxie", könnte man kirchengeschichtlich analog formulieren und auch hier stellt sich die religiöse Frage nach dem Wirken des göttlichen Geistes: Müntzer gab sich dem Geist Gottes hin und wurde geköpft. Die Lutherischen sind zwar nicht kopflos. Aber wirken sie nicht oft genug geistlos?

Viele Kirchenmitglieder wären irritiert, wenn man ihnen sagt, dass in der Bibel das steht, was Gott will. Für sie ist die Bibel eine Art Machwerk der

---

[41] Wobei Henry the Eighth durchaus als Oberhaupt manches Haupt einer Queen vom Körper trennte. Dies stärkt Befürworter einer Trennung von Staat und Kirche. Dadurch könnten manche Menschen ihre körperliche Integrität behalten.

[42] Als ein Journalist in meinem Weihnachtsgottesdienst saß und anschließend meine Predigt zusammenfasste, war ihm klar, dass Gott uns um unserer guten Taten willen liebt. Deshalb korrigierte er meine Predigt dahingehend. Ich hatte davon gesprochen, dass die Liebe Gottes uns unabhängig von unseren Taten gilt. Er glaubte vermutlich, sich verhört zu haben... Nein, das stimmt nicht, denn ich hatte ihm die Predigt schriftlich nachgereicht. Er hat sie also zielgerichtet konjigiert, wie die Sprachwissenschaftler sagen...
Im Koran korrigierte sich Mohammed selbst, als er die sogenannten „**satanischen Verse**" aus seinem Diktat entfernen ließ. Diese Verse, um die es ab dem 2. Kapitel „Mahound" in Salman Rushdies „Satanische Verse" geht, belegt Max Henning in seiner Reclam-Übersetzung, Anmerkung zur Sure 53 Vv.21-23. Satanisch heißen diese Verse, weil in ihnen die vorislamische Gottheiten Lat, Manat und Uzza von Mohammed anerkannt werden. Diese Anerkennung, die dann im Koran stünde und der Alleinverehrung „Allahs" wiederspräche, schrieb Mohammed einer Einflüsterung Satans zu.

[43] Die Lehre vom Wirken des göttlichen Geistes

Kirche und besitzt keine belastbare normative Gültigkeit. Die Bibel ist für die Mehrheit argumentativ obsolet.[44]

Theologen sehen dies differenzierter. Die meisten sprechen vom „Wort Gottes", gehen aber davon aus, dass es von Menschen formuliert wurde und daher den gleichen Problemen wie alle übrigen Dokumenten unterliegt. Selbst Luther hat, lange vor der historisch-kritischen Forschung, bezüglich der Stimmigkeit der Bibel Probleme erkannt und speziell bezüglich der Stimmigkeit biblischer Texte zu seiner Grunderkenntnis der Rechtfertigung des Sünders allein aus Gnade. Er formulierte als Norma normans in der Norma normata: „Wo sie Christum treibet." Für Luther ist die Bibel reines Wort Gottes nur durch das „Sola fide".

Spätere Forscher nahmen zudem historische Argumente zu Hilfe. Mit diesen kann man zwar nie herausfiltern, was wirklich Gottes Wort ist, aber zumindest rekonstruieren, wie die Texte vermutlich ursprünglich lauteten. Freilich kommt man Gott damit auch nicht einen Millimeter näher. Oder doch? Wenn man glaubt (!), dass Gott sich in Jesus gezeigt hat, ist es sehr gut, möglichst nahe an das heranzukommen, was Jesus sagte und tat. Die Wunderheilungen sind es bestimmt nicht, denn die sind Vergangenheit. Zentral ist sein Verhalten Menschen gegenüber, dass auch seine Reden interpretiert.

Müntzer und Luther lebten in einer Welt, der diese historische Betrachtungsweise fremd war. Aber emotional ging es den Menschen damals wie uns: Sie wollten die Stimmigkeit erleben, mit der Gott ihnen begegnet. Müntzer war sich sicher, dass er die Beziehung zwischen Gottes Wort und seiner Wirklichkeit richtig interpretierte. Dies war ein blutiges Missverständnis. Daraus können wir lernen, auch ohne Müntzer zu verurteilen, der zutiefst davon überzeugt war, Gottes Willen auszuführen. Vermutlich stimmten seine Intentionen, aber die Methoden waren die falschen. Dass Gott, der Vater Jesu Christi, will, dass es allen Menschen gut geht, ist meines Wissen kaum bestritten (außer von seltsamen Wohlstandspropheten…[45]). Der militante Weg war jedoch der falsche, selbst aus militärischer Sicht!

Historisch gesehen war für die Reformatoren revolutionär, dass sie auf die Quellen selbst zugreifen und mit ihnen argumentieren konnten. Als Pferdefuß manifestierte sich ein unhistorischer Umgang mit den Quellen. Das wiederum blieb kein akademisches Problem, sondern eskalierte in kriegerischen Auseinandersetzungen. Für die Theologen hat dies heutzutage in Deutschland die Folge, dass ihre Erkenntnisse gesellschaftlich ir-

---

[44] Was sie nicht davon abhält, wie die Partei „die Linke" auch mal angeblich mit der Bibel zu argumentieren. Doch diese Unaufrichtigkeit zahlt sich nicht aus.

[45] Wohlstandsevangelium bedeutet, Geldvermögen und geschäftlicher wie persönlicher Erfolg seien der sichtbare Beweis für Gottes Gunst. US-Puritaner wie auch südamerikanische Missionare behaupten so etwas.

relevant geworden sind. Selbst die erhellende Frage nach dem erkenntnisleitenden Interesse hat sich überholt, weil man auf Theologen überhaupt nicht mehr hört. Sie haben qualitativ nichts Belastbares mehr für die Gesellschaft zu bieten. Es gibt Ausnahmen, aber da ist es an den Ruf und die Persönlichkeit gekoppelt. Da braucht man / frau Charisma, und, wie mir ein bayerischer Dekan zuraunte, „einen Arsch in der Hose!". Den aber zeigen konkrete Vorgesetzte in innerkirchlichen Konfliktfällen nicht. Das ist erbärmlich, denn die Courage, die Superintendenten, Dekane, Regionalbischöfe und Bischöfe einfordern, müssten sie im Konfliktfall im eigenen Kontext unter Beweis stellen.[46] Weicheier, die vor echten oder angeblichen Mehrheiten kuscht, liefern die Kirche ans Messer der Meinungsmacher.

1.3.5 Gott, Schwert und Gerechtigkeit

"Wer da nun wider die Türken fechten will, der darf nicht in die Ferne ziehen, er ist im Land!"[47] Diese provokante Rede Müntzers verstanden 1524 jene leicht, die unterprivilegiert waren. Die Türken waren in Sachsen weder eine politische noch eine gesellschaftliche Größe, sie standen für eine Kultur, die die eigene bedrohte und sie standen vor Wien. Heute sehen manche islamischen Gesellschaften die Würde der moslemischen Frau durch die „amerikanische" Kultur bedroht, welche zudem die Ehre der moslemischen Männer zu beschmutzen scheint. Aber das Thema „Türken" im deutschen und europäischen Kontext des 21. Jahrhunderts ist ein völlig anderes als im 16. Jahrhundert.

Müntzer nimmt „die Türken" als Symbol und setzt sie gesellschaftskritisch ein. Die Verweltlichung des Papsttums in der Renaissance und die monetäre Vermarktung geistlicher Güter[48] fiel wesensmäßig zusammen mit dem Niedergang des Rittertums zu Raubrittern, des Adels zur ausbeutenden Gesellschaftsschicht und der intriganten Machtpolitik von Kaiser[49], Königen und Fürsten. So kommt es zu jener Äußerung Müntzers im Brief an die verfolgten Christen in Sangerhausen vom 22. Juli 1524.

Das ging nicht zuletzt gegen jenen Mann aus Wittenberg, der so wortgewaltig ein neues Zeitalter einzuläuten schien. „Von der Freiheit eines Christenmenschen" hatte 1521 sozialrevolutionäre Hoffnungen auf den Ex-Mönch Martinus geweckt. Doch diesem galt nun Müntzers Diktum: *„Die*

---

[46] Das gilt natürlich auch dann, wenn sie Frauen oder etwas Drittes sind.

[47] In Müntzers Brief an die verfolgten Christen in Sangerhausen (22.7.24), (Bauernkrieg, S.143)

[48] Der Erzbischof Albrecht von Mainz etwa erkaufte sich sein Bistum mit Schulden und entgalt diese teils mit Ablasshandel. Auch dies bewegte Martin Luther, aufzubegehren.

[49] Bei Müntzers Tod war Kaiser Karl V. bereits über fünf Jahre Kaiser, aber der Papst krönte ihn erst fünf Jahre später angesichts der Türkenbedrohung.

Pfaffen predigen um des Lohnes willen[50] *und wollen Ruhe und gute Ge-mächlichkeit … schmeichelnde Güte, wie der Luther mit den Worten Christi die Gottlosen verteidigt.*"[51] Müntzer analysierte eine gewisse Systemhörig-keit des Reformators.

An Müntzers und Luthers politischer Theologie wird ein Phänomen sicht-bar, das bereits in den Schriften des Judentums zu beobachten ist: Der Seher Samuel, ein geistlich-politischer Führer des israelitischen Stammes-verbandes wird durch den bäuerlichen Krieger Saul als König abgelöst. Der „Prophet" durch den König, Gottes Werkzeug durch Gottes Statthalter. Im sog. Alten Testament wird dies nicht unkritisch gesehen. Die Macht kann bestechen, kann gute Motive pervertieren. *„Deshalb versammelten sich alle Ältesten Israels bei Samuel: Du bist nun alt. Darum setze jetzt einen König bei uns ein. Er soll uns regieren; die anderen Völker haben das auch so! Und der Herr sagte Samuel: nicht **dich** haben sie verworfen, sondern **mich**: Ich soll nicht mehr ihr König sein. Doch hör jetzt auf ihre Stimme, warne sie aber eindringlich, und mach ihnen bekannt, welche Rechte ein solcher König hat: Er wird eure Söhne holen und sie für sich bei seinen Wagen und seinen Pferden verwenden. An jenem Tag werdet ihr wegen eures selbsterwählten Königs um Hilfe schreien, aber der Herr wird euch an jenem Tag keine Antwort geben."*[52] Das ist nur eine von drei alttestamentlichen Geschichten, die erklären sollen, wie es zum Königtum kam und die auch Stellung beziehen. Aber das „Volk" wollte eben einen König „wie die anderen auch" oder vielleicht einen „starken Mann".

In den jüdischen Geschichtsbüchern, dem sog. Alten Testament werden durchaus verschiedene Aspekte für die Begründung der besten Herr-schaftsform in Rechnung gestellt, weswegen es mehr als nur eine Ge-schichte gibt, die Chancen und Risiken von Herrschaftsformen aufzeigen, bei denen ein Mensch an die Stelle Gottes in eine Führungsposition ge-langt.

Diese Tendenz zu einer Führungskraft[53] mit autoritären Zügen findet sich in der ganzen bekannten Menschheitsgeschichte. Dabei spielen zwei völlig verschiedene Tendenzen einander zu: der Machtmensch, der die Position einnimmt, und die Menge, die Verantwortung delegieren will. Demokratie und damit Selbstverantwortung ist keineswegs jedermanns Sache; sowohl in Zwickau wie auch in Mühlhausen trifft Müntzer auf starke beharrende

---

[50] Hierzu passt ebenfalls recht gut die 9. **Sure**, Vers 34 „**viele der Rabbinen und Mönche fressen das Gut der Leute unnütz** … … ", eine Stelle, die sich gegen Judentum wie Christentum gleichermaßen wendet.

[51] ((109) 114

[52] Biblia Hebraica Kittel (BHK) in geglätteter Übersetzung

[53] Müntzer tendierte mindestens zu einer Doppelspitze; ihm war es immer wichtig, mit einem Partner zusammen zu wirken. Ihm war auch eine geistliche Gemein-schaft wichtig, wie sie in manchen frommen christlichen Kreisen als Zweierschaft praktiziert wird.

Kräfte, trotz aller sozialen Missstände. Nicht jeder, der sich verbal zu Änderungen bekennt, steht auch im Konfliktfall dafür ein.

"Wer da nun wider die Türken fechten will, der darf nicht in die Ferne ziehen, er ist im Land!" Könnte angesichts der Nah-Ost-Konflikte ein selbstkritischer Islamist hier für „Türken" „Amerikaner" einsetzen? Sozusagen das glorifizierte Feindbild auf die eigenen Leute projizieren?

„Dass Müntzer, bis zum Sommer 1524 der inneren Läuterung des Volkes gegenüber praktisch-revolutionären Maßnahmen den Vorrang gab, spricht für seine Überzeugung, dass die einfachen Menschen in der Mehrheit der Erfahrung des ‚Gesetzes und Gewissens' noch nicht teilhaftig waren und deshalb auch nicht zu Vollstreckern des Gesetzes nach außen werden konnten."[54] Bei dieser Facette änderten sich mit der Zeit Müntzers Einstellungen. Vielleicht muss die Wirklichkeit manchmal die seelische Entwicklung überholen, damit diese sich auf den richtigen Weg macht.[55] Der innere Prozess Müntzers gipfelte in seiner Fürstenpredigt am 24.7.24: „Anders mag die christliche Kirche zu ihrem Ursprung nicht wiederkommen. Man muss das Unkraut ausraufen aus dem Weingarten Gottes, in der Zeit der Ernte, dann wird der schöne rote Weizen beständige Wurzeln gewinnen und recht aufgehen, Mt.13. Die Engel aber, welche ihre Sicheln dazu schärfen, sind die ernsten Knechte Gottes, die den Eifer göttlicher Weisheit vollführen."[56] Ein eifernder Rebell rief zur geistlichen Reinigung auf.

Die zentrale Botschaft der „Fürstenpredigt" war eine religiöse. Es ging um den individuellen Glauben. Und die Fürsten fühlten sich bedroht! Mit der Glaubensfreiheit, die Luther so vehement propagierte, war es auch in evangelischen Landen nicht gut bestellt, wenn der politische Grundsatz herrschte: Eius regio, cuius religio: Du musst den Glauben deines Landesherren teilen. Mit dem individuellen Glaubensrecht blieben die Lutheraner noch im Mittelalter.

Ist das noch persönlich verantworteter Glauben? Müntzer ist noch nicht in dieser Situation, aber er macht deutlich: Eine Kultur, die keine geistlichen Werte mehr hat, hat dabei eine zentrale stabilisierende Dimension verloren.[57] Über Luthers frühreformatorischen Appell an die Fürsten, die

---

[54] Manfred Bensing, Thomas Müntzer und der Thüringer Aufstand 1525" 1966

[55] Es gibt genügend Philosophen und Naturwissenschaftler, die angesichts der Atomphysik und ihren Möglichkeiten konstatierten, dass wir wissenschaftlich im Atomzeitalter angekommen wären, ethisch aber noch in der Steinzeit steckten. Das dürfte so unwahr nicht sein – die übrige Evolution hatte ohnedies viel größere Zeiträume als die Menschen mit der Entwicklung ihrer Technik. Besonders übel wird dies Diktum allerdings, wenn wir die „Steinzeitzustände" in Afghanistan mit den atomaren Möglichkeiten des benachbarten Pakistan zusammensehen.

[56] Schriften S.79

[57] Man denke an die von Helmut Kohl propagierte geistig moralische Wende, die bei ein paar Millionen Mark an Schwarzgeld für seine CDU landete und dem Verhalten dieses „Ehrenmannes", keine Namen von „Spendern" zu nennen. Es war eine Wende zum moralischen Elend hin.

Kirche zu reformieren, konnte Müntzer später wohl nur lachen. Luthers Idee, die weltlichen Machthaber könnten die Kirche reformieren, war ausgesprochen naiv.[58] Freilich machten seine politischen Beziehungen seine reformatorischen Ansätze gesellschaftlich geschmeidiger.

Dabei hatte er seinerzeit formuliert: „Und es sind die Obrigkeiten ihnen ebenso viel nützlich, als wären sie nichts, obwohl doch das die vornehmste Sorge des Papstes, der Bischöfe, Herrschaften und Konzilien sein sollte. Sie wollen fern und weit regieren und doch keinem nützlich sein. O ein wie seltenes Wildbret wird um dieser Sachen willen ein Herr und Oberer im Himmel sein, wenngleich er Gott selber hundert Kirchen baute und alle Toten aufweckte!"[59]

Luther hatte noch im April 1525 den religiös-erzieherischen Impetus der Bauernbewegung befürwortet. Aber im Mai bereits wetterte der Sanguiniker haltlos „wider die räuberischen und mörderischen Rotten der Bauern". Er hetzte *„kurzum, nichts als Teufelswerk treiben sie, und insonderheit ist's der Erzteufel, der zu Mühlhausen regiert und nichts als Raub, Mord, Blutvergießen anrichtet."*[60] und rief wie ein Wahnsinniger zum Blutvergießen auf: *„Drum soll hier erschlagen, würgen und stechen, heimlich oder öffentlich, wer da kann, und daran denken, daß nichts Giftigeres, Schädlicheres, Teuflischeres sein kann als ein aufrührerischer Mensch; so wie man einen tollen Hund totschlagen muß."*[61] Für ihn galt nicht einmal die Alternative "dead or alive", sondern nur noch "dead". Diese paranoide Verteufelung ist keine Entgleisung, sondern er bestätigt sie ausdrücklich durch rechtfertigende Schriften in vermessenem Ton[62]. Die blutrünstigen Ausbrüche des Reformators könnten von einem fanatischen Islamisten stammen. Nicht von der Begründung her, sondern von der unkritischen Gewissheit her, auf der richtigen Seite zu stehen und damit töten zu dürfen, reihte er sich in die kulturübergreifenden Extremisten ein.

---

[58] Weniger naiv war seine Schrift „Von weltlicher Obrigkeit, wie weit man ihr Gehorsam schuldig sei" (1523) Aber von ihr entfernte er sich zunehmend und wurde zum „Fürstenversteher".

[59] An den christlichen Adel deutscher Nation von des christlichen Standes Besserung, 1520, viertletzter Abschnitt.

[60] in: Luther Deutsch, Bd.7 Hg. K.Aland, S.191. (= WA 18,357) Bei Luthers abstoßenden Attacken wirken seine Rechtfertigungen bigott. Er wendet eine platte Zwei-Reiche-Lehre an, deren Motivation nicht in der Theologie liegen. Der Choleriker schien nicht in der Lage, die reale Bedeutung seiner Worte „ohne Scheu erschlagen und morden, wie man kann und mag, wenn man sie nur umbringt... Seine scharf verurteilende Reaktion auf die Vergewaltigung der schwangeren Ottilie Müntzer blendet aus, dass er selbst an ihrem Schicksal maßgeblich beteiligt war... " ebd. S.198 zu erfassen. Sein Hinweis auf 1.Sam.15,23 (S.204) zeugt von charakterlosen Biblizismus.

[61] in: Luther Deutsch, Bd.7 Hg. K.Aland, S.192

[62] Luther Deutsch 7, hg. Aland S.198f: Verantwortung D. Martin Luthers, und 201f: Ein Sendbrief ... ...

Auch ein weiterer unfassbarer Höhepunkt von lutherischer „Selbstkritik" könnte von anderen religiösen Extremisten stammen: „Solche wunderlichen Zeiten sind jetzt, daß ein Fürst den Himmel mit Blutvergießen verdienen kann, besser als andere mit Beten."[63] Wer sich den Satz auf der Zunge zergehen lässt, spürt einen bitteren Überzug. Luther wurde hier, wie er es ausdrücken würde, vom Teufel geritten.

Konträr zu Müntzer verschloss Luther schlagartig vor dem sozialen Elend der Ritter oder Bauern seine theologischen Augen. Jener hingegen predigte in Nürnberg: *"Sieh zu, die Grundsuppe des Wuchers, der Dieberei und der Räuberei sind unsere Herren und Fürsten; sie nehmen alle Kreaturen als Eigentum: die Fische im Wasser, die Vögel in der Luft, das Gewächs auf Erden muß alles ihrer sein."*[64]

Luther hatte sich zur Enttäuschung vieler seiner Kampfgenossen aus den Reihen derjenigen verabschiedet, die die konkreten materiellen Nöte der Bevölkerung benannten. Sein Landesherr war weniger enttäuscht; einer seiner Unterstützter jedoch, Philipp von Hessen versuchte nach dem blutigen Ende des Bauernkrieges, an den Schrauben der Ursachen zu drehen und in seinem Einflussbereich bessere Bedingungen für die Bauern herzustellen.

In der direkten Folge von Luther haben die Protestanten, die sich auf ihn beriefen, keine rühmliche Geschichte hinter sich: Seit dem Urvater der Reformation blieb das soziale Gewissen[65] das Stiefkind des Protestantismus bis Ende der 60er Jahre des 20. Jahrhunderts. Die Ahnengalerie des sozialen Zweiges der Reformation zieren die Bilder von Exoten, die zu Quasi-Heiligen avancierten, weil sie als Feigenblätter taugen, etwa August Hermann Francke, Johann Hinrich Wichern oder Friedrich von Bodelschwingh. Paradoxerweise erhält die Kirche heute positive Aufmerksamkeit vorwiegend durch ihr diakonisches Engagement und verweist auch liebend gerne darauf. Manche Apologeten des Islam verweisen ihrerseits darauf, dass der Djihad ursprünglich oder auch wesensmäßig soziales Engagement als Zentrum hatte. In beiden Fällen stellt sich die Frage nach der Quelle religiösen Gewissens. Die Aufgabe der christlichen Kirche ist jedenfalls nicht primär sozial. Das wäre eher die Aufgabe einer christlich geprägten Gesellschaft.

---

[63] Luther Deutsch 7, hg. Aland S.196 Wenn man jemand von der lutherischen Kirche abbringen will, muss man ihn nur darauf verweisen. Glücklicherweise bezieht sich auch im Luthertum das Glaubensbekenntnis auf den Dreieinigen Gott und nicht auf janusköpfige Theologen.

[64] Müntzer, Schriften und Briefe, hg. G.Wehr, S.113

[65] A. Zitelmann bemerkt treffend: „Ihres Gewissens sicher waren sich die Doktoren, Schreiber, Gelehrten wohl nicht, die Müntzers Bauern den wenig christlichen Fürsten geopfert hatten. Den 'Schriftstehlern', wie Müntzer Agricola und seinesgleichen nannte, blieb zeitlebens der Schreck vor diesem Mann in den Gliedern, der über sie, über Kirche und Fürsten gekommen war wie ein Donner." Zitelmann, Ich will über sie donnern, 1999, S.9f

Das revolutionäre Potential Müntzers speiste sich aus seiner spirituellen Quelle, die mystische Züge trägt: „Alle wahre Seligkeit, die liegt in rechter Gelassenheit, Willenlosigkeit. Das alles wird aus dem Grunde der Kleinheit geboren: da wird der eigene Wille verloren; denn der Will ist ganz wie eine Säule, in der sich alle Unordnung hält: könnten wir sie fällen, so fielen alle Mauern mit ihr nieder. Je kleiner in Demut, desto geringer der Wille.“[66] Selbst vom Revolutionär erwartete Müntzer den Seelenzustand der Gelassenheit und verband das spirituelle Moment mit eschatologischen Motiven: Es gibt eine Welt, in der Gewalt und Unrecht aufgehoben sind: das Reich Gottes. Für Müntzer sollten sich Jenseits und Diesseits entsprechen.

Das Reich Gottes! 1516 war "Utopia" von Thomas Morus erschienen; die chiliastischen Phantasien, die allenthalben auftauchten, drängten zur Manifestation des Reiches Gottes. Bei Müntzer drängten die Utopie und der konkrete Ort, an dem das Reich Gottes Bodenhaftung bekommt, zeitlich zueinander. Das war eine Wurzel seines Scheiterns, auch wenn seinem Anliegen eine Größe innewohnt. Für ihn sollten Heil der Menschen und Wohl der Menschen verbunden sein und die armen Gläubigen nicht auf den fernen Himmel vertröstet werden.

Immerhin schrieb Friedrich der Weise im Mai 1525 angesichts des nahen Todes seinem Bruder Herzog Johann: „Vielleicht hat man den armen Leuten zu solchem Aufruhr Ursache gegeben und besonders durch das Verbot des Wortes Gottes. So werden die Armen in vielen Wegen von uns etlichen und geistlichen Obrigkeiten beschwert.“[67] Diese Weisheit des weisen Friedrichs blieb jedoch folgenlos. Die Fürsten unterdrückten, belogen und betrogen das Volk.

Eine analoge Überlieferung gibt es vom Bruder des Markgrafen Casimir von Ansbach: »Will der Sibilla Weissagung, schrieb er am 7. Mai bei der Nachricht vom Bauernaufstand, also vielleicht erfüllt werden, da sie geweissagt hat, daß der Schwanenberg mitten in der Schweiz liegen solle? Es thut hoch noth, daß du mit andern Fürsten des Reichs und Bundes daran seiest, damit es gewendet werde. **Sollen die Bauern alle erstochen werden, wo nehmen wir andere Bauern her, die uns nähren?** Darum ist wohl von Nöthen, weislich mit der Sache umzugehen; ich hoffe doch zu Gott, er werde es Alles zum Besten wenden. Meines Bedenkens muß der jüngste Tag nicht weit vorhanden sein. Es geschehe der Wille des Allmächtigen.«[68]

---

[66] Tauler, nach Seyppel, J., Texte deutscher Mystik des 16. Jahrhunderts, 1963 S.15f

[67] Zitelmann, Ich will über sie donnern, 1999, S..153 .

[68] Dr. Wilhelm Zimmermann Geschichte des großen Bauernkriegs, nach den Urkunden und Augenzeugen 2, 1856. Kapitel 12

Aber zwischen Einsichten und Taten klafft oft ein unüberbrückbarer Abgrund. Wir erleben es immer wieder auch bei uns: Wenn ein wichtiger Politiker ins Altenteil wechselt, wird er auf einmal weise. Er sagt Wahrheiten, die er vorher ignorierte. Aber nun hat er auch keinen echten Einfluss mehr.

Nach der Katastrophe von Frankenhausen schrieb Müntzer an die Mühlhäuser, es sei "hochvonnöten, dass ihr solche Schlappen wie die von Frankenhausen nicht auch empfangedt, denn solches ist ohne Zweifel entsprossen, dass ein jeder seinen Nutzen mehr gesucht als die Rechtfertigung der Christenheit."[69] Die Rezeption von Müntzers anthropologisch-pneumatologischer Reflexion der Bauernkriege könnte der evangelischen politischen Theologie eine hilfreiche Erfahrung an die Hand geben: "Welcher allzeit erkennt, kann den Schaden meiden." Die Verteufelung oder Verdrängung dieses Mitvaters der Reformation raubte den Protestanten eine wichtige Erkenntnismöglichkeit.[70]

Was würde aber gerade diese Erkenntnis für Ost und West, für Nord und Süd im gegenwärtigen Konflikt bedeuten, wenn sie selbstkritisch eingesetzt würde? Hier gilt keine einfache Antwort. Die Motive sind zu divergierend und verschwommen. Ein klares Motiv ist die Macht, der Machterhalt, der Machtgewinn und der Machtgebrauch. Diese Motive stehen nicht bei allen schon ganz am Anfang, mitunter kommen sie auch erst im Prozess zum Vorschein. Bei manchen Personen ist die Beschreibung zutreffend, dass „Macht korrumpiert". Es ist ein Pferdefuß bei der Bekämpfung sozialer Missstände, dass man Menschen braucht, die sich durchsetzen können, die Strategien entwickeln, die Sachen vorantreiben. Dies sind jedoch Begabungen, die durchaus in anderen Bereichen des Lebens auch förderlich sind und dort mehr austragen, sowohl finanziell wie auch in Hinblick auf die Einflussmöglichkeiten. Unter den Erfolgreichen, so hat man herausgefunden, befinden sich überproportional viel narzisstisch veranlagte Menschen. Der Narzissmus findet aber oft seine Befriedigung nicht im Altruismus.

1.4 Stationen des mitteldeutschen Bauernkrieges

500 Jahre seit dem Bauernkrieg, ein Anlass, einige Stätten aufzusuchen. Mit einem Geographen steuerte ich per Vespa mitteldeutsche Orte, die mit dem Bauernkrieg und Thomas Müntzer verbunden sind. Start war in Schwabach, wo wenige Jahre später die Urfassung der Augsburger Konfession beschlossen wurde, dann ging es über die alte Kaiserstadt Nürnberg Richtung Forchheim.

---

[69] Schriften (Wehr) S.166

[70] Die 68er-Bewegung verkannte die Verformung durch Egoismen b ei altruistische Aktionen. Auch narzisstische Bedürfnisse können zum Missbrauch einer Bewegung führen. Das lässt sich auch in unserer Parteienlandschaft beobachten.

Dazwischen liegt an der Grenze von Fürth und Nürnberg das Dorf Poppenreuth. Am Kreuzsteinweg steht ein Steinkreuz mit Ruhestein. Es bezeugt der Überlieferung nach die Hinrichtung von dreizehn aufrührerischen Bauern, die der Ansbacher Markgraf an dieser Stelle hinrichten ließ.

In Poppenreuth versammelten sich am 1. Juni 1524 Bauern und forderten anschließend die Abschaffung des Zehnten. Fünf Namen sind überliefert: Sebastian Marsch und Fritz Harscher aus Tennenlohe, Cunz Weiß aus Höfles, Claus Drengel aus Almoshof und Hanns Redner aus Wetzendorf. Der ehemalige Augustinermönch Carl Reß kam vom Rat aus Nürnberg als Beobachter. Als er ins Geschehen eingriff, wurde er niedergeschrien, verprügelt und lebensgefährlich bedroht. Er konnte aber fliehen. Den beteiligten aufrührerischen Pfarrer Georg Vogel von Eltersdorf ließ der Rat 1527 am Galgenhof hinrichten, diesmal wegen Wiedertäuferei.[71]

In Forchheim kam es im Juni 1524 zu ersten Haufenbildungen und Protesten. An Fronleichnam 1524 brachten ca. 500 Bauern mit den Stadtbürger Forderungen an die Obrigkeit: „keine Beschränkungen der städtischen Rechte, der Selbstverwaltung und der wirtschaftlichen Prosperität, Aufhebung des Zehnten, soweit er an die Geistlichkeit zu zahlen sein, Ausschluss des Domkapitels von der Weihesteuer, Freiheit bei Fischfang und Jagd".[72]

In der Bischofsstadt Bamberg hatte Johannes Schwanhausen aus Ebern, inzwischen Kanonikus am Kollegiatstift St. Gangolf lutherische Freiheit verkündet und die Osterkollekte 1524 direkt an die Armen verteilt. Als der Bischof intervenierte, floh Schwanhausen ins evangelische Nürnberg. Der Weg führte natürlich über Forchheim. Bald gingen ind er Gegend der Hollfelder, Thurnauer und Hallstädter Haufen plündern. Man merkt die Ambivalenz der Aufstände. Den Aufruhr beendete dann der Schwäbische Bund unter Truchsess von Waldburg, der nach Bamberg zog. Am 20. Juni richtet3 man auf dem Bamberger Marktplatz zwölf Rädelsführer hin. Alles, was zwischendurch von Bauernhaufen an Kompromissen erreicht worden war, wurde annulliert. Der Feudalismus setzte sich durch.[73]

---

[71] FürthWiki: Das Blutgericht im Bauernkrieg
[72] Ruprecht, S.18
[73] Beschreibungen ebd. S. 17-22

Weiter ging es nach Unterfranken. Dort besuchten wir Bauern, die uns ihre gegenwärtigen Probleme erzählten. Zum Hof gehören ca.40ha Acker, die Viehhaltung mussten sie inzwischen aufgeben. Mit ihrem Dorf hatten sie gerade eine lokale Katastrophe erlebt. Durch das Dorf wütete eine sog. „Superzelle", ein auf kleinsten Raum begrenzter Hurrikan. Bei ihnen und den Nachbarn deckte er Dächer ab, großflächige Bedachungen, so dass Regen in Häuser und Scheunen drang. Die bereits eingebrachte Ernte war verdorben… Zwar sprechen auch sie vom Klimawandel, aber sie wollen ihn einfach nur verbieten lassen durch eine andere Regierung. Hier sind nicht die Juden an allem schuld, sondern die Grünen. Freilich wären mit einer CSU-Regierung (im Bund!) noch nicht die anderen Probleme gelöst, etwa die Absatzschwierigkeiten, oder die Dieselsteuer wie auch das Thema Dünger, beides mit der Umweltproblematik verbunden. Dazu kommt die soziale Unterversorgung durch geringe Sozialabgaben. Das Ganze wird gekrönt durch das bevorstehende Ende: Es sind keine Nachfolger in Sicht. Die Bauernproteste, die Demos mit Traktoren haben sie unterstützt. Die Regenbogenfahne des 21. Jahrhunderts freilich lehnen sie ab, die des 16. kennen sie nicht…

Waren wir hier auf dem Bauernhof schon auf Tuchfühlung mit unserem Thema? Nein, die Bauernproteste der jüngeren Zeit haben andere Ursachen als die vor 500 Jahren und der 2024 heftig bekriegte Robert Habek war kein mittelalterlicher Fürst. Wer mehrere Traktoren auf dem Gelände hat, lebt nicht in bitterster Armut. Allerdings fuhren wir auf unserem weiteren Weg nach und in Mitteldeutschland nicht durch blühende Landschaften (Helmut Kohl), sondern durch vertrocknete. Sollte diese Bauerngeneration die „letzte Generation" der Bauern in Deutschland sein? Wie immer dem sei: Diesen Bauern stehen die demokratischen Mittel zur Verfügung. Dabei könnte es sein, dass sie durch ihren „Bauernverband" nicht entsprechend vertreten werden, weil dieser eher im Interesse der Konzerne agiert. Zudem konnte sich die bayerische Regierung immer auf ihre Wähler vom Land verlassen, auch wenn sie die Interessen der kleineren Bauern ebenso wenig vertrat wie die Anliegen des Umweltschutzes, der letztlich der Landwirtschaft dient. Der direkte Kontakt zu Landwirten von heute bewegte uns, passte aber überhaupt nicht zu den Vorgängen von vor 500 Jahren.

In den Haßbergen starten wir unsere 125er und erreichten in atmosphärischer Tuchfühlung mit der Umgebung das ehemalige Kloster Maria-Bildhausen: Im April 1525 verbündeten sich dort Bauern, formulierten ihre Forderungen und gaben ihrem „Haufen" eine Struktur. Die Ordnung der **„Christlichen Versammlung zu Bildhausen"**, durch Flugblätter (Druck!) verbreitet, inspirierte andere „Haufen": *„Obwohl wir <u>niedersten Standes</u> und unwürdig, hat die Verhinderung Gottes im christlichen Glauben zu einer großen Bedrängnis unserer Herzen geführt… Wir hoffen fest auf die Gnade Gottes, und so haben wir das Kloster Bildhausen eingenommen und unser <u>Lager</u> hier aufgeschlagen. In der Hoffnung, dass alle, die die* *christliche und evangelische Wahrheit lieben, uns mit Trost beistehen werden. Wir wollen ungerechte und ungebührliche Beschwernisse abschaffen. Es ist nicht so, dass wir keine Obrigkeit und Herrschaften dulden und ihnen nichts zugestehen wollen, was ja gegen die Schrift und Ordnung Gottes wäre. Wir wollen, dass die Obrigkeit und die Herrschaften mit uns gebührlich und gemäß der evangelischen Lehre handeln. Darum fordern wir Euch mit aller christlichen und brüderlichen Liebe auf, kommt zu uns zur Erhaltung christlicher Freiheit und Gerechtigkeit. Zweifellos wird Christus unser Herr und Gott, da wir in seinem Glauben handeln, uns nicht verlassen."*[74]

Kloster Maria Bildhausen

Diese enge Verzahnung von Glauben und Aufbegehren kennzeichnete jene Jahrzehnte. Religion erscheint als Fundament der Gesellschaft: Es gibt Obrigkeit und Untertanen. Die Bauern entschuldigen sich präventiv für ihren Aufstand! Kein Wunder, dass ihnen das von DDR-Geschichtsschreibern vorgeworfen wurde. Die Einnahme des Klosters Bildhausen am 18. April 1525 wurde schnell publik und ermutigte andere Haufen, weiter zu machen, etwa bei der Belagerung der Veste Marienberg in Würzburg.

Münnerstadt: Kirche und Kirchplatz

---

[74] „Dokumente des Bauernkrieges" S.130.135

Von Maria Bildhausen ging es über **Münnerstadt**, woher Anführer des Haufens kamen. Im benachbarten Mellrichstadt wurde etwa der Haufenführer Hans Schnabel Juli 1525 enthauptet[75]. Auch Hans Hergot, der Nürnberger Drucker, von dem später die Rede sein wird, kam von „Mellerscht". Ihn enthauptete man in Leipzig.

Im nahen Meiningen wurde im Juni 1525 der Bildhäuser Haufen mit ca. 7000 aufständischen Bauern auf dem Dreißigacker geschlagen. Im Mai hatte dort Graf Wilhelm IV. von Henneberg-Schleusingen die „12 Artikel" der Bauern angenommen und die Besetzung der Stadt verhindert, nun vernichtete er seine Vertragspartner. Die Unverlässlichkeit von Pakten zieht sich durch das ganze Geschehen. Man muss aber auch sehen, dass das zwischen den Adeligen und dem Klerus nicht anders war. Selbst auf des Kaisers Pakt konnte man nicht vertrauen, wenn er neue Chancen witterte.

Meiningen mit Kirche

Mitteldeutschland, Thüringen war im Visier: Wir peilten **Schmalkalden** an. Dort wollte 1525 der Werra-Haufen über soziale Erleichterungen verhandeln. Doch die Wortführer, politisch unerfahrene Bauern wurden beim Betreten der Stadt verhaftet und zum Tode verurteilt. Ein kundiger Schmalkaldener führte uns zu einem Stein auf dem Kirchplatz, auf dem Landgraf Philipp von Hessen und Graf Wilhelm IV von Henneberg sie köpfen ließen. Am Rathaus erinnert eine Tafel: *„Am 3.7.1525 wurden die Schmalkalder Bürger Bastian Steinmetz, Daniel Gebauer, der Wasunger Hans Heinrich, und zwei Einwohner aus Brotterode wegen Erhebung mit dem Werra-Haufen hingerichtet."*

Wenige Meter weiter plakatierte die AfD für die bevorstehende Wahl, während Nationalisten ein paar Straßen weiter Sahra Wagenknecht ein Pflaster über den Mund geklebt hatten: „Wir sind das Volk" (Schwarz-Rot-Gold mit Adler). Geschichtsvergessene Gesellen (und Geschichtslehrer)

---

[75] „Montag nach Visitationis Marie (3. Juli) ist vor dem thor ob der ziegelhutten ain hochgerust ufgemacht. Daruf sind Hans Schnabel und Hans Schar, der Bildheuser bauren hauptleut, und dan Hainrich Crumbfues, schulthais, erstlich enthaubt und volgends gespiest worden." (Wikipedia)

verhöhnen die Freiheit und zerfressen eine sozial geordnete Gesellschaft mit demokratischen Möglichkeiten. Von einer Beteiligung aller an den Entscheidungen träumten die Bauern nicht einmal. Die Landtagswahl 2024 gewann die AfD mit weitem Vorsprung.

Das Lutherhaus in Schmalkalden, der mittelalterliche Käfig und die Hinrichtungsstätte.

Aus dem (offenbar für die AfD) teuer renovierten Städtchen drangen wir weiter in die ehemalige DDR vor, nach **Eisenach**, quasi auf den Spuren des Werrahaufens nach 499 Jahren. Die Eisenacher, bei denen Junker Jörg 1521 „logierte", hielten sich diplomatisch aus den Konflikten mit den Bauern heraus. Waren sie klug oder feige?

Lutherhaus Eisenach und altes Gemäuer

Den verhandlungsbereiten „Werra-Haufen" stoppte die gute Befestigung. Die Stadtführung lockte die Anführer mit Gesprächsangeboten in die „neutrale" Stadt", verhaftete sie und verurteilte sie zum Tod: *„Am 11.5.1525 richtete man Hans Sippel aus Vacha, Jakob Töpfer aus Berka / Werra, Jörg Hain aus Witzelroda, Herrmann Stork aus Eisenach und Heinz Bitterner aus Nesselröden hin."* In Eisenach gewann übrigens 2024 die AfD.

Kriege sind immer gemein. Dabei können sich Böse profilieren. Oft genug ließen sich die Bauern auf heimtückische Angebote des Adels oder des Klerus ein und verloren nicht nur einen strategischen Vorteil, sondern auch das Leben. Ob Staat, Wirtschaft oder Kirche, es ist bis heute unvorsichtig, jemandem von „da oben" zu vertrauen. Auch wir PfarrerInnen als jemand „da oben" sollten unsere Vertrauenswürdigkeit immer wieder auf den Prüfstand stellen. „Die da unten" sind natürlich nicht zwangsläufig vertrauenswürdiger. Es ist ein anthropologisches Problem

In der Morgensonne ritten wir auf Schusters Rappen zur Wartburg empor, wo uns deutsche Geschichte umgab: Die Heilige Elisabeth, Luther incognito, der Barock-Mega-Star J.S.Bach, Goethe als Geologe, das Wartburgfest der fortschrittlichen Burschenschaften, Bebels Gründung der SPD.

Wir blickten nach Norden: Nun ging es zum nahegelegenen Mühlhausen, wohin Luther den kongenialen Thomas Müntzer empfohlen hatte.

1.4.1   Mühlhausen und Müntzer

Mühlhausen präsentierte sich als eine Stadt mit vielen Kirchen. Ihre Türme ragten ins Nichts empor, als säkularisierte Denkmäler, wie die Kornmarktkirche mit ihrer Bauernkriegsausstellung. Die dort präsentierte Geschichtsinterpretation enthält auch marxistischer Traditionen, zugespitzt auf Thomas Müntzer, dessen religiöse Positionierung den DDR-Historikern gar nicht passte. Dieses Problem teilten sie sich mit dem reaktionären Martin Luther, der nicht damit klar kam, dass Müntzer kompetent und ziemlich griffig biblisch argumentierte. Der Ex-Jurist Luther, der dank der Bibel die Bigamie von Philipp von Hessen theologisch legitimierte, wütete sogar mit

Mordaufrufen („wo ihr sie trefft!") gegen Müntzers Bibelzitate, wenn es um soziale Gerechtigkeit ging.

Thomas Müntzer! Der Mitreformator (deutsche Messe) ist umstritten, denn die überlebende Geschichtsschreibung dieser turbulenten Jahre war die der Herren und des Herrenfreundes Martini Lutheri.

Als Charismatiker scheint Müntzer dem Ex-Augustinermönch Martin Luther ebenbürtig und als theologischer Spitzeninterpret ebenfalls. Die Lutheraner verdrängten den protestantischen Revolutionär Müntzer aus dem kirchlichen Selbstverständnis als Mitreformator. Verdrängung macht krank: Das Verdrängte kommt in anderer Gestalt immer wieder. Nur wenn man sich das Verdrängte bewusst macht, kann man gesunden.

Verglichen mit der Reformationszeit führt die EKD 500 Jahre später ein beschauliches Leben; statistisch gesehen ist das Ende ebenso nahe wie unausweichlich. Der Mitgliederschwund, der inhaltliche wie auch strukturelle Gründe hat, macht uns zur _„evangelisch-lutherischen Sekte"_. Außenstehenden wie Insidern scheinen in der Öffentlichkeit agierende kirchliche Leitungspersonen weniger an Jesus Christus und den Hauptpunkten seiner Verkündigung als an gesellschaftlicher Anerkennung orientiert. Von „der Kirche" erwartet man jedoch Stärkung des Glaubens und geistlichen Lebens.[76] „Macher" und „Manager" sollten sich anderswo verwirklichen.

Müntzer seinerseits interpretierte biblische Inhalte so, dass seine Zeitgenossen etwas für ihre Gegenwart hörten und zugleich die biblische Grundlage wieder erkannten. Es ging nicht einfach um Gerechtigkeit, sondern darum, was Gott für die Menschen will und wie Jesus das verkörperte.[77] Zu diesen Erkenntnissen gehörten die Heiligen Schriften <u>und</u> der Heilige Geist, betonte Müntzer. Das „innere Wort" ist entscheidend.[78] „Das innere Wort"! lässt die Lutherischen erschaudern. Es stimmt schon: Bei aller geistlichen Wahrheit des „inneren Wortes" offenbart sich die Crux durch <u>divergierende</u> „innere Wörter". Aber was hat die Bibel mit Gott zu tun, wenn

---

[76] Das eruierte die McKinsey-Studie für die ELKB schon vor 30 Jahren. 2024 äußerte sich A.Moschinski, früher McKinsey, heute Professor für Finanzen/Controlling an der Hochschule Koblenz, Kirche habe _„die Aufgabe, Menschen zu Gott zu führen und die Sinnfragen des Lebens aus der Perspektive Jesu Christi zu beantworten. Wenn man diese Sinnfragen beantwortet, kann man ohne weiteres auch politisch, diakonisch, gesellschaftlich oder ökologisch reden und agieren. Aber die Grundlage muss die **Beantwortung der grundlegenden Sinnfragen** sein",_ so der Wirtschaftswissenschaftler. _Andernfalls verpasse Kirche ein **zentrales** Element ihres Auftrags. Das kirchliche Geschäftsmodell heiße Jesus Christus."_ Katholisch.de (15.2.24)

[77] Luthers Positionierung im Bauernkrieg wirkte sich verheerend auf seine Zustimmungswerte aus. Er hatte als Theologe „des kleinen Mannes" ausgedient.

[78] Beispielsweise in der Fürstenpredigt, Dokumente S.206; er bezieht sich auf biblische Träume. „Unser Söhne und Töchter sollen weissagen und sollen Treume und Gesicht haben etc." zitiert er die Bibel als Grundlage.

nicht durch die Vermittlung des Heiligen Geistes? Die „Lutherischen" repräsentieren oft genug eine biblizistische „Ungeistlichkeit".

Luther, Meister des intellektuellen kurzen Prozesses verdammte die „Schwarmgeister". Mit Verdammen war er ziemlich schnell am Werk. Der charismatische Augustinermönch wurde mit der Zeit sein eigener „Heiliger Geist" und verlor parallel zur wachsenden Popularität den Zugang zum Wirken des göttlichen Geistes. Vielen seiner Epigonen fehlte die Offenheit für den lebendigen Geist Jesu.

Mit seiner Fixierung auf die Heiligen Schriften schüttete Luther den Geist mit dem Bade aus. Er tötete für sich und seine Nachfolger das direkte Wort Gottes ab, denn Propheten formulieren situativ die Ansprache Gottes und erwarten eine unmittelbare Reaktion. Auch heute jubeln Kirchenleitungen lieber den Propheten der Vergangenheit zu als die Propheten der Gegenwart wahrzunehmen. Die EKD traut sich nicht, die wahren Stimmen unter den falschen heraus zu hören.[79] Hinterher werden die kirchenleitenden Gremien sich klüger zeigen und das auch lautstark sagen[80] – mit zur Mitgliederzahl proportional abnehmender Lautstärke.

Leitung! Hinderlich ist, dass die Fähigkeiten, die man benötigt, um Karriere zu machen, am Ziel überflüssig bis kontraproduktiv werden und man über die nun erforderlichen Kompetenzen für inhaltliche und personelle Führung nicht automatisch verfügt. An dieser fehlenden Kompetenz erkrankten unsere Kirchen und vermutlich werden sie auch daran eingehen.

Zurück zu den Spuren des Bauernkriegs, denn wir suchten nicht die Landeskirchenleitung von Thüringen, sondern die Orte des Geschehens. Von Mühlhausen aus machten wir uns bei Regen auf den holprigen Weg nach **Stolberg** im Harz. Müntzers Geburtsort strahlte in der Sonne als vorbildlich renoviertes Fachwerkstädtchen. Freilich ist das abgebrannte Geburtshaus des Mitreformators durch ein neues altes Gebäude ersetzt.

Thomas Müntzer wurde als Sohn eines Ratsherrn 1489 in Stolberg geboren, 1506 in Leipzig immatrikuliert, 1513 in Halberstadt zum Priester geweiht. Zunächst Priester in Braunschweig, erschien er ab 1517 immer wieder in Wittenberg, vermutlich 1519 bei der Leipziger Disputation mit Johannes Eck, ab 1520 in einem Zisterzienserkloster, wo er als Beichtvater seine spätere Frau Ottilie kennenlernte. Sie und ihre beiden Kinder überlebten

---

[79] Es kling fast schon populistisch, aber es lässt sich belegen: Wer die medial präsentierten Äußerungen der EKD-Synoden der letzten 40 Jahre überfliegt, kann die Entwicklung des Zeitgeistes verfolgen, auch wenn wir EKD-Ratsvorsitzende hatten, die sich vom Mainstream erfreulich abhoben und spezifisches Profil zeigten.

[80] So klingt das mit der Zeit immer peinlicher werdende Stuttgarter Schuldbekenntnis phrasenhaft. Deshalb mahnte Jesus: An ihren Früchten sollt ihr sie erkennen.

den Bauernkrieg[81], doch die Spuren verlieren sich. Wer weiß, wo sich heute Müntzers Nachfahren tummeln?

Müntzerdenkmal in Stollberg; hier stand Müntzers Geburtshaus

Etwas abseits unserer Bauernkriegsroute liegt **Zwickau**, die Schumann- und Horch-Stadt. Die Katherinenkirche, in der Müntzer 1520/21 predigte, ist von einer alten Poststation und Plattenbauten umgeben. Die sozialen Wunden, die die DDR geschlagen hat, sind hier sichtbar und man kann an die Tuchmacher erinnern, die Anfang des 16. Jahrhunderts die sozialen Umstände verbessern wollten. Das war eng verbunden mit der durch Luthers Übersetzung ermöglichten Rezeption der Heiligen Schriften.

Müntzer kam als Verbündeter Luthers in das sächsische Städtchen. Sein scharfes Denkvermögen verband sich mit der Kreativität, aus Bruchstücken überkommener Geistesgüter Eigenständiges zu formen. Sein Ungestüm unterschied ihn nicht sonderlich von seinem zeitweiligen Protektor und späteren giftspeienden Gegner aus Wittenberg. Als er mit Luthers Empfehlung 1520 nach Zwickau kam, wussten die Ratsherren mit ihrem aufbrechenden Selbstbewusstsein den aufbegehrenden Prediger zu schätzen. Als jedoch die charismatischen Kräfte in ungebildeten Leuten zu wirken begannen und sich einfache Menschen wie Propheten gebärdeten, versuchten die Ratsherren aus systemimmanenten Interessen die Entwicklung stoppen.

Die „Zwickauer Propheten" erfuhren den Heiligen Geist direkt bei der Bibellektüre, nicht gefiltert durch scholastische Haarspaltereien. Das ist ja

---

[81] Nach Frankenhausen wurde die schwangere Witwe vergewaltigt, was wiederum Luther, der an Müntzers Ermordung nachhaltigen Anteil hatte, zu markigen Worten über die Vergewaltiger veranlasste: „O, ein ritterliche, adeliche That, an einem elenden, verlassnen, schwangern Weiblin begangen; das ist ja ein kühner Held, der dreier Ritter wohl werth." Er bezeichnet diese Soldaten als Bestien und schreibt: „Würden die Bauern Herren, so würde der Teufel Abt werden, würden aber solche Tyrannen Herren, so würde seine Mutter Äbtissin werden." Aland VII, S.224

immer die Frage: Wo erlebt man bei „Theologen" einen eigenen Kontakt mit dem Heiligen Geist?

Müntzer selbst ging eine enge geistliche Beziehung zu dem „Propheten" und Tuchmacher Nikolaus Storch ein. Dessen spirituelle Erfahrungen ließen ihn mit seiner Gruppe auch für soziale Projekte (Armenfürsorge) eintreten. Müntzer erlebte, dass Gott sich persönlich spüren lässt, und lehnte mit der Zeit die Säuglingstaufe ab[82]. Sowohl die „Propheten" wie auch Müntzer speisten sich aus einer immensen Bibelkenntnis.

1522 griff Luther mit seinen Invokavit-Predigten in Wittenberg ein. Das bremste die Reformen, woraufhin Storch und der dazu gestoßene Karlstadt die Stadt verlassen mussten. Müntzer wurde schon 1521 auf Betreiben eines „Kollegen" und des Stadtrats, der ihn des Aufruhrs verdächtigte, aus der Stadt vertrieben. Seinen letzten Verdienst quittierte er mit *Thomas Müntzer, qui pro veritate militat in mundo*"[83]. Zum Mundus, zur Welt wurden in den nächsten Monaten Prag, Jena, Erfurt, Weimar und Glaucha. 1523 kam er nach Allstedt als Pfarrer, immer stärker sensibilisiert für die geistliche Not der Gemeinden und die sozialen Missstände.

Anschließend holperten wir von Stolberg durch den Harz via Sangerhausen nach Allstedt, wo der Hund begraben ist. Wir fanden kein Quartier und die Kirche war verschlossen. Also Handy raus und Hotelsuche. **Sangerhausen** bot eine Unterkunft am Marktplatz.

500 Jahre vorherhatte Müntzer von Allstedt nach Sangerhausen geschrieben: *"Wer da nun wider die Türken fechten will, der darf nicht in die Ferne ziehen, er ist im Land!"*[84] Diese provokante Rede Müntzers auf dem Hintergrund der Türkenkriege verstanden jene leicht, die unterprivilegiert waren. Müntzer legt den Schwerpunkt darauf, dass die Türken Heiden sind und die Fürsten, wie man an ihrem Verhalten sieht, ebenfalls.

Drei Tage zuvor hatte Müntzer den Fürsten eine Predigt gehalten: „Anders mag die christliche Kirche zu ihrem Ursprung nicht wiederkommen.

---

[82] Ironischer Weise verblieb als einziges Originalteil in seiner Allstedter Kirche der Taufstein.
[83] „Thomas Müntzer, der für die Wahrheit in der Welt kämpft"
[84] 27.7.1524 Müntzer, Dokumente, S.143

Man muss das Unkraut ausraufen aus dem Weingarten Gottes, in der Zeit der Ernte, dann wird der schöne rote Weizen beständige Wurzeln gewinnen und recht aufgehen, Mt.13. Die Engel aber, welche ihre Sicheln dazu schärfen, sind die ernsten Knechte Gottes, die den Eifer göttlicher Weisheit vollführen."[85] Die Fürstenpredigt ist „spirituell", es geht nicht um soziale Fragen, sondern um das lautere Evangelium, das mit dem „innerlichen Wort", dem Heiligen Geist, verbunden ist.

Damals äußerte sich Luther noch vergleichsweise verständnisvoll zu den Bauern, aber kein Jahr später wetterte er haltlos „wider die räuberischen und mörderischen Rotten der Bauern" und hetzte „kurzum, nichts als Teufelswerk treiben sie, und insonderheit ist's der Erzteufel, der zu Mühlhausen regiert und nichts als Raub, Mord, Blutvergießen anrichtet..."[86] und rief wie ein Wahnsinniger zum Blutvergießen auf. Durch seine rechtfertigenden Schriften verstärkte er noch dieses blutdurstige Wettern. Das klingt schon paranoid.[87].

Luther war auf die Seite der Mächtigen gewechselt. In der Geschichte ist er nicht der erste oder letzte, der auf diesem Weg seine Positionierung verlor. Wer heute kritisch auf den Monokraten Erdogan in der Türkei schaut, sollte einen Blick in der Vergangenheit werfen: Erdogan stand einmal für eine moderne und demokratische Türkei. Aber dann kam er an die Macht...

Müntzer behielt sein Gespür für Ungerechtigkeit: "Sieh zu, die Grundsuppe des Wuchers, der Dieberei und der Räuberei sind unsere Herren und Fürsten; sie nehmen alle Kreaturen als Eigentum: die Fische im Wasser, die Vögel in der Luft, das Gewächs auf Erden muss alles ihrer sein."[88]

Im damaligen Alltag könnten die Menschen Fische oder Vögel fangen, sich aus der Natur ernähren, aber diese Selbstverständlichkeiten hatte ihnen der Adel Stück für Stück geraubt. Schon die Punkte des „Haufens von Maria-Bildhausen" enthielten solche banalen Themen: Eigentlich könnten wir uns ernähren, aber der Adel enthält uns die umgebende Natur vor.

In Sangerhausen beim „Griechen" las ich Müntzers Brief an die Sangerhausen[89], wo er die Ehrfurcht vor Gott zur Basis alles Denkens und Handelns erklärt. Die Leute sollten zu denen da oben sagen: *Lieber Herre, lieber Herr Hauptmann, so unser Herr, der Furst, am selbigen Schoß und*

---

[85] Müntzer, Schriften, S.79

[86] Luther Deutsch, Bd.7, S.191. Luthers Attacken sind widerlich, seine Rechtfertigungen bigott. Seine angewendete Zwei-Reiche-Lehre und Röm.13-Auslegung entlarven einen Choleriker, der sich zum Mordaufruf versteigt: „ohne Scheu erschlagen und morden, wie man kann und mag, wenn man sie nur umbringt..." (ebd. S.198) zu erfassen.

[87] Luther Deutsch, Bd.7,, S.198f: Verantwortung D. Martin Luthers... und 201f: Ein Sendbrief...

[88] Müntzer, Schriften, S.113

[89] Dokumente S.140f.

Zinsen, die wir ihm jehrlich gebn, nicht genug hat, so nehm er all unser Guter dazu, das wollen wir ihm gerne gestendig sein; aber unser Seelen soll er gar nicht regieren, dann in der Sachen muß man Gott meher gehorsam sein dann den Menschen." [90]

Man kann es gar nicht oft genug betonen: Müntzer war nicht einfach ein sozialer Revolutionär, sondern ein in die Tiefe gehender Theologe.

1.4.2 Abgötterei und Regenbogenfahne in Allstedt

Kirche und das Rathaus von Allstedt: Hier gründete sich der Allstedter Bund.

Nach Sangerhäuser Frühstück hoppelten wir wieder 12km nach **Allstedt**. Bei der teilrenovierten Kirche suchten wir vergeblich nach dem Pfarramt. Entnervt erfragten wir den Weg im Rathaus: Die Tür des Pfarramts ist in einer Nische verborgen, ohne ein hilfreiches Schild. Entwickelt sich die evangelische Kirche (nicht nur in Sachsen-Anhalt) zu einer Nischenkirche? Zu unserer Freude öffnete uns eine sehr hilfsbereite Sekretärin das Gotteshaus. Die sauber renovierte Kirche ernüchterte uns: Aus Müntzers Wirkstätte ist praktisch nichts mehr vorhanden. Die Kanzel pausiert im Schloss, die Regenbogenfahne ist unbekannt. Luthers Büste verfrachtete man angemessen hinter Bänke. Über der Seitentür prangte ein Regenbogenbildchen aus einem Familiengottesdienst (Noah). Mit Müntzer hat das nichts zu tun.

Allstedt: Das Taufbecken ist noch aus Müntzers Zeit, Luther wurde an die Seite gerückt, der Regenboten stammt aus dem Familiengottesdienst.

Die zerstörte Kapelle in Mallerbach kennt man noch dem Namen nach. Müntzer predigte 1523 in Allstedt gegen die „Abgötterey" (Marienbilder)[91]

---

90 Ebd. S.142
91 „Hochverursachte Schutzrede" 1524, Dokumente S.232,

in der Kapelle zu Mallerbach, woraufhin einige Hörer sie in Brand setzten. Landesherr Friedrich, der Weise forderte umgehend die Auslieferung der Täter, doch die Allstedter gründeten mit den Mansfelder Burgknappen einen „Bund", um militant den Gotteswillen durchzusetzen[92]. Müntzer betrat den Weg von der Kanzel zum Schlachtfeld.

1524 hing in Allstedt die **Regenbogenfahne** über der Kanzel: „Müntzer hat ein weißes Fähnlein von 30 Ellen leichter Seide machen und darauf einen Regenbogen mit den Wort: **„verbum domini maneat in aeternum"** (Gottes Wort bleibe in Ewigkeit) sowie „dies ist das Zeichen des Ewigen Bund Gottes" malen lassen. Dasselbe Fähnlein hat er in „Unserer Lieben Frauen Kirche" bei der Kanzel aufgestellt. Es heißt, er wolle dasselbe Fähnlein zu Felde bringen…"[93] Da geht das Zeichen des Friedens in Richtung des Krieges. Mit der Fahne zog Müntzer an der Spitze der Bauern nach Frankenhausen.

1.5 Endzeit: Die Schlacht bei Frankenhausen

Wer das Schlachtgelände bei Frankenhausen betrachtet, kann es sich schwer vorstellen, dass hier eine organisierte militärische Auseinandersetzung stattfand.

Das (DDR-) Panoramamuseum bei Frankenhausen

Die „DDR" interpretierte den Bauernkrieg in ihrem Sinne als Vorläufer der proletarischen Revolution und beauftragte den Kunstprofessor Werner Tübke mit einer Darstellung. Ein Panoramagemälde entstand, aber der Künstler veränderte die Perspektive: "Frühbürgerliche Revolution in Deutschland". Das klang zwar immer noch nach den Auftraggebern, aber er konnte die Ursachen viel besser in den Blick nehmen und die zeitgenössische Kritik an den Lebensumständen aufgreifen. In sein surrealistisch geprägtes Werk fügte er Bilder aus der Zeit des Bauernkrieges kongenial ein. Bei diesem Aufstand kamen Gegenwart und Endzeit zusammen – er

---

[92] Hauss F., Väter der Christenheit, S.188

[93] Gess, F.; Akten und Briefe zur Kirchenpolitik Herzog Georgs von Sachsen. Bd 2
S. 109

zitierte entsprechend auch Bilder des Paradieses und des Sündenfalles, etwa von Albrecht Dürer den „Turmbau zu Babel" von Pieter Breughel mit seiner Offenlegung der menschlichen Hybris platzierte er in ein Zentrum. Damit traf er die apokalyptische Sichtweise von Müntzer und seinen Anhängern – und sprengte die kleinbürgerliche Perspektive der DDR-Granden.

In Kriegszeiten geht es immer um alles. Das aber wird oft erst im Nachhinein klar. Der Kampf zwischen den Bauern und den Fürsten bei Frankenhausen, der am 15. Mai 1525 stattfand, brachte rückblickend die Entscheidung, die vernichtende und demoralisierende Niederlage der Bauern. Die Hinrichtung Müntzers nach der Niederlage bedeutete auch, dass ein entscheidender Kopf der Bewegung fiel.

Ein Mittelpunkt der Aufstände, die ganz Deutschland erfasst hatten, war Thüringen. Dort sammelte man sich in Frankenhausen. In Frankenhausen erhoben sich Bauern wie Bürger. Das Kloster wurde ebenso gestürmt wie das Schloss und das Rathaus. Ihre Forderungen hatten die Rebellen inhaltlich von den schwäbischen Artikeln übernommen. Tausende revoltierende Menschen stießen in den nächsten Tagen dazu. Die Heimatstadt von Müntzer hatte sich bereits ergeben.

Die kurzfristigen Erfolge wurden zunächst als genügend erlebt und weitere Aktivitäten beispielsweise gegen Klöster abgebrochen. Anfang Mai flammten die Übergriffe wieder auf. Müntzers Mitstreiter Bonaventura Kürschner wurde ein Anführer der Aufrührer, als schon schätzungsweise 7000 Aufständische zusammengekommen waren.

Von Müntzer hatten sie sich versprochen, dass er mit einem Bauernheer kommen würde. Von 10.000 Männern war die Rede. Das entsprach freilich nicht der Realität, denn Müntzer erschien von Mühlhausen her mit nur etwa 300 Männern. Über ihren Karren flatterte die weiße Fahne mit dem Regenbogen: **„Verbum Domini manet in etterinitatem"** (Das Wort des Herrn möge in Ewigkeit bleiben).

Die Gegenpartei hatte von Müntzers Ankunft Wind bekommen. Der sächsische Herzog Georg wie auch Philipp von Hessen zogen mit ihren Heeren Richtung Frankenhausen. Weitere Fürstenheere gesellten sich ihnen bei. Diese Heere rückten nach Frankenhausen vor, doch die revoltierenden Bauern konnten sie abschlagen. Militärisch unerfahren hielten sich die Bauern schon für die Sieger und beschränkten sich darauf, ein militärisches Zentrum außerhalb der Stadt zu errichten, eine Wagenburg verbunden mit Geschützen. Philipp sandte Boten mit der Aufforderung zur Kapitulation und der Auslieferung der Hauptleute einschließlich Müntzers. Diese Boten handelten immerhin einen Waffenstillstand aus. Hinterhältig nutzten die Fürsten diese Phase, um sich strategisch günstig zu positionieren; sie bezogen Stellung auf einer Anhöhe, von der aus sie die Wagenburg anvisieren konnten.

Den Bauern gelang trotz Befeuerung nicht, die Zusammenführung der Fürstenheere abzublocken. Ihre mangelnde Strategie wurde den Bauern zum Verhängnis. Obwohl sie dem gegnerischen Heer wohl um etwa 2000

Mann überlegen waren, nutzte dies den Bauern nichts, da sie sich selbst in der Wagenburg eingekesselt hatten. Waffenmäßig waren sie ohnedies unterlegen mit ihren Sensen, Dreschflegel und dergleichen. Lediglich die beim Bergbau eingesetzten Bergknappen verfügten über Hellebarden oder Kurzsäbel.

Am 15. Mai 1525 gaben die Fürsten den Bauern eine letzte Chance, durch die Auslieferung ihrer Anführer mit dem Leben davon zu kommen. Man beriet sich im Ring. Müntzer hielt auf dem Schlachtfeld bei Frankenhausen eine flammende Rede oder Predigt:

1.5.1.1 Müntzers Feldpredigt 15.5.25

"Lieben Brüder, ihr sehent, daß die Tyrannen unsere Feind so da seind, und unterstehen sich, uns zu erwürgen, und seind doch so forchtsam, daß sie uns nicht dorfen angreifen, und fordern, daß ihr sollt abziehen, sollt die Anfenger dieser Sach uberantworten. Nun, lieben Brüder, ihr wüßt, daß ich solche Sach aus Gottes Befehl hab angefangen und nicht aus eignem Fürnehmen oder Kühnheit, denn ich kein Krieger mein Tag nie gewesen bin. Dieweil aber mir Gott mündlich geboten hat auszuziehen, bin ich schuldig, und ihr alle, dazubleiben und des Ends zu warten. Es gebote Gott Abraham, seinen Suhn zu opfern; nun wüßt Abraham nicht, wie es gehn sollt, dannoch folgt er Gott und fuhre fort, wollt das fromm Kind opfern und töten. Da errettet Gott Isaak und erhielt ihn beim Leben.

Also auch wir, dieweil wir Befehl von Gott haben, sollen wir des Ends warten und Gott für uns lassen sorgen. Darüber aber hab ich nicht Zweifel, es werde wohl geraten und wir diesen heitigen Tag Gottes Hilf sehen und unsere Feind alle vertilgen; denn Gott spricht oft in der Schrift, er woll den Armen, den Frommen helfen und die Gottlosen ausrotten. Nun seind wir je die Armen und die Gott sein Wort begehren zu erhalten, darum sollen wir nicht zweiflen. Es würd Glück auf unser Seiten sein.

Was seind aber die Fürsten?

Sie seind nichts dann Tyrannen, schinden die Leut, unser Schweiß und Blut vertön sie mit Hoffieren, mit unnützen Pracht, mit Huren und Buben. Es hat Gott geboten in Deuteronomio, es soll der König nicht viel Pferd bei sich haben und einen großen Pracht führen; auch soll ein König das Gesatzbuch täglich in Händen haben.

Was tun aber unsere Fürsten?

Sie nehmen sich des Regiments nicht an, hören die armen Leute nicht, sprechen nicht Recht, halten die Straßen nicht rein, wehren nicht Mord und Raub, strafen kein Frevel und Mutwill, vertedingen nicht Witwen und Waisen, helfen nicht den Armen zu Recht, schaffen nicht, daß die Jugend recht erzogen würd zu Guten, fürdern nicht Gottes Dienst, so doch um solcher Ursach willen Gott Oberkeit eingesetzt hat, sonder verderben allein die Armen je mehr und mehr mit neuen Beschwerden, brauchen ihrs Macht nicht zu Erhaltung Friedens, sonder zu eignem Trutz, daß je einer seim Nachbauren stark genug sei, verderben Land und Leut mit unnötigen Kriegen, Rauben, Brennen, Mörden.

Das seind die fürstlichen Tugend, damit sie jetzt umgehen. Ihr sollt nicht gedenken, daß Gott solches lenger leiden wölle; dann wie er die Cannaneos vertilget hat, so würd er auch diese Fürsten vertilgen. Und ob schon solches zu leiden wäre, so kann doch Gott das nicht leiden, daß sie den falschen Gottsdienst der Pfaffen und Münche vertedingen wöllen. Wer weiß nicht, was greulicher Abgötterei geschieht mit dem Kaufen und Verkaufen in der Messe. Wie Christus die Kremer aus dem Tempel stieße, so würd er diese Pfaffen und was an ihn hanget verderben.

Und wie Gott Phenees gelobet hat, daß er die Hurerei mit Cosbi strafet, so würd uns Gott Glück geben, der Pfaffen Hurerei zu strafen.

Darum seid getrost und tut Gott den Dienst und vertilget diese untüchtige Oberkeit. Dann was hilfts, ob wir schon Frieden machten mit ihnen, denn sie wollen doch fortfahren, uns nicht freilassen, treiben uns zu Abgötterei. Nun seind wir schuldig, lieber zu sterben, denn in ihr Abgötterei zu verwilligen. Es were je besser, daß wir Merterer wurden, dann daß wir leiden, daß uns das Evangelium entzogen werd und wir zu der Pfaffen Mißbrauche gedrungen werden. Darüber weiß ich gewißlich, daß Gott uns helfen würd und uns Sieg geben, denn er hat mir mündlich solches zugesagt und befohlen, daß ich alle Stend soll reformieren.

Es ist nicht Wunder, daß Gott wenigen und ungerüsten Leuten Sieg gebe wider viel tausend; denn Gedeo mit wenig Leuten, Jonathas mit seim eigenen Knaben viel tausend geschlagen haben, David ungerüst den großen Goliath umbracht. Also hab ich nicht Zweifel, es werd jetzund dergleichen geschehen, daß wir, wiewohl ungerüst, werden obliegen. Es müßt ehe Himmel und Erden endern, dann wir verlassen sollten werden, wie sich des Meers Natur endert, auf des Hilf den Israelischen geschah, da Pharao nacheilt.

Laßt euch nicht erschrecken das schwach Fleisch und greift die Feind kühnlich an, dörft das Geschütz nit förchten, dann ihr sollt sehen, daß ich alle Büchsenstein in Ärmel fassen will, die sie gegen uns schießen. Ja ihr sehent, daß Gott auf unser Seiten ist, denn er gibt uns jetzund ein Zeichen. <u>Sehent ihr nicht den Regenbogen am Himmel?</u> Der bedeut, daß Gott uns, die wir den Regenbogen im Banner führen, helfen will und dreuet den mördrischen Fürsten Gericht und Strafe. Darum seind unerschrocken und tröstet euch göttlicher Hilf und stellt euch zu Wehre. Es will Gott nicht, daß ihr Fried mit den gottlosen Fürsten machet."[94]

Müntzer wollte nicht Frieden um jeden Preis, sondern dass sich die Gerechtigkeit durchsetzt, weil Gott sich ihrer bedient.

---

[94] Dokument; S.198ff.

Hinter Müntzers Kanzel in Allstedt prangte ein Banner mit dem Regenbogen als Symbol der Ewigkeit: Gottes Wort bleibt in Ewigkeit. Auch bei der Predigt, bei der Verkündigung des Wortes Gottes sollte dies den Hörern immer präsent sein. Dieser Regenbogen bekam eine historische Dimension: Bei der Schlacht zu Frankenhausen, dem Armageddon der Bauern stand ein Regenbogen[95] am Himmel. Weithin sichtbar schien Gott an den Himmel zu schreiben. Dies interpretierte der chiliastische Prediger als Zeichen des Sieges und er schwor seine Leute noch einmal auf den Gottesstaat ein.

Müntzer sah sich als Teil der Endzeit. Immerhin wurde er älter als Jesus, der ebenfalls endzeitliche Gedanken äußerte und seinen Anhängern das Gefühl vermittelte, in dieser Zeitenwende an der richtigen Seite Gottes zu stehen. Müntzer glaubte, die Botschaft unmittelbar zu erhalten: Gott schrieb für ihn den Regenbogen an den Himmel, also viel direkter als durch die Bibel.

Dieses Himmelszeichen hat die Bauern derart gepackt, dass sie auf den Angriff der Fürstlichen nicht rechtzeitig eingestellt waren. Himmelserscheinungen waren gerade im Mittelalter für die Menschen bedeutsam – wir würden heute dies unter Aberglauben laufen lassen. Der Regenbogen faszinierte die Bauern, sie konzentrierten sich nicht auf die kritische Situation, und nach kurzer Kanonade ergriffen sie in Panik die Flucht, Müntzer eingeschlossen. Die militärisch unvorbereiteten Bauern verloren die Schlacht: Sollte dies symbolträchtig sein? Spirituell ließe sich dieses Geschehen deuten: Wenn ein göttliches Zeichen erscheint, starre nicht darauf, denn es lässt dich nicht im Hic et nunc, wo du zu sein hast. Jesus selbst wollte nicht, dass man auf ihn starrte, weil er Wunder vollbrachte. Es schien ihm eine satanische Versuchung (Mt.3). Solch eine spirituelle Deutung hätte Müntzer noch bringen können, wenn ihm die Zeit dazu geblieben wäre. So

---

[95] Eine andere Beschreibung wäre ein Halo, ein seltsamer Kranz um die Sonne.

zeigen die wenigen Zeugnisse von ihm, die wir nach der Schlacht noch haben, dass ein massiver Prozess des Umdenkens einsetzte. Angesichts seines bevorstehenden Endes machte er sich realistische Gedanken um das Scheitern seines Weges, ohne Beschönigungsversuche.

1.5.2.1 Der Waffenstillstandbruch und das Abschlachten

Krieg kennt kein Gebot. Bei Fanatikern gilt das noch viel weniger. Müntzers Predigt hatte die Aufständischen beeindruckt, und in dieser Situation griffen die Fürsten an, zu Pferd, mit Schützen und mit Fußvolk. Sie hatten jedoch eine Einkreisungsstrategie.

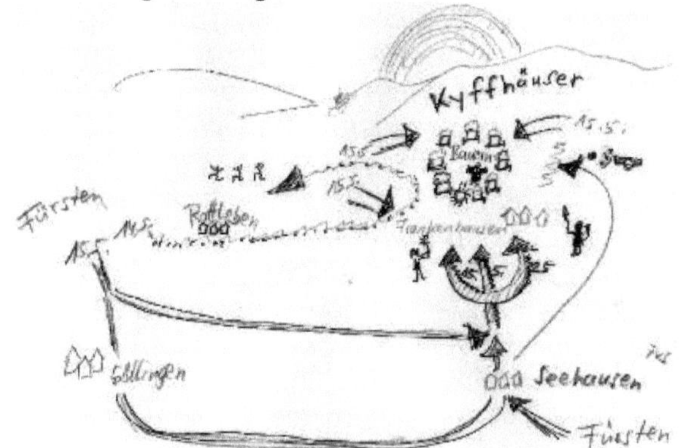

Das löste unter den kampfesmutigen Bauern eine Panik aus; entsprechend reagierten sie, ließen die Waffen liegen und flohen Richtung Stadt. Sie waren eine leichte Beute der Reiter und Schützen. Die eine Christenschar schlachtete die andere ab. Diejenigen, die in die Stadt entkommen konnten, wurden von den Söldnern schon erwartet und ermordet. Über 6000 Bauern „fielen" in der Schlacht, über 300 Gefangene richtete man tags darauf hin.

Müntzer befand sich unter den Flüchtlingen in der Stadt, doch hessische Soldaten stöberten ihn auf und lieferten ihn Philipp von Hessen aus, der ihn zum Graf von Mansfeld bringen ließ. Graf Ernst verhörte Müntzer unter Folter und ließ ihn am 27. Mai 1525 im Feldlager ermorden – in der Sprache der Juristen: hinrichten.

Angesichts seiner bevorstehenden Hinrichtung reflektierte er seinen Fehlschlag. Hier zeigte er wieder die Aufrichtigkeit seines Aufbegehrens, nicht als narzisstisch-chaotischer Revoluzzer, sondern als vom Geist Gottes gepackt und der Selbstkritik fähig. Politisch klug erklärt er aus der Haft heraus in einem Brief an seine Mühlhäusern und damit den Zensoren, die es natürlich vorher lasen, *„ich weiß, dass der größere Teil von euch in Mühlhausen dieser aufrührerischen und eigennützigen Empörung nicht angehängig gewesen ist, sondern das allewege gewehrt hat. Damit ihr dieselbigen Unschuldigen nicht auch in Beschwerung bringt, ... wollt euch ... um Gnade bei den Fürsten ansuchen, die, so hoffe ich, euch Gnade erzeigen."*

Wenn diese Zeilen nicht nur an die direkten Adressaten, sondern auch an die Zensoren gerichtet waren, versuchte Müntzer offenbar, seinen „Schäfchen" noch eine Hilfestellung zu geben. Äußerlich gescheitert versuchte er keineswegs, noch möglichst viele mit in den Abgrund zu reißen, sondern gab seinen Mühlhäusern eine Erkenntnis mit, um Ziele und Wege zu korrigieren: der Egoismus ist die große Gefahr aller gemeinschaftlichen Unternehmungen. Viele Menschen bringen viele Egoismen zusammen.

Warum war Gott durch sein Zeichen vor Ort, ergriff aber nicht für die Heilige Sache Partei? Müntzer wollte es verstehen können. Der Theologe tat Buße und prüfte sich nicht mit Überschwang, sondern Selbstkritik: Er entdeckte als allzu menschliches Motiv, das zum Untergang führte: den Eigennutz: *„Heil und Seligkeit durch Angst, Tod und Hölle - zuvor, liebe Brüder! Nachdem es Gott also wohlgefällt, daß ich von hinnen scheiden werde in wahrhaftiger Erkenntnis göttlichen Namens und Erstattung etlicher Mißbräuche, vom Volk angenommen, das mich nicht recht verstanden, alleine eigenen Nutzen angesehen (hat), der zum Untergang göttlicher Wahrheit gelang, bin ich's auch herzlich zufrieden, dass Gott also verfügt hat, mit allen seinen vollzogenen Werken, welche nicht nach dem äußerlichen Ansehen, sondern nach der Wahrheit geurteilt werden Joh.7. ... Darum sollt ihr euch meines Todes nicht ärgern."*[96]

Müntzer gab seinen Mühlhäusern als Erkenntnis mit: Die Selbstsucht zerstört die guten Ziele. Noch einmal zeigte sich die Aufrichtigkeit seines Aufbegehrens. Nicht der Chaot oder selbstverliebte Revoluzzer, sondern der Mann, der sich vom Geist Gottes gepackt weiß und, vom nahenden Tod infrage gestellt, nicht auf der Richtigkeit seines Tuns beharrt, sondern Selbstkritik äußert.

Dabei war für ihn mit der Hinrichtung zwar das Ende gekommen, aber noch nicht alles zu Ende, denn gerade am 27.5.1525 konnte er damit rechnen, vor das Jüngste Gericht zu kommen und sich dort zu verantworten; er selbst rief „Ich befehle meinen Geist in die Hand Gottes, des Vater, des Sohnes und des Heiligen Geistes" (den er dann noch trinitarisch benannte).

Wie weit für Müntzer der Zweck die Mittel heiligte, ist aufgrund der Quellenlage schwer zu erkennen. Immerhin wäre hier der Begriff „heiligen" wörtlich zu nehmen. Wäre auch ein Mittel, das den Heiligen Schriften widerspräche, für das Ziel einzusetzen? Freilich sind gerade die Heiligen Schriften in sich nicht homogen. Der Heilige Krieg lässt sich ebenso einleuchtend biblisch begründen wie der Pazifismus. Und für beides gäbe es auch negative Motive, die biblischen Anfragen nicht standhalten würden.

Müntzer wurde geköpft, als hätten ihn Djihadisten gefangen und sein Leib zur Schau gestellt, auf einem Pfahl. Gott, der Herr, musste hilflos zuschauen; schon bei Jesus hatte er nicht eingegriffen...

---

[96] Schriften S.165f.

1.5.3   Das Ende im 16. Jahrhundert

Wann Müntzers Ende begann, ist schwer zu sagen. Zu viele Komponenten spielen hinein; in einer elaborierten Analyse hätte Müntzer vielleicht sogar auf den Sündenfall von Adam und Eva rekurriert, als Anfang vom Ende. . Er benennt ja gerade den menschlichen Egoismus als Teilgrund für die Niederlage.

Wir neigen mehr zu historischen Begründungen. Problematisch war sicher die Inhomogenität der Interessen[97], die sich hinter dem Aufstand verbargen. Müntzers nicht nur sozialrevolutionäre, sondern auch eschatologischen Intentionen unterschieden sich gewiss von denen eines Großteils der Bauern, die einfach ein Ende ihrer Not haben wollten – oder bei denen die Not zu blinder Wut geführt hatte. Vielleicht hatte er aber auch eschatologische Hoffnungen in ihnen geweckt: Gott wird das Reich der Gerechtigkeit bringen.

Wie Müntzer geht es wohl den meisten sozialen Revolutionären: Die von ihnen geführte Mehrheit verfolgt egoistische Ziele. Die Montags-Demonstrationen in Leipzig und der Fall der Mauer 1989 sind ein eindrucksvolles Beispiel, wenn wir den politischen Erfolg der damaligen Bürgerrechtsbewegung im wiedervereinigten Deutschland betrachten. Die aufbegehrende Mehrheit, die zum Erfolg nötig war, begnügte sich mit materiellen Verbesserungen; ja, manche artikulierten sogar ein viertel Jahrhundert später die Sehnsucht nach den goldenen Seiten der DDR. Erfolgreich war die DDR mit ihrem Programm der religiösen Analphabetisierung und mit ihren faschistoiden Tendenzen legte sie Grundlagen für heutige Erfolge rechter Parteiungen. Im Grund herrschte im Osten Deutschlands von 1931 bis 1989 der Faschismus, mit von ihm bestimmten Zeiten davor und danach.

Dass die DDR ihrerseits ihrem revolutionären Anspruch nie gerecht wurde und die führenden Leute dies wohl auch niemals ernsthaft wollten[98], bringt das Phänomen wieder mit Müntzer zusammen, der nicht zuletzt durch die Darstellung von Friedrich Engels quasi als Vorbote der Arbeiter-

---

[97] Wir Anfang des 21. Jahrhunderts beim sogenannten von dem trockenen Alkoholiker G.W.Bush ausgerufenen „Krieg gegen den Terror" ähnliches beobachten – und wer glaubt, aus der Geschichte lernen zu können, wird die Schlussfolgerung ziehen, dass aus den widersprüchlichen Interessen der zeitweiligen Alliierten nur weiteres Chaos kommen kann. Weshalb betone ich den „trockenen Alkoholiker"? Eine Folge des Alkoholismus ist häufig, das Nervenzellen zerstört werden, die für die Einschätzung von Gut und Böse zuständig sind, was zu einem massiven „Schwarz-Weiß"-Denken führt.

[98] Ton- und Filmdokumente demaskieren die Führungsspitze der DDR als kleinbürgerlich-bourgeoise. Ihre Anführer unterschied vom kapitalistischen Mainstream nur, dass sie die Nivellierung der materiellen Unterschiede einklagten. Wenn es um Rockmusik, Jeans und lange Haare ging, hätten die SED-Funktionäre sich mit den CSU-Granden schluchzend in den Armen gelegen.

und Bauernbewegung vereinnahmt wurde. Natürlich gab es für die Niederlage der Bauern auch andere Faktoren, die das Ende herbeiführten, einfache militärische Probleme etwa, die Ausrüstung und strategische Führung.

Müntzer selbst scheint bis zum Schluss vom Erfolg seines Weges überzeugt gewesen zu sein. Er wusste Gott auf seiner Seite.[99] Aber im Unterschied zu früheren und späteren Königen und Kaiser postulierte er nicht einfach das "Gott mit uns" (1. Weltkrieg, Falklandkrieg, usw.), sondern sah sich geradezu als Vollstrecker des Willens Gottes. Er verstand sich als aktiver Teil der Endzeit. Den Erfolg hätte er sich nicht selbst zuschreiben können, denn er war nur ein ausführendes Werkzeug des Willens Gottes.

Der Regenbogen als Zeichen am Himmel erinnerte an die berühmte Legende von Konstantin, der das Kreuz am Himmel sah: „In diesem Zeichen wirst du siegen." Auch bei Konstantin könnte es ein reales Phänomen gewesen sein: Das Kreuz des Südens, sonst in den nördlichen Breiten nicht zu sehen, war damals zu erkennen. So wird es von Konstantin kolportiert und recherchiert. Gott ist dabei, glaubte Müntzer angesichts des Regenbogens. Als die Schlacht verloren war, tat er dies nicht einfach ab, sondern versuchte, eine Erkenntnis daraus zu gewinnen, dass Gott und sein Zeichen zwar vor Ort waren, aber nicht für ihn, die Seinen und ihre Heilige Sache Partei ergriff.[100]

---

[99] Diese Sicht entlarvte Bob Dylan mit vielen Beispielen nicht nur für die USA in „With God on our side".

[100] Hier könnte man auf eine Geschichtsdeutung wie Deuterojesaja nehmen. Der Prophet des Alten Testamentes interpretierte die Niederlage der Juden gegen die Babylonier nicht als Niederlage Jahwes, sondern als Tat Gottes, der sein Volk straft und sie Buße tun lässt im Exil. Eine Buße mit einer zeitlichen Begrenzung ist das, sagt Deuterojesaja und wird dadurch zum Hoffnungspropheten.

Das Schlachtfeld von Frankenhausen: Sonnenstrahlen über dem Schlachtfeld von Frankenhausen – die Sonne geht unter, der Regenbogen ist auf der anderen Seite

Das, was der Theologe Müntzer unter Buße verstand, nämlich in sich zu gehen und sich zu prüfen, das tat er auch angesichts des Todes, und zwar nicht mit Überschwang wie in den zurückliegenden Jahren, sondern mit lebhafter Kritik und Selbstkritik. Einen nicht einfach zu interpretierenden Brief richtete er an die Brüder in Mühlhausen, am Mittwoch nach Cantate 25, wie er ihn datierte, also am Tag seiner Hinrichtung. *Heil und Seligkeit durch Angst, Tod und Hölle - zuvor, liebe Brüder! Nachdem es Gott also wohlgefällt, daß ich von hinnen scheiden werde in wahrhaftiger Erkenntnis göttlichen Namens und Erstattung etlicher Mißbräuche, vom Volk angenommen, das mich nicht recht verstanden, alleine eigenen Nutzen angesehen (hat), der zum Untergang göttlicher Wahrheit gelang, bin ich's auch herzlich zufrieden, dass Gott also verfügt hat, mit allen seinen vollzogenen Werken, welche nicht nach dem äußerlichen Ansehen, sondern nach der Wahrheit geurteilt werden Joh.7. ... Darum sollt ihr euch meines Todes nicht ärgern. ... "* er nimmt noch Bezug auf seine Familie: *"... ihr wollet meinem Weibe die Güter, die ich gehabt, folgen lassen, nämlich Bücher und Kleider, was noch daselbst ist und sie nichts um Gottes willen entgelten lassen."*[101]

Eine Religion, welche soziale Ungerechtigkeit kalt lässt, ist nicht Gott, sondern dem Teufel zuzuordnen.

1.5.4   Krieg und evangelisch?

War Müntzer ein typischer lutherischer Theologe, der letztlich doch den Krieg als „bellum iustum" legitimierte? Nein! Müntzer blieb bis zum Schluss Theologe, nicht Kriegstheologe, wie manche "braven" orthodox-lutherischen Universitätsgeister für den ersten Weltkrieg. 2022 brachte der Ukrainekrieg pazifistische Zeitgeister der evangelischen Kirchen zum Zittern und lädierte ihre Standfestigkeit. Heute erscheint „bellum" wieder als „ultima ratio", der man nicht widersprechen dürfe. Die Argumente sind politisch, aber das ist ja nicht der primäre Job der Kirche. Die Stimme der Botschaft Jesu einzubringen ist die Aufgabe der Kirchenleitung. Und seit 2000 Jahren ist klar: Jesu Stimme ist ein Korrektiv, keine Bestätigung der öffentlichen Meinung. Das hat Heinrich Bedford-Strohm zu Recht betont, als er Alternativen zu militärischen „Lösungen" anmahnte. Inzwischen sind diese Stimmen leiser geworden.

Mit vielen Ex-Pazifisten kam ich ins Gespräch. Dem Abschied vom Pazifismus gingen meist längere innere Kämpfe voraus. Aber der (durchaus

---

[101]   (165f) Einem Brief seiner Witwe Ottilie vom August 1525 an Herzog Georg von Sachsen lässt sich entnehmen, dass Müntzers Bitte nicht entsprochen wurde. S.166 Müntzer, Schriften und Briefe, hg. G. Wehr

moralisierte) Verstand hat gesiegt: Die Angegriffenen dürfen nicht den Aggressoren ausgeliefert werden. Gegen die Brutalität der Angreifer helfen nur die gleichen Mittel: Waffen.[102]

Was logisch, zwingend klingt, ist es nicht. Es gibt gewichtige Argumente dagegen:

Erstens: Wenn die Macht in die Hände des Militärs gelegt wird (de facto im Kriegsgebiet), dann herrscht die Mentalität der Militärs und diese ist seit Menschengedenken brutal. Auf beiden Seiten finden sich gewissenlose Menschen[103], die sich im Krieg ausleben und mitunter dafür dekoriert werden. Diese Komponente sollte man nicht unterschätzen.

Zweitens: Was greifen die Aggressoren denn an? Das Gebiet. Was ist nach einem gewonnenen Verteidigungskrieg zu erwarten? Ein zerstörtes Gebiet. Sollte man da nicht auf eine alternative, nicht waffenbasierte Verteidigung bauen? Friedensforscher haben seit Jahrzehnten Modelle entwickelt.

Diese beiden Aspekte bringe ich ein, um deutlich zu machen: Wenn die Pazifisten zu den militärisch Denkenden überlaufen, fehlen die korrigierenden Stimmen. Auch wenn die Pazifisten niemals die Mehrheit stellen werden, so bilden sie doch ein unerlässliches Korrektiv innerhalb des politischen Diskurses. Krieg und Frieden dürfen nicht den Militärs überlassen werden, sie müssen durch eine nicht militär-basierte Politik bestimmt werden. **Meine Argumente lösen nicht alle Problem, aber: Die Militärs lösen die Probleme auch nicht**, wie man beispielsweise in Afghanistan sehen kann. Da haben sich sowohl die UdSSR wie auch der Westen blutige Nasen geholt. Man muss die militaristischen Argumente auch an den Fakten messen.

Wie war das bei Müntzer? Dieser Müntzer aus Stolberg im Harz, ein Söhnchen aus der Oberschicht, war den konkreten Anforderungen der sozialen Konflikte des Lebens verbunden. Dabei blieb er nahe an den Heili-

---

[102] N.B.: Das Schwanken der Pazifisten hängt auch mit der räumlichen Nähe des Krieges, der spürbaren Bedrohung zusammen. Denn alles, was jetzt diskutiert wird, konnte man schon immer diskutieren: Es gab keine Zeiten ohne brutale Kriege und Despoten. Nur waren sie weit weg.

[103] Lohnt sich als Recherche: Mörder und Kannibale D. Malyschew amnestiert für Krieg.

Nächste Nachricht 9.10.24 Ein in Russland wegen Mordes verurteilter Mann hat nach seiner Rückkehr aus dem Krieg gegen die Ukraine erneut eine Frau getötet. Gegen den 35-Jährigen erging in der Stadt Saratow an der Wolga Haftbefehl wegen Mordes, nachdem er seine Freundin in einem Beziehungsstreit in einem Geschäft erstochen hatte, wie Ermittler mitteilten. Sie veröffentlichten auch ein Video vom Tatort. Der Mann war bereits 2021 wegen Mordes verurteilt worden, wie russische Medien berichteten, weil er damals seine Ehefrau ebenfalls in einem Geschäft erstach. Die Frauen hatten sich demnach von dem Mann trennen wollen.

gen Schriften, konkret exegesierend, dem Kairos nachspürend, eksistentiell auslegend. 1525 landete er im Krieg. Luther übrigens auch. War das überall so? Nein, auch damals gab es christliche Pazifisten, sogar als Gemeinschaften. Aber sie waren nie mehrheitsfähig. Und wenn ich Müntzers Schlusswort richtig interpretiere, fand er den militärischen Weg im Rückblick falsch, weil die Bauern nicht an Gottes Willen orientiert waren, sondern an eigenen Vorteilen und daher der Kampf von Gott nicht unterstützt wurde. Heute würde Müntzer mit einer solchen religiösen Auslegung ins Leere laufen. Aber wer den Protagonisten militärischer Lösungen aufmerksam und lange genug zuhört, wird fundamentale Faktoren, Motive erkennen, mit denen er sich nicht identifiziert.

1.5.5 Frankenhausen: Gerechtigkeit und Untergang

Zurück zu den Vespa-Historikern: In Allstedt fanden wir die Regenbogenfahne nicht und starteten auf einer gewölbten Pflasterstraße Richtung Frankenhausen. Dort war im Vorgriff auf 2025 das „Panorama-(Bauernkriegs)Museum", ein klassisches Werk der DDR, wegen Renovierung geschlossen. Bauarbeiten gab es auch am schiefen Kirchturm von Frankenhausen, kein schlechtes Symbol für 2025: Er existiert nur noch dank Krücken aus Beton und Stahl.[104] Die Baugeschichte der „Kirche Unserer Lieben Frauen am Berge" demonstriert, wie wichtig für eine Kirche ein stabiler Untergrund ist.[105] Als sich Mai 1525 Christen auf dem Kampffeld gegenseitig abschlachteten, plünderten andere Christen diese Kirche.[106] Frankenhausen steht für das Ende, und die Herrschaft der Gewissenlosen!

Vom Panorama-Museum blicken wir über das Land, wo das Armageddon der Bauern stattfand. **Müntzer** und seine **„Letzte Generation"**? Das könnte passen: Es ist alles so schlimm, dass Gott selbst eingreifen muss. Das Zeichen am Himmel, der Regenbogen, oder ein Halo um die Sonne, am 15. Mai 1525 bestätigte Müntzer: Wir müssen Gottes Werkzeug sein.

Hatte der folgende Show-Down mit Gott zu tun? Die Bauernhaufen strömten zusammen, um gegen die Ungerechtigkeit zu kämpfen und die Adeligen, unterstützt vom Klerus, verteidigten ihre Privilegien als Sklavenhalter. Wenn Gott, der Vater Jesu Christi bei den Unterdrückten war, wurde er wie schon 1500 Jahre zuvor gekreuzigt. Die Machthaber, die Bösen setzten sich mit Verschlagenheit, Verlogenheit und militärischen Mitteln

---

[104] Der Turm ist mit 4,93° stärker geneigt als der von Pisa mit 3,97°.

[105] Zur Baugeschichte siehe Wikipedia. Die Kirche musste ganz oft gesperrt werden– man traute offenbar dem Schutz Gottes weniger als den Statistikern -, Sanierungsmaßnahmen beförderten teilweise die Schieflage. Die Thüringer Landeskirche veräußerte das Bauwerk 2011 für 1€. Aber welcher vernünftige Mensch kauft schon so etwas? Elon Musk als Raketenabschussrampe? Nein, die Stadt Frankenhausen.

[106] Geplündert wurde auch im Siebenjährigen Krieg, im 3. Reich nutzte die SS die Kirche als Lager. Bei der Plünderung 1945 zerstörten die Bevölkerung (Nazis) Orgel, Fenster und Ausstattung.

durch. Müntzer wurde gefangen genommen, verurteilt, geköpft und sein Kopf zur Schau gestellt. Das macht man so bei Kämpfen unter Christen.

Sein innerer Prozess hatte Müntzer[107] im Jahr zuvor zur Fürstenpredigt geführt, wo er als Konsequenz auf das unbeugsame Verhalten des Adels einen blutigen Endzeitkrieg andeutete.

Ist es Zeit, die Machthaber zu stürzen? Als Pazifist diskutiere ich die Mittel, aber nicht die Notwendigkeit, dass die Verhältnisse sich ändern, in der Gesellschaft, in der verfassten Kirche und global. Müntzer stand auf dem Boden der Botschaft Jesu, aber andere biblische Botschaften führten ihn auf den falschen Weg. Die platte militärische Lösung, der Griff zur Gewalt findet sich auch in der Bibel. Da bräuchte man ein Korrektiv wie es Luther benannte: Wo die Schrift Christum treibet, ist sie Gottes Wort. Leider hat Luther selbst das nicht immer richtig beherzigt.

Müntzer hingegen sah die unglaubliche Ungerechtigkeit, die Unterdrückungen, die Entmenschlichung. Daher meinte er, zum Schwert greifen zu müssen. Er kam durchs Schwert um[108].

Es wäre unklug, mit dem militärischen Scheitern Müntzers zu enden. Tatsächlich gibt es von ihm zwischen Niederlage und Hinrichtung einen Brief aus dem Gefängnis nach Mühlhausen: Angesichts seiner bevorstehenden Hinrichtung analysiert er das Scheitern seines Weges und zeigte sich dabei nicht als narzisstisch-chaotischer Revoluzzer, sondern als vom Geist Gottes gepackt und der Selbstkritik fähig.

Müntzer sah sich als Teil der Endzeit: Gott schrieb für ihn den Regenbogen an den Himmel, viel direkter als durch die Bibel. Doch warum verloren die Bauern die Schlacht? Warum war Gott durch sein Zeichen vor Ort, ergriff aber nicht für die Heilige Sache Partei? Der Theologe Müntzer tat Buße und prüfte sich angesichts des Todes mit Selbstkritik. Er entdeckte ein allzu menschliches Motiv, das zum Untergang führte: Eigennutz. Nach der Katastrophe von Frankenhausen schrieb Müntzer den Mühlhäusern, es sei *"hochvonnöten, dass ihr solche Schlappen wie die von Frankenhausen nicht auch empfangedt, denn solches ist ohne Zweifel entsprossen, dass ein jeder seinen Nutzen mehr gesucht als die Rechtfertigung der Christenheit."*[109]

Politisch klug erklärt er dabei den Mühlhäusern und de facto den Zensoren, *„ich weiß, dass der größere Teil von euch in Mühlhausen dieser aufrührerischen und eigennützigen Empörung nicht angehängig gewesen ist, sondern das allewege gewehrt hat. Damit ihr dieselbigen Unschuldigen*

---

[107] „Dass Müntzer bis zum Sommer 1524 der inneren Läuterung des Volkes gegenüber praktisch-revolutionären Maßnahmen den Vorrang gab, spricht für seine Überzeugung, dass die einfachen Menschen in der Mehrheit der Erfahrung des „Gesetzes und Gewissens" noch nicht teilhaftig waren und deshalb auch nicht zu Vollstreckern des Gesetzes nach außen werden konnten." Bensing, S.60

[108] Mt.26,52

[109] Müntzer, Schriften, S.166

nicht auch in Beschwerung bringt,... wollt euch... um Gnade bei den Fürsten ansuchen, die, so hoffe ich, euch Gnade erzeigen." Der - äußerlich - gescheiterte Müntzer versucht keineswegs, noch möglichst viele mit in den Abgrund zu reißen, sondern gibt seinen Mühlhäusern eine Erkenntnis mit, um Ziele und Wege zu korrigieren: Der Egoismus ist die große Gefahr aller gemeinschaftlichen Unternehmungen. Er fühlte sich missverstanden vom Volk, das „alleine **eigenen Nutzen** angesehen". Viele Menschen bringen viele Egoismen zusammen.

1.5.6   Und heute?

Zum Abschluss kamen wir nach Arnstadt. 500 Jahre vorher hatte sich hier wie an vielen Stätten die Krux der Bauernerhebungen gezeigt: Ein Heerhaufen hatte im April 1525 den Grafen gezwungen, Forderungen der Bauern zu unterschreiben. Da nach der Unterschrift die Bauern zufrieden waren und der Haufen sich wieder auflöste[110], konnten einzelne Bauern, vor allem Rädelsführer gefangen werden. Im Juni kam Kurfürst Johann von Sachsen und verurteilte neun Bauern zum Tod durch Enthauptung (20 Gulden für den Henker). Arnstadt musste 3000 Gulden zahlen und schwören, *„Adel und Prister nicht zu beeinträchtigen und fortan sich keiner anderen Wehr zu bedienen als eines Brotmessers, einer Axt oder einer mit kurzem Stiel versehenen Barte".* Adel und Klerus erwiesen sich als keine verlässlichen Vertragspartner. Die Folgen waren zwangsläufig Eskalation oder Resignation.

Im Arnstadt 2024 gerieten wir in den Kampf um die Demokratie, da es eine Pegida-Demonstration gab und an vielen Laternenpfählen Plakate des nazi-affinen B. Höcke hingen. Pegida ist die Ausformung eines kollektiven Egoismus, passend zu Müntzers Kritik an den Bauernaufständen: „Das Volk hat alleine eigenen Nutzen angesehen". Viele Menschen bringen viele Egoismen zusammen.

Der Egoismus hat sich in unserer Gesellschaft als herrschendes Motiv etabliert.[111] Wenn er dominiert, ist er die Keimzelle zum Untergang. Das betrifft besonders Menschen in Führungspositionen. Wer nicht über einen gewissen Egoismus verfügt, wird nicht aufsteigen. Wenn aber die Karriere zum Selbstzweck wird und die Führungsposition nur noch behalten werden soll, zerbricht das, was man führt. Verstärkt wird dies, wenn sich die Führungspersonen untereinander so verständigen, dass sie sich gegenseitig stabilisieren. Dann bildet sich aus der Führung Gift, es entsteht eine Gift-Blase.

---

[110] Es waren keine Müßiggänger: Sie mussten auf den Feldern arbeiten – für den Adel…

[111] Ein bundesrepublikanischer Kipppunkt war das Motto „Leistung muss sich wieder lohnen" (1982 H.Kohl), bei dem es de facto um eine rücksichtlose Leistungsgesellschaft ging, die die Masse vom Gewinn ausgrenzt, da dieser für wenige maximiert werden soll. Die Ausgegrenzten ihrerseits haben oft Gewinnerphantasien und stärken ideologisch das System, das sie zu Verlierern macht.

Das sehen wir auch bei den Kirchen. Wenn die Kirchenleitung fragt, wo die Kirche toxisch ist, muss sie, um der Betriebsblindheit zu wehren, ihr engstes Umfeld analysieren. Da stößt sie auf Gift. Parallel erkennt sie das Toxische an denen, die in der Kirche durch kirchliches Handeln und Nicht-Handeln unter die Räder kommen. Vielleicht hilft bei der Ursachenerkennung, woher das Gift kommt, der Blick in den Spiegel. Aber was machst du, wenn du dich selbst als Problem wahrnimmst? Suchst du eine neutrale Beratung? Eine Erkenntnis kann zu Lösungen führen, kann produktiv sein. Demut freilich steht am Anfang der Lösung, sei es privat oder öffentlich. Demütige Kirchenfürsten hingegen erlebe ich selten.

Schauen wir noch einmal in den Mai 1525: Die Bauern haben bei Frankenhausen blutig verloren. Aber die Fürsten haben auch verloren: Wer so die Gerechtigkeit mit Füßen tritt, hat keine moralischen Ansprüche mehr anzumelden. Das können wir in jede Gegenwart übertragen. Andererseits sehen wir: Langfristig haben die Aufstände zu Erfolgen geführt. Wir haben eine Demokratie und einen Sozialstaat, auch wenn es Jahrhunderte dauerte. Aus anderen Ländern sehen wir, dass der Fortbestand der Demokratie keine Selbstverständlichkeit ist. Also müssen wir dafür kämpfen. Auch in unserem kleinen Alltag müssen wir darauf dringen, dass Sachen abgestimmt werden, dass die Würde jedes Einzelnen geachtet wird. Wenn in Deutschland jeder Fünfte menschenverachtenden Ideen anhängt, dann begegnen wir ihnen täglich in unserem Umkreis. Wir müssen sie spüren lassen, wie wertvoll Menschenwürde und Freiheit ist.

Auch hier ist unsere Kirche mitsamt der Leitung nicht ausgenommen. Wenn sich bei mir Menschen, auch Geistliche beklagen, wie ihre Würde missachtet wird, dann gibt das zu denken.[112] **Die Kirche ist nicht besser als der Rest der Gesellschaft, aber als Kirche Jesu Christi hat sie einen höheren Anspruch.**

Wenn diese Zeilen Menschen lesen, die zu denen da oben (Pfarrer) und ganz oben (Kirchenleitung) gehören, heißt das: Mach dir klar, was Menschenwürde und Freiheit für dein ganz persönliches individuelles Leben privat, beruflich, gesellschaftlich bedeutet. Lass das in dein Denken, Reden und Handeln einfließen. Und versuche meditativ Jesu Stimme aus den vielen anderen Stimmen herauszufiltern. Es ist die Stimme der Liebe Gottes zu den Menschen! Damit lässt sich nicht jedes Denken, Reden und Handeln vereinbaren – das fängt bei dir an.

Die bayerische Kirche hat sich durch ihren Landesbischof partiell offiziell hochmoralisierend zur toleranzfreien Zone erklärt: „Wir machen hier eine Null-Toleranz-Politik!" Wenn Null-Toleranz, also Intoleranz das Kennzei-

---

[112] Seit ich 2015 einen Artikel zum Thema „Mobbing in der Kirche" veröffentlichte, kontaktieren mich Betroffene, obwohl ich nur verstehen, aber nicht helfen kann. Die Kirchenleitung ist nicht fassbar, da sie keine korrigierende Instanz hat – anders als die Bundesregierung mit den Verwaltungs- und Verfassungsgerichten.

chen der Kirche wird, dann muss man konsequenter Weise auf Kennzeichen wie evangelisch, christlich, menschlich verzichten. Frankenhausen 2025: Die gnadenlosen Mächtigen haben gesiegt. Oder?

1.6 Sie darf nicht übersehen werden: Ottilie Müntzer

Die fünfzehnjährige Nonne, eher ein Nönnchen, konnte zu dem gutaussehenden und äußerst eloquenten Prediger hinaufblicken. Die Zisterzienserin Ottilie drängte es zu jener Powergestalt, die als Kaplan in ihrem Kloster St. Georgen (Glaucha bei Halle) wirkte. Sie hatte ihn ja schon vorher, als sie noch im Kloster Beuditz bei Weißenfels war, als Beichtvater erleben können. Das war um 1520.

Wenige Jahre später tat Ottilie von Gersen selbst den großen rebellischen Schritt. Ihr Aufbegehren gegen kirchliche Unterdrückung, die sie als Nonne erlebte, manifestierte sich in der Heirat mit dem ehemaligen Beichtvater Thomas Müntzer zu Ostern 1523. Immerhin brach sie ihre ewige Profess, ihr Nonnengelübde. Die Hochzeit fand statt, nachdem Müntzer Pfarrer an der St.Johannes-Kirche in Allstedt geworden war.

Ihr Mann befand sich zu dieser Zeit auf dem Höhepunkt seines charismatisch bewegten kritischen Wirkens. Kurz nach der Hochzeit wurde Ottilie schwanger und gebar im folgenden Jahr einen Sohn; ihre sozialen Verpflichtungen verdoppelten sich schlagartig, da sie zur gleichen Zeit Müntzers in der Zwischenzeit verarmten Vater aufnahm. Freilich verstarb dieser nach wenigen Monaten.

„Ihr müsst euch in Sicherheit bringen!" ordnete Müntzer seiner Frau an, als er den heftigen Gegenwind als Reaktion auf seine „Fürstenpredigt" verspürte. Zunächst freilich floh er (im August 1524) alleine. Er hatte sie zum Schutz vertrauten Allstedter Bürgern anbefohlen.

Ottilie war in Müntzers Vorstellungen eingeweiht und teilte sie wohl auch; sie war im „Bund" aktiv geworden. Ein halbes Jahr später konnte sie nach Mühlhausen ziehen, wo Müntzer als Stadtpfarrer agierte. Die rebellierende Bevölkerung hatte einen „Ewigen Rat" als Stadtspitze ausgerufen. Als Domizil hatten sie das Haus des Deutschen Ordens neben der Kirche, an der Müntzer wirkte. Die inzwischen erneut schwangere Ottilie wurde unter dem Vorwurf inhaftiert, eine Gruppe zur Störung des Gottesdienstes angestiftet zu haben, der in Mülverstedt abgehalten wurde.

Der Bauernkrieg stürmte auf seinen schrecklichen Höhepunkt zu. Nach der Schlacht von Frankenhausen wurde die schwangere Witwe von einem Landsknecht vergewaltigt. Der gewiss nicht zimperliche Luther war darüber empört und beschreibt im „Sendbrief von dem harten Büchlein wider die Bauern" die demütigende Szene: Als ich gehört hab, dass zu Mühlhausen unter etlichen grossen Hansen einer hab das arme Weib Thomas Müntzers, die nu ein Wittwen und schwangers Leibs ist, zu sich gefodert, vor ihr auf die Knie gefallen und gesagt: Liebe Frau, lass mich dich. O, ein ritterliche, adeliche That, an einem elenden, verlassnen, schwangern Weiblin begangen; das ist ja ein kühner Held, der dreier Ritter wohl werth."

Er bezeichnet diese Soldaten als Bestien und würde auch nicht sein Wort an sie richten, da Tiere keine Worte verstehen; er überlässt sie ihrem Herrn, dem Teufel. Er schreibt, er hätte beide Befürchtungen gehabt: „Würden die Bauern Herren, so würde der Teufel Abt werden, würden aber solche Tyrannen Herren, so würde seine Mutter Äbtissin werden."[113]

Dann werden Nachrichten über sie spärlicher, so wie wir auch von der Zeit vor dem Kennenlernen Müntzers wenig wissen. Sie scheint jedoch für die Obrigkeit eine gewisse Gefahr bedeutet zu haben, da Georg der Bärtige sie überwachen ließ. Er hatte übrigens im August einen Brief von Ottilie erhalten, in der sie um Müntzers Hinterlassenschaften, Bücher und Briefe, bat. Ob sie diese erhielt, wissen wir nicht, wohl aber, dass der sächsische Herzog auch über die Geburt des zweiten Kindes informiert werden wollte. Nach der Anordnung Georgs, sie zu überwachen, gleitet sie aus dem Blickfeld der historischen Forschung.

Stärker als bei Käthe Luther ist hier zu spüren, wie sich eine Frau auf den Weg der Revolte macht und innerhalb der Männerwelt ihre – mitunter ernüchternd schwache – Rolle zu spielen versteht.

2 Teil 2: Rebellen der Reformation

2.1 Prolog: Anschlag auf die Kirche

„Der fahle Mond schien auf die lehmigen Gassen am Vorabend des Allerheiligentages. Eine dunkel gekleidete, kräftige Gestalt bewegte sich auf die Schlosskirche zu. In einer Hand trug sie einen Hammer und vier Hufnägel, in der anderen eine Pergamentrolle. Mit dem Gänsekiel in der fiebrigen Hand hatte der Mann mit schwarzer Tinte seine Gedanken auf das zähe Pergament gebannt. Nachdem er den letzten Punkt gesetzt hatte, schleuderte er das trübe Tintenfass an die Wand, als wolle er alle Dämonen und Teufel zerschmettern.

Nun drückte er sein Pergament an die eichene Türe der Schlosskirche und nagelte es mit den Hufstiften fest. Die harten Schläge des Hammers hallten durch das sächsische Städtchen. Der massive Turm erzitterte. Mit dem dritten Schlag polterte der Hahn, Symbol des wendischen Petrus, von der Kirchturmspitze. Der schwarze Mönch setzte den zweiten Nagel an und schlug zu. Die Kirche zitterte. Die Ziegeln krachten vom Dach, zersplitterten am harten Boden. Unerschrocken griff der schwarze Mann zum dritten Nagel. Unter den erneuten Schlägen erbebte die Kirche. Das Gebälk stürzte in die Halle, den Marmorboden bedeckend. Unbeirrte nahm die mächtige Gestalt den vierten Nagel in die Hand. Unter den letzten Schlägen zitterten sich Risse ins Gestein, bröckelten die Wände und brachen unter gewaltigem Getöse die Mauern der Kirche zusammen. Nur ein Türstock stand schweigend, dahinter schwebte Staub über der toten Ruine.

---

[113] Beide Zitate in Aland VII, S.224

58

Als der Mönch sein Werk vollendet hatte, schauderte ihn: Aus dem Gebälk am Boden der Ruine stieg leichter Rauch, schwefliger Geruch drang an seine Nase, zwei schwarze Kugeln quollen aus der Tiefe, gefolgt von einem dunkelgrünen Schatten, mit einer roten Höhle, aus der Feuer schlug und zwei großen, glühenden Kugeln… Ein Drachenkopf mit spitzen, behaarten Ohren, dem der schuppige Körper folgte. Zwischen den Schuppen wuchsen kleine Flügelchen, drei, vier, sieben, zwölf… Dreizehn! Der glutäugige Drache öffnete sein Maul, die gespaltene, schwarze Zunge schnellte hervor und schwefliges Feuer flackerte über dem Land. Dreizehn Köpfe mit dünnen Augenschlitzen krochen aus den schwarzgrünen Schwingen und entfalteten ihr Flügel - nachtviolett.

„Das ist das Ende!" dachte der Mann… Aber es war der Anfang. Der Drache hatte geboren, dreizehn Rebellendrachen erhoben sich in den schwarzen Nachthimmel. Sie verdunkelten den Mond und schwirrten hinaus ins Deutsche Land, in dem ein stilisierter Adler nur schwach das Drachenbild kaschierte."

So könnte ein Poet mit Neigung zum Allegorisieren den Beginn der Reformation schildern.

Profileifrige Kirchenhistoriker reißen gerne Luthers Thesenpapier, das er an jenem sagenhaften 31. Oktober 1517 an das Portal der Schlosskirche von Wittenberg schlug, ab und streiten darüber, wie der Mönch mit dem markanten Gesicht sie ins Gespräch brachte. In jedem Fall entfalteten diese Thesen eine Wirkung, an deren Ende in Deutschland das kirchliche Leben nicht mehr wie vorher war. Die „eine Kirche" war zerbrochen. Der

Paradigmenwechsel vom Menschen als Teil des Gemeinwesens zum Ich-sagenden Individuum zersplitterte die Einheit des religiösen Lebens. Zwischen den beiden Volkskirchen wuselten viele kleine Denominationen. Mit und ohne Luthers Impulse versuchten Christen, ihre eigenständigen Gedanken umzusetzen. Sie rebellierten gegen den Status Quo, gegen Rom und seine Franchisen, auch gegen Wittenberg. Um Wortführer scharten sich Gruppen; die Rebellion stimulierte zu Gemeinschaften, ecclesiolae.

Die Anfänge der Reformation waren „stiller und zugleich revolutionärer" als die Hammerschläge an die Schlosskirche, meinte Hanns Lilje in seinem berührenden Lutherbuch, das er in der Gestapohaft schrieb. Die Anfänge „liegen in den heimlichen, verborgenen Schächten der Glaubenserfahrung eines einzelnen, und der Mensch, um den es dabei geht, richtet auch gar nicht in einer auffälligen, gleichsam ‚heroischen' Haltung sein Antlitz der Welt zu, sondern er steht todeinsam in einer viel ernsteren Begegnung, als sie die gesamte Welt mit Kaiser und Reich darstellen könnte: vor dem Angesicht Gottes."[114] Wir werden die Rebellen nicht als gnadenlose Selbstdarsteller betrachten, sondern sie vor dem „Angesicht Gottes" zu sehen haben. Gott gegenüber waren sie bereit, ihr Leben für ihren Glauben zu wagen – und nicht wenige verloren dieses Leben dabei.

Gutsituierte evangelische Theologen beschwören gerne die „ecclesia semper reformanda", eine ständig zu erneuernde Kirche. Doch in ihrer ökonomischen Saturiertheit desavouierten sie diesen Begriff bis zum Bedeutungsverlust. Seit ich als junger Mann in die Dienste der lutherischen Kirche trat, merkte ich zunehmend, also über Jahrzehnte hinweg, dass sich die Kirchenoberen bei allen strategischen Neuerungen, die sie gut zu verkaufen wussten, letztlich immer die gleichen Typen blieben, sie klonten sich quasi zwar nicht physisch, aber typisch. Das war sogar unabhängig vom Geschlecht. Auch die Frauen im Landeskirchenrat brachten keinen geistlich erneuerten Kurs. Sie waren wie die anderen auch „seelenlose Funktionäre", wie ein armer Landpfarrer einmal überspitzt, weil genervt „von München" stöhnte.

Die Kirche braucht keine Re-förmchen für ihren planerischen Sandkasten, sondern Jesu rebellischen Geist, der in das „sanftlebende" Gemeinwesen hinein weht, bläst, stürmt. Der Heilige Geist muss Menschen packen wie in der Reformationszeit, als charismatisch bewegte Christen zur Aktion schritten. Dieses Charisma muss sich aber auf allen Ebenen manifestieren. Sich die Erinnerung an das Rebellische zu bewahren oder noch besser: dadurch das Rebellische in sich selbst anregen oder reanimieren zu lassen, tut Seele und Kirche gut. Manche Vertreter der Reformation präsentieren sich zeitgenössischer als milde lächelnde Würdenträger mit Sakko und Schlips, denen ich von Amts wegen verurteilt bin zu begegnen… Und wenn sie dann noch salbungsvoll das Abendmahl ebenso liturgisch wie mit brüchiger Stimme zelebrieren, geht auch noch der letzte Rest

---

[114] Lilje, Luther, S.97

von Andacht flöten – was einen an die Blockflötenübungen von Grundschülern erinnern kann.

2.2 Rebellen der Reformation

Rebellen der Reformation… Reformatoren sind Rebellen, da sie gegen den Status Quo aufbegehren. Heute wie damals. Auch wenn es dem einen oder anderen nicht lag, musste er doch rebellieren, weil er so konservativ war, dass er die Tradition ernster nahm als die offiziellen Vertreter der Religion. In Re-formation steckt der Wortteil „re", also zurück, in die alte Form zurückbringen. Die Reformatoren wollten die alte Wahrheit wieder ans Licht bringen, nicht etwas Neues gründen. Aber durch den Widerstand der alten Garde einschließlich eines relativ progressiven Erasmus wurden sie Empörer.

Luther rebellierte schon im Kloster gegen die Unaufrichtigkeit, verstärkt nach seiner Romreise. Heute wirken die lutherische Orthodoxie wie auch die zunehmende Rechthaberei des Reformators reaktionär, doch am Anfang stand Bruder Martins Aufbegehren.

Die führenden Rebellen der Reformation wollten Wahrhaftigkeit, wenngleich mit unterschiedlichen Schwerpunkten. Martin Luther ging es um die Gnade Gottes und seine Unabhängigkeit von menschlichen Ritualen oder Formen, Andreas Karlstadt ging es um die Gleichheit aller Glaubenden vor Gott, Philipp Melanchthon ging es um die wahrhafte Überlieferung der Botschaft Jesu in die Gegenwart, Thomas Müntzer ging es um die Gerechtigkeit Gottes, die auch ihr soziales Pendant haben muss. Die Frauen spielten ihre eigene Rolle, da sie nicht einfach parallel zu den Männern rebellieren konnten. Sie mussten sich erst in eine Position manövrieren, in der sie ernst zu nehmen waren, obwohl das Thema „Gleichberechtigung" keineswegs aktuell war, auch wenn Herr Luther seine Gattin als „Herr Käthe" titulierte, weil er sie so selbstbewusst erlebte.

Auch Franz von Sickingen oder Götz von Berlichingen haben rebellische Tendenzen, weil sie sich gegen das Establishment wandten. Fragwürdig wirken bei von Berlichingen seine selbstsüchtigen Motive, seine Autobiografie offenbart allerdings durchgehend eine rebellische Struktur. Er konnte einfach nicht anders.

Erhellend wäre ein Vergleich mit der 68er-Generation. Sie gabelt sich zum einen in die Richtung der RAF als eine durch die Politik provozierte

---

115 Die lateinische Vulgata war die offizielle Bibelversion der römischen Kirche. Beim Rückgriff auf die griechischen und hebräischen „Originale" stellten die Humanisten viele Ungenauigkeiten oder gar Fehler in den Übersetzungen fest.

116 Wie im gut recherchierten Film „Das Leben des Brian" der Monty Pythons.

117 In den 70ern galt „Sympathisant" als „verfassungsfeindlich". Manchmal stand man als Pfarrer unter Generalverdacht der Konservativen, das „System" zu „unterwandern". Das Nachdenken über Jesus gefährdete die freiheitlich demokratische Grundordnung. Innenminister Stoiber ließ gar evangelische Gottesdienstbesucher vom Verfassungsschutz beobachten.

radikalisierte Reaktion und zum anderen in die, die den Marsch durch die Institutionen antraten. Immer wieder korrumpierten die Institutionen die Marschierer – beispielsweise den rebellischen Juso Gerhard Schröder, der später als Kanzler „Genosse der Bosse" wurde und sich nicht schämte, einen Kryptodiktator wie Putin einen lupenreinen Demokraten zu nennen[118].

2.2.1 Weltbilder zerbrechen

Die Rebellen der Reformation stehen im Kontext ihrer Zeit. Für das religiöse und gesellschaftliche Leben passt die Zuordnung: „ausgehendes Mittelalter"[119]. Etwas Neues bricht an durch die Kopernikanische Wende[120], durch die Massenproduktion von Schriften und Bildern dank Guttenberg, mit den emanzipatorischen Bewegungen der Ritter, Bauern und Bürger.

Columbus hatte gerade Amerika „entdeckt", als die Europäer auch bei sich etwas "entdeckten": ihre Individualität. Eingebunden in die gottgefügten Läufe dieser Welt und die auch das Seelenleben bindenden Mächte der Kirche und der gesellschaftlichen Kräfte lebten die Menschen des abendländischen Mittelalters. Aber genau dieses Selbstverständnis brach um 1500 auf, visualisiert durch Albrecht Dürer, der sein Künstler-Ich messiasgleich darstellte. Die neue Zeit war mehr als die Entdeckung der Neuen Welt, die Weltumsegelung mehr als das Wissen des deutschen Kaisers spanischer Herkunft und französischer Zunge, dass in seinem Reich die Sonne nie untergeht und die Erde immer eine sonnenzugewandte Seite hat. Die Aufbrüche zu einem weiteren Horizont und die Zusammenbrüche

---

118 Diese Antwort auf eine entsprechende Frage des Journalisten Reinhold Beckmann 2004 differenzierte Schröder später deutlich regimekritisch.

119 Das Ende des Mittelalters wird von Historikern unterschiedlich definiert. Die genannten Wendepunkte könnten einander ergänzen; zumindest signalisieren sie für jeweils ihren Bereich einen fundamentalen Umbruch und Veränderungen in der Gesellschaft, die das Miteinanderleben, die Gestaltung der Politik oder die Weltsicht bestimmen.

120 Der Kleriker Nikolaus Kopernikus, *19. 2. 1473 Thorn, †24. 5. 1543 Frauenburg (Ostpreußen) konnte sich bei seinen astronomischen Beobachtungen die Bewegungen der Planeten mit dem klassischen geozentrischen Weltbild nicht mehr erklären und berechnete, dass die Sonne der Mittelpunkt für die Laufbahnen der Planeten einschließlich der Erde sei. Dieses heliozentrische Weltbild publizierte er in „De revolutionibus orbium coelestium" in einer Nürnberger Druckerei als mathematisch-naturphilosophisches Modell.
Die Erkenntnis dieser Revolutionen der Flugbahnen der Planeten bewirkten einen zentralen Paradigmenwechsel, da sie das geozentrische durch das heliozentrische Weltbild ablösten und sich dabei auch eine neue Frage nach der Lokalisierung Gottes stellt sowie die Bedeutung, die Rom mit dem Papst für die Heilsgeschichte hat. Die Erde und mit ihr die Menschen und auch das religiöse Zentrum Rom wurden aus ihrer zentralen Stellung verbannt. Das Gefühl, nicht im Mittelpunkt zu stehen, verunsicherte viele Menschen.

geistlicher und weltlicher Autoritäten auf dem Hintergrund ihres offensichtlichen Machtmissbrauchs schärften die Wahrnehmung der Menschen und damit auch des wahrnehmenden Subjektes. Die Renaissance mit ihren Prachtbauten und dem Ablasshandel, mit dem Peterspfennig und dem Verschachern von Bischofssitzen wurde von der künstlerisch gestalteten Terrine zum gusseisernen Kessel, in dem alles wie von Feuer erhitzt zu brodeln begann: höllische Zeiten.

Das alte Zeitalter ging furios zu Ende. Ein besonderes Fanal setzten chiliastische[121] Eiferer in Münster, wo sie eine Gottesstadt gründeten[122]. Ein Versuch, der wenig später und weniger blutig auch von Calvin in Genf wiederholte wurde.

Im Orient hatte 1501 Schah Ismael I Persien (den Iran) mit schiitischem Islam geeint. 1519 eroberten die Türken Syrien, Ägypten und Algerien, Süleiman II, „der Prächtige" wurde 1520 Sultan des Osmanischen Reiches. Die Türken belagerten 1529 Wien[123]. Diesem Ost-West-Kontakt verdankte die österreichische Monarchie ihre Kaffeehäuser: Zwar stießen in der Folge zwar die Einflussgebiete weiterhin aneinander, aber die kulturellen wie kulinarischen Entwicklungen verliefen fast isoliert. Der zentraleuropäischen Aufklärung und industriellen Revolution entspricht kein gleichzeitiges vordergründiges Pendant in der islamischen Welt.

Daher kommt es erst heute zum Aufeinanderprallen zweier Weltbilder in den islamisch geprägten Gesellschaften der Gegenwart. In den islamischen Kulturbereich mit seinem ausgeprägten Traditionsbewusstsein drang die Technik der Neuzeit aus dem Okzident ein. Vielleicht befindet sich islamische Teil der Menschheit derzeit in einer Art „Krieg der Paradigmata". Zwar sagt man der Technik wie auch der Naturwissenschaft nach, sie seien wertfrei, aber durch ihre Anwendung und ihre Ziele sind sie niemals steril verpackt, sondern tragen die Keime des kulturellen Bereiches, aus dem sie stammen, in sich. Ein Osama bin Laden, der mit einem Handy

---

[121] Chiliastisch nennen Fachleute die Vorstellung eines tausendjährigen Zwischenreiches zwischen „unserer Weltzeit" und dem „Reich Gottes". Die Berechnungen des Weltendes orientieren sich an verschlüsselten Formulierungen der Offenbarung des Johannes.

[122] Im Münster-„Tatort" glaubt Pathologe Karl-Friedrich Börne, Zeugnisse jener Zeit vor sich liegen zu haben. Im „Tatort" „Es lebe der König!" (2020) untersuchen Kommissar Thiel und Gerichtsmediziner Boerne den Mord an einem Besitzer einer mittelalterlichen Burganlage. Die sollte in einen Freizeitpark um die blutige Geschichte des Täuferkönigs Jan van Leyden umgestalten werden.

[123] Luther schrieb dazu sein „Verleih uns Frieden gnädiglich, Herr Gott in diesen Zeiten". Müntzer war da schon von Luthers Freunden ermordet. Über diese hatte er 1524 im Brief an die Sangerhäuser gesagt: „*Wer da nun wider die Türken fechten will, der darf nicht in die Ferne ziehen, er ist im Land!*", die Christenfeinde sind im Adel beheimatet…. (s.o.)

auf einem Maultier durchs afghanische Gebirge ritt, verkörperte einen Paradigmen-Synkretismus[124], bei dem die Ungereimtheiten dominieren.[125]

Vielfältige Ursachen bewirkten die sozialen Unruhen des deutschen Mittelalters mit ihren keineswegs kongruenten Interessengruppen. 1523 erhoben sich die Ritter, von Franz von Sickingen angeführt; doch ihre Zeit war abgelaufen, wie der Don Quijote - Roman von Miguel de Cervantes 60 Jahre später veranschaulichte. Parallel wuchs das Leiden unter den Bauern über das kritische Limit und sie erhoben sich fast zeitgleich an ganz verschiedenen Orten. Friedrich Engels betrachtete dies als den „großartigsten Revolutionsversuch des deutschen Volkes"[126] und den Thüringer Aufstand als Höhepunkt, bei dem Thomas Müntzer unterschiedliche antifeudale Kräfte in seiner Bewegung vereinte. Die wirtschaftlichen Verhältnisse zwangen zum Umdenken (Karl Marx). Keine Gedankenspielereien, sondern ganz konkrete Nöte drängten die Ritter und Bauern zum Aufstand. Vergleichbar damit führte zwar das Millionärssöhnchen Osama bin Laden Al Quaida an, konnte aber nicht als Prototyp des radikalisierten Islamisten dienen. Auch heute bilden die Mehrheit weder Millionärssöhnchen noch Akademiker, sondern Underdogs, die sich allerdings von Leuten wie Adolf Hitler oder Donald Trump demokratisch vertreten ließen.

Auch Thomas Müntzer stammte aus einer begüterten Familie und hatte studiert. Dadurch gehörte er eben nicht zu denen, die er anführte. Aufstände unseres Mittelalters lassen sich partiell mit den islamistischen Befreiungsschlägen vergleichen. Dabei begehrten außer den ausgebeuteten Bauern auch die Bürger gegen die Repressalien der staatlichen und kirchlichen Obrigkeit auf.

Wir Christen in der Bundesrepublik stehen in dieser Geschichte, aber zugleich auch an ihrem Ende: Analog zum 16. Jahrhundert begegnet uns in der Gegenwart ein tiefgreifender Paradigmenwechsel.[127] Die Identifikation von Religion und Region hat sich überlebt, die Identifikation von Egoismus und Region hat stattgefunden. „Wir sind das Volk" lässt sich besser übersetzen mit „Ich bin das Volk!". Das wird zwar gemeinsam gegrölt, aber egoistisch interpretiert.

2.2.2   Das Individuum im Mittelpunkt der Welt

Anfang des 16. Jahrhunderts kristallisierte sich die Bedeutung des Individuums heraus. Martin Luther lebte und definierte den Glauben als persönliche Erfahrung und Entscheidung. Darüber hatte nicht mehr kollektiv

---

[124] Synkretismus bezeichnet die Vermengungen Inhalte zweier oder mehrerer Religionen zu einer neuen Einheit.

[125] Diese Erfahrung machten in der Bundesrepublik viele sog. Gastarbeiter, die aus wirtschaftlichen Gründen „Welten gewechselt" hatten und eine Synthese der kulturellen Prägung und der neuen Umwelt nicht praktizieren konnten.

[126] Engels: *Bauernkrieg*, S. 409.

[127] Verglichen mit der Reformationszeit führen die deutschen Kirchen eine saturierte Existenz mit beschaulicher Landeskirchenherrlichkeit.

die Kirche zu entscheiden ließ. Die Individualisierung signalisierte in der bildenden Kunst Albrecht Dürer, indem er seit 1500 seine Drucke signierte und damit als geistiges Eigentum markierte. Beim Jahrhundertwechsel suchte Luther noch seinen Weg. 17 Jahre später, im Durchbruchsjahr der Reformation (Thesenanschlag) erstellte ebenfalls in Nürnberg Veit Stoß seinen berühmten Engelsgruß, die Verkündigung Mariens. Freischwebend im Raum und umgeben von den 55 Blüten des Rosenkranzes verkündete der Erzengel Gabriel der Jungfrau Maria die Geburt Christi. Dieses freischwebende Medaillon kostete den Auftraggeber Anton II. Tucher etwa so viel wie Albrecht Dürer für sein Haus hinblätterte. Über das Medaillon platzierte der Künstler Gottvater. Diesen stellt er aber nicht kraftstrotzend dar, sondern leidend und noch dazu gebrandmarkt. So sah der Künstler selbst aus.[128] Gott gab er sein Antlitz. **Dürer malte den Menschen göttlich, Stoß gestaltete Gott menschlich**. Beides hat seine eigene Wahrheit.

Die Nürnberger Künstler stellten sich als Messias und Gottvater dar. Sie traten aus der Anonymität heraus und gaben dem neuen menschlichen Selbstwertgefühl religiöse Dimensionen.

Der bis heute wirksame Umbruch des Weltbildes vor 500 Jahren verband sich mit sozialen Verwerfungen und provozierte chiliastische Phantasien. Historische Darstellungen präferieren Persönlichkeiten, zu denen sich Mehrheiten bekannten und deren Wirken Erfolge zeitigte, wie Luther, Zwingli und Calvin. So gelten die verzweifelten Bauernaufstände oder das agonisierende Aufbäumen der Ritterschaft heute oft als tote Zweige jener Epoche. Die Sieger malen jene Protagonisten mit negativen Konnotationen und verdrängten ihre relevanten Anteile. Das sollte sich rächen!

2.2.3 Müntzer – Luther, ein Kontrast

Parallelen und Differenzen zur Gegenwart lassen sich an manchen Persönlichkeiten besonders gut veranschaulichen. Zu diesen gehört als schillernder Akteur der heißen Phase der Reformation Thomas Müntzer. Auf ihm lag ein Schwerpunkt und wir schauen kurz noch mal auf die Konstellation Müntzer – Luther.

Das Paar reizt in seiner Entwicklung vom Miteinander bis zum Gegeneinander, zum Vergleich mit Fidel **Castro** und Ernesto **Che Guevara**: Che Guevara und Müntzer endeten in der Revolution, Luther und Castro überstanden die revolutionäre Phase ihrer Bewegungen und gelangten ins ruhige Fahrwasser einer neuen, durch sie geprägten Orthodoxie, die sich de facto als konterrevolutionär ent-puppte.

Überarbeitet 4.4.16 16.10.2024 23:47

Der Argentinier Che Guevara, Jahrgang 1928 erlebte seine „Berufung" 1951 bei einer Tour mit einem alten Motorrad durch Lateinamerika, wo er die erschreckende Armut der ruralen Bevölkerung und die sozialen

---

[128] Wegen einer Schuldscheinfälschung, auf die eigentlich die Todesstrafe stand, war der künstlerisch unersetzlich Stoß gebrandmarkt worden.

Kontraste realisierte. 1956 kämpfte der Arzt an der Seite von Fidel Castro auf Kuba gegen den blutigen Diktator Batista. Nach dem Sieg ordnete Guevara beim „Obersten Kriegsrat" gegen Akteure des Batista-Regimes Todesurteile auch ohne Gerichtsverhandlung an. Er wollte den "Neuen Menschen" durch hohe moralische Ansprüche wie auch durch gewaltsame Methoden erzwingen.

In der Kubakrise 1961 war Guevara bereit, Atomraketen auf die USA abzufeuern. Aus Kuba auf Betreiben Castros ausgewiesen, forderte er als Revolutionär im Kongo und Südamerika, sich als Guerilla im Kampf von „unbeugsamem Hass" antreiben zu lassen, als „effektive, gewaltsame, selektive und kalte Tötungsmaschine". 1967 in Bolivien in einem Gefecht gefangen genommen, wurde er tags darauf ohne Gerichtsverhandlung hingerichtet – was er durch eigene Praxis als Minister in Kuba legitimiert hatte. Anschließend produzierten die Konzerne weltweit T-Shirts mit seinem Konterfei, denn er war ein neuer Messias, ikonographisch mit dem Dürer-Selbstbildnis zu vergleichen.

Die Kritik an menschenverachtenden Revolutionären richtet sich nicht gegen die Ziele der Revolutionen zur Befreiung von Menschen aus Unterdrückung, sondern begleitet die Kritik an menschenverachtenden Diktatoren, demokratisch gewählten menschenverachtenden Regierungen oder gewissenlosen Konzernen. Martin-Luther King (1929-1968) als Zeitgenosse Che Guevaras (1928-1967) demonstrierte überzeugend andere effektive Kampfmittel als Mord. Beide wurden etwa zeitgleich geboren und ermordet.

Der tote Revolutionär Guevara wurde teilweise aus Perspektiven fotografiert, die eine Art von Heiligenbild als Ergebnis hatten und kam so aus dem Urwald auf die T-Shirts. Keine Ikone wurde Müntzer, der wesentlich selbstkritischer auf die Motive gewaltsamen Widerstands sah. Das kirchliche Selbstverständnis verdrängte dank des Übervaters Luther den protestantischen Revolutionär Müntzer als Mitreformator. Von dieser schwarzen Folie hob sich der subalterne Mainstream positiv ab. Das Verdrängte kommt allerdings meist mit unheimlicher Macht wieder (Sigmund Freud).

Luther selbst delegierte das Morden an seine politischen Freunde, die er dazu animierte. So brauchte er sich selbst die Hände nicht schmutzig zu machen und auch nicht in Lebensgefahr zu begeben.

Luther wurde dann zum guten Helden stilisiert, wie man etwa am 300. Todestag lesen konnte:

Angesichts grausiger Ereignisse der Gegenwart holten wir dieses Schreckgespenst braver Protestanten aus der Verdrängung ins Bewusstsein: Der Geist Gottes weht, wann und wo er will. Das meinte auch Martin Luther, aber selbst von der Wittenberger Ikone ließ sich der Geist Gottes nicht vorschreiben, bei wem er nicht wehen dürfte und brachte Menschen zum Schwärmen. „Schwärmer" waren für Luther ein rotes Tuch. Nicht wenige von ihnen brachte der Geist dazu, menschliche Gebilde, die angebetet werden könnten, zu zerstören – auch angestachelt durch den Professor aus Wittenberg. Luther wiederum stürmte wie ein wild gewordener Stier auf dieses rote Tuch „Bilderstürmer" zu. Obgleich Luther rot sah, brachte er eine wichtige Erkenntnis ein: Die Zerstörung von äußerlichen Bildern ändert nichts am Bedürfnis der Menschen, solche Anbetungsgegenstände zu haben. Sie werden sich also andere suchen.

Die Luther-Ikone der lutherischen Orthodoxie entlarvte wunderbar der Nürnberg Kunstprofessor Otmar Hörl mit seinen Kunststoff-Luther-Ikonen. Luther lässt sich multiplizieren – damals dank Guttenberg, heute dank moderner Technik – mit billigem Material.

durchbohrt, sanken. Nicht minder arg trieb Münzer sein Wesen in Mühlhausen im Thüringischen. Sein Geist hatte ihm immer tollere Dinge eingegeben; mit der Erklärung, daß er berufen sei, das weltliche Regiment zu ändern, und daß der ganzen Gemeinde die Gewalt des Schwertes gehöre, hatte er den Stadtrath abgesetzt; die Armen arbeiteten nicht, beraubten die Reichen; Kirchen, Klöster, Schlösser wurden auch hier geplündert und verwüstet.

Als Luther diese Greuel sahe, war es mit seiner Geduld zu Ende. Er ließ eine Schrift ausgehen „wider die räuberischen, mörderischen Bauern." „Hier" sagte er darin, „soll zerschmeißen, würgen, stechen, wer da kann, und gedenken,

Eine Schwarze-Folien-Darstellung von 1846 zum 300. Todestag von Luther:[129]

Doch Luther und Müntzer waren nicht allein. Es gab viele reformatorische Eiferer. Werfen wir einen Blick in die illustre Runde und beginnen mit den „Nicht-Theologen".

---

[129] Aus „Dr. Martin Luthers Leben" Herausgegeben von dem christlichen Vereine im nördlichen Deutschland. Halle, 1846, S.104

2.3   Ritter als Rebellen in eigener Sache

Die Reformation vollzog sich als ein komplexer Prozess. Die beherr-
schenden theologischen Themen erschienen nicht herausgelöst aus dem
gesamtgesellschaftlichen Prozess. Zur Reformation gehören folglich rebellische Phänomene jener Zeit, die sich auch aus anderen Motiven speisten,
neben dem Bauernaufstand steht das Aufbegehren der Ritter.

2.3.1   Franz von Sickingen

Wie ein „letzter Ritter" [130] in seiner vergeblichen Revolte wirkte Franz von
Sickingen. 1481 auf Burg Ebernburg (Bad Münster am Stein-Ebernburg)
geboren, heiratete er mit knapp 20 Jahren Hedwig von Flersheim, deren
Bruder Philipp später Bischof von Speyer wurde. Die beiden bekamen
sechs Kinder. Als 1515 Hedwig im Kindbett starb, wurde ihr Witwer militärisch aktiv. Franz von Sickingen zeigte sich trotzig, aber unzeitgemäß als
klassischer Ritter. Als die Fürsten 1525 beim Bauernkrieg kriegsentschei-
dend Kanonen einsetzte, verloren die veralteten Ritter mit ihren eisernen
Rüstungen auf den gewappneten Pferden rapide an Einfluss. Von Sickingen bewies klassische Rittertugenden: Standhaftigkeit, Entschlusskraft
und Mut. Er führte jedoch Fehden gemäß dem altdeutschen Faustrecht.
Dieses Recht stand in Konkurrenz zum Römischen Recht. Dieses wiederum benachteiligte die Ritter als niederen Adel und auch die Bauern. Als
er mit Sekundanz von Götz von Berlichingen eine Fehde gegen Worms
führte, ächtete ihn Kaiser Maximilian stehenden Fußes.

Daraufhin verdingte sich von Sickingen bei Maximilians Konkurrent Franz
I. von Frankreich[131]. Unter französischer Fahne führte er Fehden gegen
Hessen, Frankfurt und Lothringen. Den erfolgreichen Helden nahm Maxi-
milian 1519 wieder in die eigenen Reihen auf. Nach dessen Tod vernach-
lässigte Karl V. die Zahlungen für geleistete Dienste und schuldete von
Sickingen am Ende über 100.000 Gulden.

---

[130] Don Quijote, „Der Ritter der traurigen Gestalt, *Don Quixote de la Mancha*" von
Miguel de Cervantes erschien als Echo auf die Vergangenheit 1605.
[131] Franz verbündete sich übrigens zeitweise mit den „Türken" gegen den Kaiser.

1519 traf der Ritter auf Ulrich von Hutten[132]. Dessen Auffassung einer Reformation der Kirche passte dazu, dass Sickingen schon früher Martin Luther für seine Interessen gewinnen wollte und ihm Unterschlupf angeboten hatte.[133] Von Hutten verstärkte von Sickingens Intention, die Macht der Kirche in weltlichen Bereichen einzuschränken. Der Missbrauch geistlicher Kompetenz für irdische Macht war ihm zuwider. Die Kirche sollte predigen, nicht Geld scheffeln. In jenen Jahren suchten führende Gestalten der Reformation Zuflucht auf von Sickingens Ebernburg, die bald „Herberge der Gerechtigkeit" genannt wurde.

Auch die schutzsuchenden Reformatoren Johannes Oekolampad und Martin Bucer arbeiteten auf der Ebernburg an einer Neugestaltung der Kirche, etwa dem Abendmahl in beiderlei Gestalt und deutsche Messen. In beiderlei Gestalt bedeutet den „Laienkelch": Der einfache Gläubige (= Laie) soll das Abendmahl mit Wein und Brot bekommen, während in der römischen Praxis den Wein nur der Priester bekam. Dabei wurde auch in Frage gestellt, dass der Priester die Wandlung von Wein und Brot zu Leib und Blut Christi vollzog. Die Alternativen waren, dass jeder Gläubige es für sich vollzog während des Konsumierens oder dass es ohnedies nur symbolisch war. Diese auf der Ebernburg praktizierten Umwälzungen prägten die Zukunft jener mutigen Männer. Als von Sickingen dann gegen Trier zog, verließen sie die Burg, um in Pfarreien weiterzuwirken.

Bei dieser Fehde 1520 trafen sich von Sickingen und von Hutten, dem der kirchliche Bann angedroht worden war. Nach dem unbefriedigenden Ausgang des Wormser Reichstages 1521 gingen sie zum Angriff über. Von Hutten versuchte, mit überzeugten Rittern die „ungeistlichen Geistlichen" aus dem Weg zu räumen. Die Fürstenkoalition gegen ihn begann 1523 eine große Offensive. Im April war von Sickingen militärisch derart geschwächt, dass er auf Burg Nanstein (Westfalen) flüchtete. Die Fürstenkoalition beschoss die Festung mit über 1000 Kanonenkugeln an zwei Tagen. Das hielt diese nicht aus. Von Sickingen stand am 1. Mai hinter einer Schießscharte, die von einer Kanonenkugel getroffen wurde. Die Mauer brach ein; der „letzte Ritter" wurde unter ihren Steinen begraben. Er konnte zwar noch gerettet werden, doch sein Unterleib war zermalmt worden und er starb wenige Tage später. Sein Tod nahm dem „Pfaffenkrieg" das Zentrum. Die Zeit der Ritter war zu Ende, als der letzte Rebell durch die neue militärische Technik zu Tode gekommen.

---

[132] Ulrich von Hutten (1488 – 1523) galt als erster „Reichsritter"; Kaiser Maximilian schmückte ihn mit dem Lorbeerkranz. 1505 war er zeitgleich zu Luther in Erfurt. Zur Beziehung zwischen Luther und Hutten: H.Spelsberg, Aber Hutten kehrte nicht um.

[133] K.Schauder, Franz von Sickingen, 2006 S.53

2.3.2   Gottfried „Götz" von Berlichingen

Da Götz, eigentlich Gottfried von Berlichingen eine eigene Lebensbeschreibung[134] diktierte, sind wir nicht auf das historische Schauspiel von
Goethe mit dem berühmten „Götz-Zitat"[135] angewiesen. In unseren Kontext tritt er durch seine Freundschaft zu Franz von Sickingen. Im Bauernkrieg rechneten seine Feinde den professionellen Raubritter den Bauern
zu. Wenig überzeugend behauptete er später, sie hätten ihn zur Koopera-
tion gezwungen.

Damals war er Mitte vierzig. Für einen noch dazu gehandicapten Ritter
in jenen wilden Zeiten ungewöhnlich starb er mit über 80 Jahren 1562 auf
Burg Hornberg – nach unglaublich vielen Fehden. Seine Rüstung wie
seine eiserne Hand ist noch zu besichtigen und zeigt im Kontext von Kanonen die anachronistische Seite seines Rittertums. Er selbst schreibt von
sich als „Reiter".

1504 verletzte ihn bei der Belagerung von Landshut ein Schuss aus einer
Feldschlange. Die Kugel traf den Schwertknauf und dessen Splitter trenn-
ten die Hand am Handgelenkt vom Arm. Im Feldlager amputierte sie ihm
der Medicus endgültig, um einen Wundbrand zu verhindern. Seinem Wissen nach hatte ein Reiter „Kochle" eine Prothese aus Eisen.[136] Einige
Jahre später ließ er sich eine solche anpassen und avancierte zum „Ritter
mit der eisernen Hand". Diese Prothese, eine sogenannte „Balbronner
Hand" verfügte über verschiedene Bewegungsmechanismen und eine einfache Greiffunktion, die wieder aufgelöst werden konnte.

Auf der Suche nach einem Stützpunkt erwarb er 1517 Burg Hornberg von
Konrad Schott von Schottenstein, seinem Freund.[137]. Berlichingen zeichnete sich als edlen Mann, aber de facto war er käuflich. So ließ er sich
etwa binnen Jahresfrist für eine Fehde gegen Konrad Schott anheuern,
den er weiterhin als Freund bezeichnete. Diese Fehde nahmen ihm seine
Gesinnungsgenossen übel, wobei es Konrad nicht gelang, ihn gefangen
zu nehmen. Immerhin war Götz so ehrlich, Konrad die letzte Rate für die
Burg (2500 Gulden) zu zahlen. Die Übergabe sollte an Konrads Frau
Dorothea von Schottenstein in Schweinfurt erfolgen. Da Schotts Männer
nicht alle Schweinfurter Stadttore bewachten, konnte Götz auf eine Warnung hin entkommen. Er hatte sich vorher strategisch überlegt, welches
Tor warum besonders bewacht wäre. Er wählte das unbedeutende Tor
nach dem Schleiteich; der weitere Weg machte ihm anschließend viele

---

[134] Lebensbeschreibung des Ritters Götz von Berlichingen mit der eisernen Hand

[135] Berlichingen war „zwischen Krautheim und Neuenstadt"… *„Aber der Amtmann
schrie, während ich unten brannte* (d.h. Häuser niederbrannte V.S.), *nur von der
Mauer herab, und ich rief zurück, er möchte mich hinten lecken."* Freilich tat dieser das nicht und Götz zog unverrichteter Dinge ab. Götz, S.88. Goethe kann
dieses Autobiographie.

[136] Berlichingen unpathetisch: S.29f.

[137] Für eine Burg musste er 6500 Gulden berappen, fast ein Schnäppchen…

Umstände, aber deswegen war es wohl auch nicht gut bewacht...[138] Das unscheinbare Tor muss man auch heute noch suchen. *„Damit kann Götz nur das äußere Obertor (erbaut1502) gemeint haben. Der Schleiteich ist der Spitalsee. Der Schleichleinsgraben ist der Pfanngraben, dessen Wasser durch den Spitalsee floss.“*[139]

Der Weg nach Norden durchs Obertor schien den Verfolgern strategisch uninteressant; der Süden mit dem Main, der Westen nach Würzburg, der Osten nach Bamberg boten die angesagten ausgebauten Fluchtwege. So entschied sich Götz für das kleine Tor bei der Neuen Gasse 57, wo er das Überraschungsmoment für sich verbuchen konnte.[140]

Götz am Schweinfurter Törchen

Hier der Auszug aus dem Original[141]:

*Nun warr ich herr Connradt Schotten schuldig noch am haus Hornnberg 2000 gulden, die sollt ich im vff sanct Peters tag zu Schweinfurtt erlegenn, wie ich auch vff dieselbig zeitt thet. Vnd war sein **haußfraw** da, die **empfienng das geldt**, vnnd wie ich die **quittantzenn** vonn ir nam, vnd gehe vff dem marckht heim der herberig zu, so kham des marggrauen stallmaister zu mir vff denn marckh, der khandt mich nun woll, vnnd sprach mich inn allem guttem ann, vnd warnnt mich, vnnd sagtt wie dennselbigenn tag bey denn 60 pferdenn vf inen gestoßenn wehrenn, nit weitt vonn Schweinfurt, vnd ich sollt mein sachenn in gutter achtt habenn, denn er hett gemerckht, das es wider mich wehr. Vnnd ich dannckht im wie billich, vnd hortt es auch ghernn, damit ich khonndt mich darnach richtenn.*

---

[138] Berlichingen, S.75f.

[139] Schweinfurter Mainleite, 2003; Ludwig A. Mayer, Götz von Berlichingen in Schweinfurt Episoden aus den Lebenserinnerungen eines Raubritters S.21

[140] Die Internetsuche nach dem Schleiteichtor enthielt als ersten Treffer eine Nachricht, die ich aus lokalpatriotischen Gründen den Lesern nicht vorenthalten darf: „Schweinfurts Keeper Christopher Pfeiffer hat in der Regionalliga Bayern einen Treffer aus 90 Metern erzielt: Ein Jahrhunderttor!“ FC05 Schweinfurt (26.4.15)

[141] Wikisource: Mein Gottfriden von Berlichingen zw Hornberg vhedt vnd handlungen

Nun dacht ich doch vorhin onne dieße warnung, herr Connradt Schott der wurt sich regen, vnnd mir irgendt ein nasenn spill zurichten, vnd nam mich nichts ann, vnnd gienng inn die herberig vnd aß zu nacht, das woll ein stundt oder zwo inn die nacht, vnnd alle thor zugemacht vnnd verschloßenn wahrnn, vnnd hett sorg sie hilltenn vor allenn thorn, vnd sonnderlich am Main thor oder ann dem thor gegen dem Schweinfurtter gaw zue, da ich hin reittenn wollt. Vnd wie ich sorgt, allso wahr es auch, vnd nam mir fur, **ich wollt zu dem thor hinauß gegen dem Schleichtich zu, wie ich dann thett. Das wahr nhun nit meins wegs, sonnder damit ich inen entgehnn möcht,** *dann ich hett wenig pferdt bey mir, vnnd nit mehr dan meine knecht. Vnnd beuall meinen reuttern, ehe wir hinauß zogenn, das sie dennechsten die spieß vff denn beynnen hettenn, dann hillt schonn ein gesindt vor vnns, so wolltenn wir dennechsten mit in treffen, vnd durch sie schlagenn. Aber ich hett das recht thor furgenommen, dahin sie nit gedacht hettenn, das ich zu demselbigen thor hinauß sollt, aber die anndere zwey thor, wie ich sorg hett, die hettenn sie verhallten, vnd must ich mein vortheill suchenn wa ich vber denn Main woldt wider vff Haidelberg zue. Ich hett aber doch darfor mein gnedigsten churfurstenn vnndt herrnn, durch Hannsen vonn Rottennhann verstenndigt, was ich gehanndlet hett. Also kham ich zu Zellingen vber denn Main, darnach durch die herrschafft Wertheim herrein wider vff Haidelberg zue.* [142]

Mit einem Trick entkam von Berlichingen. Als guter Stratege wusste er sich durchzuschlagen. Ein solcher Mann war in kriegerischen Auseinandersetzungen gut zu gebrauchen. Und so ließ er sich auch anheuern. Beispielsweise von Bauernhaufen bei ihren Aufständen. Freilich gewannen die Bauern Götz angeblich mit Drohungen für sich, was der Solidarität nicht förderlich war. Er entzog sich bei der erstbesten Gelegenheit den Aufständischen, wie dies Friedrich Engels beschrieb: *„Die vor Würzburg vereinigten Haufen hatten inzwischen den Frauenberg belagert und am 15. Mai, noch ehe die Bresche geschossen war, einen tapfern, aber vergeblichen Sturm auf die Festung versucht. 400 der besten Leute, meist von Florian Geyers Schar, blieben in den Gräben tot oder verwundet liegen. Zwei Tage später, am 17., kam Wendel Hipler an und ließ einen Kriegsrat halten. Er schlug vor, nur 4.000 Mann vor dem Frauenberg zu lassen und mit der ganzen, an 20.000 Mann starken Hauptmacht unter den Augen des Truchseß bei Krautheim an der Jagst ein Lager zu beziehen, auf das sich alle Verstärkungen konzentrieren könnten. Der Plan war vortrefflich; nur durch Zusammenhalten der Massen und durch Überzahl konnte man hoffen, das jetzt an 13.000 Mann starke fürstliche Heer zu schlagen. Aber schon war die Demoralisation und Entmutigung unter den Bauern zu groß geworden, um noch irgendeine energische Aktion zuzulassen. Götz von Berlichingen, der bald darauf offen als Verräter auftrat, mag auch dazu beigetragen haben, den Haufen hinzuhalten, und so wurde der Hiplersche*

---

[142] In heutigem Deutsch: Berlichingen, Lebensbeschreibung (Reclam) S. 75.f.

Plan nie ausgeführt. Statt dessen wurden die Haufen, wie immer, zersplittert. Erst am 23. Mai setzte sich der helle lichte Haufen in Bewegung, nachdem die Franken versprochen hatten, schleunigst zu folgen. Am 26. wurden die in Würzburg lagernden markgräflich-ansbachschen Fähnlein heimgerufen durch die Nachricht, daß der Markgraf die Feindseligkeiten gegen die Bauern eröffnet habe. Der Rest des Belagerungsheers, nebst Florian Geyers Schwarzer Schar, nahm Position bei Heidingsfeld, nicht weit von Würzburg.

Der helle lichte Haufen kam am 24. Mai in Krautheim an, in einem wenig schlagfertigen Zustand. Hier hörten viele, daß ihre Dörfer inzwischen dem Truchseß gehuldigt hatten, und nahmen dies zum Vorwand, um nach Hause zu gehn. Der Haufe zog weiter nach Neckarsulm und unterhandelte am 28. mit dem Truchseß. Zugleich wurden Boten an die Franken, Elsässer und Schwarzwald-Hegauer mit der Aufforderung zu schleunigem Zuzug geschickt. Von Neckarsulm marschierte Götz [von Berlichingen] auf Öhringen zurück. Der Haufe schmolz täglich zusammen; auch Götz von Berlichingen verschwand während des Marsches; er war heimgeritten, nachdem er schon früher durch seinen alten Waffengefährten Dietrich Spät mit dem Truchseß wegen seines Übertritts unterhandelt hatte."[143]

Friedrich Engels, der seine kommunistische Geschichtssicht zugrunde legte, betrachtete Berlichingen als Verräter. Welche Loyalität aber sollte man von ihm erwarten, wenn der „Ritter" nicht aus Überzeugung bei den Bauern war?

Burg Jagsthausen und Berlichingens Wappen

Nach dem Krieg bekam Berlichingen „Burgarrest", an den er sich hielt. So konnte er ein hohes Lebensalter erreichen, seine Memoiren diktieren und mit zweiundachtzig Jahren die Augen schließen.[144]

Rebell? Vielleicht. Hehre Motive? Nein! Von seinem Freund Franz von Sickingen unterschied ihn so manches. Er war ein rebellischer Typ, aber eben nur als Typ. Inhaltlich agierte er vor allem als Söldner und so manche

---

143   F.Engels, der Bauernkrieg, S.393
144   Im zweiten Teil seiner Lebensbeschreibung ab S.77: „Der Bauernkrieg" versuchte von Berlichingen vor allem eins: deutlich zu machen, dass er nie mit den Bauern paktierte.

Lücken in seinen Schilderungen lassen sich dadurch füllen, dass er sehr eigennützig Händel suchte und raubte. Als Rebellentyp mag er dienen, aber immer auch als Beispiel eines Revoluzzers ohne Ideale. Durch Franz von Sickingen lose mit Reformatoren verbunden nützte der Raubritter jedoch der Gegenpropaganda.

2.3.3   Ulrich Hutten und die Rebellen ohne Waffen

Selbst im ausgehenden Mittelalter wurden nicht-blutige Waffen eingesetzt. Die Bildsatire gewann an Bedeutung. Durch die Revolutionen im Druckereigewerbe konnten diese kurzen Botschaften leicht über das ganze Land verbreitet werden, „lesbar" auch für Analphabeten, die das Gros der Bevölkerung stellten.

Die verbale Satire profitierte vom selben Phänomen. Ihre Speerspitze bildeten die „Dunkelmännerbriefe". Eine Gruppe von Humanisten, die sich bei Luthers Arzt Georg Sturz im Humanistenerker[145] zu Erfurt traf, veröffentlichte „protestantenkritische" Brief mit einer derart überspitzten Position, dass sie purer Schwachsinn war. Auch damals nahmen manche Leute eine solche Darstellung ernst und stimmten ihr zu. Heftige „Dunkelmännerbriefe" lieferte Ulrich von Hutten, pseudonym mit herrlich exotischen Decknamen.

Der Humanistenerker in Erfurt und sartirisches Flugblatt

Die bildhaften Satiren boten viele Anspielungen auf die Hölle, Dämonen und Drachen. Oft wurde über einem Tierkörper der Kopf eines kritisierten Gegners eingefügt. Beim Papst reichten schon die päpstlichen Insignien. Luther karikierte man als vielköpfiges Ungetüm in Klerikerkleidung und mit Bibel in der Hand. Die Darstellungsweise ist auf beiden Seiten sehr ähnlich, man spickte voneinander ab. Die Satireformen blieben gleich, auch wenn die Seiten wechselten.

Erfurt erlebte durch den Humanismus eine Aufbruchszeit. Wer etwas auf sich hielt, war an der Erfurter Universität mit ihrem berühmten Kielbogenportal gut bedient. Die Humanisten besannen sich auf die Antike, um die Gegenwart zu gestalten. Ad fontes hieß der Schlachtruf: Sie suchten die

---

[145] Er ist an das „Steinerne Haus" in Erfurt angebaut. (siehe Bild)

Ursprünge und nicht nur die verwässerten Darbietungen der römischen Kirche und ihrer halbgebildeten Kleriker. Als von Hutten 1518 sich in seiner „Türkenrede" für Maximilian I. stark machte, geriet er ob seinem „furor teutonicus" ins politische Abseits.

Ulrich von Hutten schlug die Brücke zu den Themen der einfachen Menschen. Seine Beziehungen zum Humanistenkreis in Erfurt wie zu Franz von Sickingen demonstrieren seine Bandbreite. Er erkannte die Missstände der Kirche wie des Mönchswesens, was sich in der zölibatären Hierarchie meist deckte und entlarvte sie durch satirische Übertreibungen: *„Drei Dinge werden verkauft in Rom: Christus, Priestertum, Frauen. Drei Dinge sind verhasst in Rom: Ein allgemeines Konzil, eine Reformation der Kirche, und dass den Deutschen die Augen geöffnet werden. Drei Übel erbitt ich für Rom: Pestilenz, Hunger und Krieg. Das ist meine Trinität.*"[146]
Von Hutten thematisierte grundlegende Phänomene wie die Unterdrückung der Bauern und ihre Versuche, dagegen aufzubegehren. Leider starb er bereits 1523 an der Syphilis. Trotz seiner rebellischen Persönlichkeit zählt er geistesgeschichtlich zu den Humanisten. Dem Megastar Erasmus war er jedoch zu kritisch.[147]

2.4 Andreas Karlstadt wider die teuflischen Ölgötzen

„I Das wir bilder in Kirchen vnd gots hewßern haben / ist vnrecht / vnd wider das erste gebot. Du solst nicht frombde gotter haben.

II Das geschnitzte vnd gemalthe Olgotzen vff den altarien stehnd ist noch schadelicher vnd Tewffellischer."[148]
Diese Sätze stehen für eine der öffentlichkeitswirksamsten Aktionen, des Andreas Bodenstein, genannt Karlstadt: Der Bildersturm von Wittenberg. Hier war ein Rebell am Werk.
Im unterfränkischen Städtchen Karlstadt, nahe der Bischofsstadt Würzburg kam Andreas Bodenstein um 1486 zur Welt. Später wurde er nach seiner Herkunft „Karlstadt" genannt. Er war wohl der Sohn von Peter Bodenstein, einem Kellermeister und zeitweiligen Bürgermeister. Karlstadt am Main ist keine 12 Meilen von Veitshöchheim entfernt, wo es immerhin einmal eine deutsche Königswahl gab und später die Fürstbischöfe von Würzburg prunkten. Über einen wichtigen Aspekt der religiösen Erziehung in seiner Jugend schrieb er 1522 in seiner Schrift „Vom Abthun der bilder": „got klag ichs… mein hertz ist von Jugend auff yn eher erbiethung vnd wolachtung der bildnis ertzogen vnd auffgewachßen. vnd ist mir ein schedliche forcht eingetragen / der ich mich gern wolt endletigen / vnd kan nit. Alßo stehn ich in forcht / das ich keynen olgotzen dorfft verbrennen. Ich

---

[146] Zitiert nach Konrad, Bauernkrieg S.16
[147] Umfassend: H. Spelsberg, Aber Hutten kehrte nicht um, 2015 S.50f.
[148] Karlstadt, Andreas - Von abtuhung der Bylder / Vnd das keyn Betdler vnther den Christen seyn soll. *Andreas Bodenstein von Carlstadt, 1522 Wikisource*

hette sorg der Teuffels narr mocht mich beleydigen." Wie bei Luther sind die bedrückenden Seiten seiner religiösen Sozialisation virulent.

Kielbogenportal der Uni Erfurt. Der Professor Karlstadt.

Als 14 jähriger betrat er durch das Kielbogenportal die Universität von Erfurt, um sich nach erfolgreicher Absolvierung der Lateinschule im theologischen Terrain zu tummeln. Zwei Jahre später kam der etwas ältere Martinus Lutherus an seine Fakultät. Da war von einer keimenden Reformation noch nichts zu bemerken. Im Vordergrund standen scholastische Studien, auch wenn humanistische Tendenzen bereits zu spüren waren. Karlstadt konzentrierte seine Studien auf die Scholastik und wechselte vier Jahre später als Baccalaureus nach Köln. Dort vertiefte er sich in die Sentenzen des Thomas von Aquin und lernte strukturierte Theologie. 1505, als Luther an die Klosterpforte der Augustiner in Erfurt klopfte, um Mönch zu werden, erhielt Karlstadt bereits den Ruf an die Universität nach Wittenberg; die neugegründete Alma Mater sollte ein modernes Flagschiff für Sachsen werden. Luther erschien drei Jahre später.

2.4.1 Der universitäre Weg des Theologen Bodenstein

Die Wittenberger „Alma Mater Leucorea" hatte Kurfürst Friedrich III., „der Weise" initiiert. 1482 hatten Ernst und Albrecht III. ihr Herrschaftsgebiet aufgeteilt und den Vertrag am Martinstag 1485 in Leipzig ratifiziert. Wittenberg lag im ernestinischen Bereich des Wettiner Herzogtums.[149] Der Landesherr wollte vor allem Juristen, aber auch Theologen und Mediziner für die Landesverwaltung. Die Universität wurde am Humanismus ausgerichtet, der en vogue war. Zu den renommierten jungen Kräften zählten auch Andreas Bodenstein und später der geniale Philipp Melanchthon.

Nach seiner Promotion dozierte Karlstadt an der Artistenfacultät vorwiegend über Thomas von Aquin, zudem auch zeitgemäß über Johannes

---

[149] Die Universität wurde 1814 durch einen streunenden Franzosen geschlossen. Nach Napoleons Niederlage wurde auf dem Wiener Kongress Sachsen Preußen und die Universität Halle zugeschlagen und 1817 wieder eröffnet – nota bene 300 Jahre nach der Reformation.

Duns Scotus und Wilhelm von Occam. Das Studium von Augustinus und Johannes Tauler veränderten seine theologischen Einstellungen und brachte ihm mystische Einsichten näher. Dies führte zu seiner Priesterweihe, der die theologische Promotion folgte. Bei ihm erwarb 1512 Martin Luther seinen Doktorgrad. Vier Jahre später wurde Karlstadt wie Luther auch Doctor iuris utriusque. Halten wir fest: **Karlstadt war Luthers Doktorvater**; Martinus hatte ihm viel zu verdanken. Aber Luthers Dankbarkeit war eine wackelige Angelegenheit.

In der jungen Universität herrschte eine Aufbruchsstimmung. Nachdem man zunächst den Humanismus für fortschrittlich hielt, merkte man dessen Grenzen bei der Umsetzung in die kirchliche Praxis. So mussten die Denker, die Humanismus und Glaubenserleben integrieren wollten, über den Humanismus hinausgehen, ohne seinen Gewinn zu verlieren.

Kann ich mich für den guten oder bösen Weg entscheiden? Habe ich den freien Willen, das eine zu tun und das andere zu lassen? Oder ist Gott, da er allmächtig ist, auch hier bereits auf dem Plan und hat alles vorher bestimmt? **„Der freie Wille"** beschäftigte den gebürtigen Franken Bodenstein. Durch den modernen Buchdruck gelangte er schnell an originale Werke der Gegenwart, etwa die Schriften des Erasmus von Rotterdam, der inzwischen zum Übervater der Humanisten avanciert war. Wie ist das mit dem „freien" Willen? Wie steht es mit der Freiheit des menschlichen Willens angesichts der Vorherbestimmung durch Gott? Karlstadt begab sich in die Auseinandersetzung mit Johannes Eck, dem Knecht des Papstes. Martin Luther veröffentlichte seine eigene Schrift erst 1525. Diese gehört zu den herausragenden Positionierungen Luthers: „De **servo** arbitrio" stellt sich schon im Titel in Opposition zu den humanistischen Anhängern von Erasmus von Rotterdam, der im Jahr zuvor von „De **libero** arbitrio" geschrieben hat. Der Mensch hat eine freie Wahl, meinte Erasmus, der Mensch ist Knecht, erwiderte Luther. Damit ist die Frage beantwortet, ob der Mensch seine Glaubensentscheidung frei fällen kann. „Nein!" meinte Luther. Gratia ist sein Stichwort: auch der Glaube als solches ist göttliche Gnade und nicht menschlicher Verdienst.[150] Erasmus hat mehr erwachsene Entscheidungen im Blick und gründet sich auf ein optimistisches Menschenbild. Luther sah zumindest an diesem Punkt realistischer die fundamentalen negativen Seiten der Menschen. Gerade die Rebellen der Reformation mussten erfahren, dass Luther Recht behielt. **Die Menschen sind nicht einfach im Grunde ihres Herzens gut.**

Probleme enthielt Luthers Herleitung, da er induktiv von Gottes Vorherwissen und letztlich seiner Prädestination her argumentierte. Eine erfahrungsbezogene Analyse wäre mit demselben Ergebnis tragfähiger. *"Wenn*

---

[150] Leider erlebe ich als Pfarrer Luther immer wieder viele Jugendliche, die wirklich glauben wollen, aber den Weg dazu nicht finden. Das liegt nach meinem Eindruck nicht an ihnen. Jugendliche sind für mich das beste Beispiel, weil sie sich gerade auf einen eigenständigen Weg begeben.

*wir glauben, es sei wahr, daß Gott alles vorherweiß und vorherordnet,
dann kann er in seinem Vorherwissen und in seiner Vorherbestimmung
weder getäuscht noch gehindert werden, dann kann auch nichts geschehen, wenn er es nicht selbst will. Das ist die Vernunft selbst gezwungen
zuzugeben, die zugleich selbst bezeugt, daß es einen freien Willen weder
im Menschen noch im Engel, noch in sonst einer Kreatur geben kann."*[151]
Viele der von Luther Gott unterstellten Attribute enthalten keine aufweis-
bare Evidenz.

Schon etliche Jahre vor Luthers klarer Schrift schwelte der Konflikt. Bei
der Leipziger Disputation 1519 stritten Karlstadt, Luther und Melanchthon
mit dem römischen Theologen Johannes Eck um die Willensfreiheit des
Menschen. Für den römischen Pfaffen war die Stellung des Papstamtes
wichtiger, die Luther in konkreten Einzelpunkten angriff. So unterstützte
Luther Aussagen des als Häretiker verurteilten und ermordeten Jan Hus
auf und konstatierte, dass Papst und Kurie im Unrecht gewesen waren.

Da Karlstadt bei dieser Disputation sich auf den theologischen Topos der
Willensfreiheit beschränkte, hielt Roms Vertreter Eck ihn für gesprächsfä-
hig, was er Luther abstritt. Darin täuschte sich Eck völlig – was bei kirchen-
politisch ambitionierten Theologen keine Seltenheit ist. Während Luther bis
hin zur Confessio Augustana noch oft in konstruktive Gespräche einbezo-
gen wurde, wurden für Karlstadt die zu bestreitenden Themen klarer und
er radikalisierte seine Leitsätze. Zur endgültigen antirömischen Positionierung brachte ihn die päpstliche Bannandrohungsbulle „Exsurge Domine"
gegen Luther.

Schon länger als Luther in die theologischen Dispute eingebunden, erkannte er dessen Stärken, als er ihn promovierte. Später sekundierte er
ihm als kluger Ratgeber. Dabei entwickelte er eigenständige Linien, die
sich für die Praxis als eminent relevant erweisen sollten. So gab es für ihn
keinen Primat des Klerus mehr. Seine **Reformation der Messe** bedeutete
die strikte Abwendung von der Vermittlung des Heils durch den Klerus.
Das spitzte sich an der Frage des sogenannten Laienkelches zu.

Das Revolutionäre[152] am Laienkelch ist heute kaum zu erfassen, da hier
mittelalterliche Vorstellungen und Emotionen zugrunde liegen, die der heutigen Welt mehr als fremd sind. Zur Zeit Karlstadts war allgemein anerkannt, dass die geweihten Priester der römischen Kirche während der Eucharistiefeier Wein und Hostie zu Gott selbst wandeln. In unseren Augen
gleicht dies einem magischen Akt. Aber immerhin hat man bei der Konsek-
ration mit Gott als dem „Objekt" zu tun. Die Gläubigen gingen davon aus,
dass sie bei Hostie und Wein mit Gott selbst in Berührung kamen. Vorgeb-
lich, um Gott zu schützen, wurde den Laien der Weinkelch nicht gereicht.
Wäre auch nur ein Tropfen zu Boden gefallen, wäre Gott selbst zu Boden

---

[151] De servo arbitrio, Aland III, S.325

[152] Die Begrifflichkeit von „Revolution" wurde erst zum heutigen Sinne umgeprägt,
als Kopernikus seine „De revolutionibus" veröffentlichte (1543).

geworfen worden. Mit der Hostie gab es ein analoges Problem. Damit die realen Kirchenmäuse nicht Gott anknabberten, schloss man die konsekrierte Hostie ins Sakramentshäuschen ein. Als Zeichen der Gegenwart Gottes im Tabernakel brennt dort das „ewige Licht".

2.4.2   Karlstadt rebelliert

Karlstadts Angriff auf diese Interpretation der Eucharistie ging in zweierlei Richtung. Zum einem sprach er dem Klerus die Kompetenz ab, die Wandlung von Hostie und Wein zu vollziehen, zum anderen verlagerte er diese Wandlung hin zum einzelnen Gläubigen. Das verband er damit, dass die Messe nun auf Deutsch gehalten wurde und die Gläubigen die Inhalte verstehen konnten.[153] An Weihnachten 1521 feierte Karlstadt die Messe auf Deutsch und „in zweierlei Gestalt", d.h. die Laien bekamen den Kelch selbst in die Hand. Das war revolutionär oder blasphemisch, je nach Standpunkt. Seit Mai war Martin Luther, die Gallionsfigur der Erneuerer, auf der Wartburg in Sicherheit.

Der selbst renommierte Karlstadt wartete nicht auf Luthers Rückkehr, sondern brachte seine volle Energie in die Bewegung ein. Auch der Rat der Stadt und Luthers Intimus Melanchthon setzten dem konsequenten Reformator zunächst nichts entgegen. Karlstadt ließ seinen Worten Taten folgen, das Volk sah sich ernst genommen und schätzte es sein Engagement.

Inzwischen war die allgemeine Stimmung ziemlich aufgeheizt. Stichworte wie Ablass, Peterspfennig und die Reichsacht für Luther paarten sich mit der sozialen Unzufriedenheit angesichts der Armut der Bevölkerung und des Reichtums des Klerus. Freilich verfügte der Klerus über eine unschätzbare Macht: Er konnte über den Zugang zu Himmel oder Hölle entscheiden, er konnte verdammen. Wenn Menschen dies ernst nahmen und auch die drastischen Höllenschilderungen für real hielten, dann ging es um mehr als Leben und Tod, dann ging es um ewiges Heil oder ewige Verdammnis.

Karlstadt, zum Priester geweiht, hatte eine auch spirituell sicherere Position als das einfache Kirchenmitglied. Freilich trug er in jenem Weihnachtsgottesdienst keine liturgische Kleidung, sondern trat als Glied der Gemeinde in Erscheinung. Damit wurde trotz seiner liturgischen Funktion (als Leiter des Gottesdienstes) klar, dass die Heilsvermittlung durch den Priester obsolet war.

Wenige Wochen später, am 19. Januar heiratete der Priester Bodenstein die 25 Jahre jüngere Anna von Mochau und brach dadurch den Zölibat. Wie drei Jahre später bei Luther brüskierte dies Teile des Volkes. Immerhin hatte Karlstadt bei der Priesterweihe nicht nur vor der Kirche, sondern

---

[153] Klassisches Nicht-Verstehen und damit Missverstehen ist der Teil der lateinischen Einsetzungsworte: Das gemurmelte „Hoc est corpus meus" konnte als „Hocus pocus" verstanden werden. Da es um eine unerklärliche Wandlung ging, konnte es für einen magischen Spruch gehalten werden.

auch vor Gott lebenslange Ehelosigkeit gelobt. Gilt denn auch ein Versprechen vor Gott nicht mehr? Das wollte nicht jeder mittragen. Karlstadt aber konnte als quellenbewusster Humanist auf die späte Einführung des Zwangszölibats 1139 verweisen. Der Zölibat war als menschliche Erfindung disponibel.

Luther gefiel diese Heirat und er schrieb an Nicolas Amsdorf: „Karlstadts Hochzeit freut mich außerordentlich, ich kenne das Mägdlein; möge ihn der Herr stärken in dem guten Beispiel, papistische Begier zu hemmen und zu mindern."[154]

Der Wittenberger Theologe Justus Jonas hatte Luther schon beim Reichstag zu Worms beigestanden. Er schien mit Luther gut abgestimmt. Karlstadt und Jonas glaubten sich mit Luther einig, als sie während Luthers Aufenthalt auf der Wartburg die reformatorischen Bestrebungen weiter betrieben, die Messe überarbeiteten (beiderlei Gestalt) und den Zwangszölibat für Priester in Frage stellten.

Nachdem Karlstadt im Januar seine 15-jährige Anna geehelicht hatte, schloss Jonas im Mai den Bund des Lebens mit Katharina, Tochter von Erich Falck aus Bleddin. Aus der Spitze der Rebellen verabschiedete sich Jonas, als der Bilderstreit an Heftigkeit zunahm und durch die Zwickauer Propheten alles aus dem Ruder zu laufen begann. Er blieb bei dem zunehmend konservativen Luther.

2.4.3   Im Bilderstreit

Von theologischen Fragestellungen ausgehend, stellte Karlstadt noch mehr in Frage als die Gestaltung der Heiligen Messe und den Zölibat. Luther hatte 1517 mit seinen Thesen vor Allerheiligen die Anbetung der Heiligen ins Visier genommen. Diese hatte ein materielles Pendent: die Heiligenbilder. Nicht nur wegen des Bilderverbotes in den 10 Geboten, sondern auch wegen des Alleinverehrungsanspruches des Dreieinigen Gottes warf sich Karlstadt hier in die Bresche.

Karlstadt trat an die Spitze der Reformationsbewegung in Wittenberg. Er begründete seine Ablehnung der Bilderverehrung damit, wie die Heiligenbilder ihn verstörend durch seine Kindheit und Jugend begleiteten. Dem hielt er nun seine fundierte Bibelkenntnis entgegen. *„Wie wol ich die schrifft (an einem teyll) hab / vnd weiß. dz Bilder nicht vermogen / haben auch weder leben / bluth / nach geyst. Idoch helt mich forcht am andern teyll / vnd macht / das ich mich vor eynem gemalten teuffell / vor eynem schatwen / vor eynem gereusch eines leychten bletlins forcht / vnd flihe das / das ich menlich solt suchen."[155]* Einen Monat nach der Eheschließung wurde sein Programm der Beseitigung der Bilder aus den Kirchen gewaltsam umgesetzt.

---

[154] Aland X, S.111, Brief vom 13.1.1522
[155] Vom abtueung der Bylder, Wittenberg 1522

Luther war nach seiner Ächtung untergetaucht. Nachdem der Kaiser ihn für vogelfrei erklärt[156] hatte, pseudonomisierte ihn Friedrich der Weise zum Junker Jörg und entzog ihn auf der Wartburg dem kaiserlichen Zugriff. Es gab eine Art theologisches Machtvakuum.

Luther arbeitete auf der Wartburg an seiner epochalen Bibelübersetzung, als er durch Boten vom Aufstand hörte. Stante pede verließ er sein sicheres Versteck, eilte nach Wittenberg und hielt dort eine Woche lang Predigten: die sog. „Invokavit-Predigten". Die betrafen nota bene auch die Wirksamkeit von Thomas Müntzer.

Im Prinzip sympathisierte Luther durchaus mit den Veränderungen, die reformatorische Kräfte wie Karlstadt in der Stadt seines Wirkens anstrebten, aber er lehnte den gewaltsamen Weg dorthin ab[157]. So übel Luther mitunter auch polemisierte, reagierte er politisch vorbildlich: Weg von einem radikalen Eifer ohne Selbstkritik, aber unbeirrt an Veränderungen zu einem richtigen Ziel arbeiten. Es ist ja durchaus kein Einzelfall, dass Radikale und Fanatiker eine richtige Idee mit Gewalt durchsetzen wollen, aber dadurch dieser Idee nicht gerecht werden.

Luther erwartete für Veränderungen auch eine innere Reifung. So konnten die Wittenberger an Invokavit von ihrem Professor hören: *„Summa summarum: predigen will ich's, sagen will ich's, schreiben will ich's. Aber zwingen, mit Gewalt dringen will ich niemand, denn der Glaube will willig, ungenötigt angenommen werden. Nehmt Euch ein Beispiel an mir. Ich bin dem Ablaß und allen Papisten entgegen gewesen, aber mit keiner Gewalt, ich habe allein Gottes Wort getrieben, gepredigt und geschrieben, sonst*

---

[156] Das hatte der deutsche Kaiser französischer Zunge, Carlos V, in Worms auf dem Reichstag verfügt. Wir erinnern an Ajatollah Kohmeni, der Salman Rushdie weltweit zur Ermordung freigegeben hat.

[157] Er argumentierte hinsichtlich des Bilderverbotes rationalistisch: „'Du sollst keine Bilder anbeten' heißt es; also: das Anbeten ist verboten, aber nicht das Machen." Damit hatte er Recht. Unter Hinweis auf die Bibel betonte er, dass Mose das Bild einer Schlange machte, um dem Volk zu helfen: Wenn Mose, der die 10 Gebote erhielt, ein Bild machte, war nicht das Bild, sondern die Funktion kritikwürdig. Vgl. Aland IV S.74f., am 11.3.1522 gehalten.

habe ich nichts getan. Das hat, wenn ich geschlafen habe, wenn ich Wittenbergisch Bier mit meinem Philipp (Melanchthon) und Amsdorff getrunken habe, so viel getan, daß das Papsttum so schwach geworden ist, daß ihm noch nie ein Fürst noch Kaiser so viel Abbruch getan hat. Ich hab nichts getan, das Wort hat alles gewirkt und ausgerichtet."[158] Auch bei Luther muss man vorsichtig sein, ob er richtige Erkenntnisse nur anderen zuordnete oder auch sich selbst. Zwar solle man sich hinsichtlich der Gewaltlosigkeit an ihm ein Beispiel nehmen, aber dieses Beispiel bezog er auf sein Verhalten der mächtigen römischen Kirche gegenüber und nicht auf seinen Umgang etwa mit den Täufern. Ob Luther mit seiner Kritik an der Gewalt gegen Sachen allerdings Karlstadt gerecht wurde oder in seiner Tirade auf den Vandalismus übers Ziel hinausschoss, kann man fragen.

Die eigentliche Veränderung erwartete Luther von Gott und nicht dadurch, dass kluge oder einsichtige Menschen ihre Erkenntnisse mit Gewalt durchsetzten. Die Zerstörung der Bilder ändere nichts an der Einstellung von Menschen, aber die Einstellung von Menschen könnte die Funktion von Bildern durchaus grundlegend verändern, also etwa die magische Komponente entfernen. Zerstörung der inneren falschen Götterbilder sei sein eigentliches Ziel, damit werden die äußerlichen auch irrelevant.[159]

Heutigen Zeitgenossen kommen bei diesen Schilderungen die Taliban in den Sinn, die hirnlos historische Zeugnisse zerstören und dies mit dem Bilderverbot begründen – sofern Terroristen überhaupt eine Begründung benötigen. Sollte es wirklich ihr Anliegen sein, so stellt sich ja immer die Frage: Was ändert sich durch die Zerstörung und das Verbot der Bilder? Letztlich sind die Bilder irrelevant, es ist die menschliche Grundhaltung, die entscheidend ist. Schon Paulus schrieb im 1. Jahrhundert, dass dem Reinen nichts unrein ist und der Glaube stärker ist als irgendwelche Gegenstände[160].

Luthers Reaktion war ein Affront für den ehemaligen Mentor und Kampfgefährten Karlstadt. Seine Motive waren wohl nicht ausschließlich lauter, sondern diese Führungspersönlichkeit wollte sich nicht unbedingt diese Position teilen. Mit Melanchthon funktionierte es dank Arbeitsteilung.

Luther hatte – wenn ich die Quellen richtig interpretiere (vor allem seine eigenen Schriften) - eine eher cholerische Natur. Der Mann der starken Worte kritisierte in seinen Predigten die Umsetzung der reformatorischen Gedanken durch Karlstadt, da jener keine Rücksicht auf die Schwachen

---

158 Predigt am Montag nach Invokavit, 10.3.1522. Aland IV, S.69;

159 Für den Schriftsteller Max Frisch stellte das Bilderverbot einen ganz wichtigen Impuls dar, wenn es um zwischenmenschliche Beziehungen geht: „Du sollst dir kein Bildnis machen" interpretiert er als: Schreibe den anderen nicht auf etwas fest, sondern lasse dich überraschen von ungeahnten Möglichkeiten, die in ihm stecken. (Tagebuch, S.26)

160 Titus 1,15

genommen habe. So kann man natürlich immer argumentieren – aber etwa bei seiner Heirat nahm er auf die Schwachen auch keine Rücksicht. Da heiratete - wie in einem drittklassigen Film - der Mönch die Nonne. Das warf aus der Sicht mancher einfacher Leute ein schlechtes Licht auf ihn.

Gegen Karlstadt hatte Luther sich eingeschossen. Als der Kollege klagte, er müsse um Gottes Wort viel leiden, replizierte der Professor: *„Ja, der Teufel muß auch viel leiden um des Wortes Gottes willen: nicht weil ers recht halte, sondern weil ers verkehret und seine Bosheit und Lügen damit stärkt, wie Doktor Karlstadt es aus der derselben Anfechtung heraus auch tut.“*[161]

Hier disqualifizierte sich der zunehmend arrogante Luther selbst. Neben seiner taktischen Kritik restaurierte Luther die alten gottesdienstlichen Formen; auf sein Betreiben hin verbot man Karlstadt das Predigen und zensierte die Universität seine Schriften. Für einen Mann, der von seinen römischen Gegnern verlangte, sie sollten „sine vi, sed verbo“, also ohne Gewalt, nur mit argumentativer Kraft agieren, ist dies sehr widersprüchlich und lässt an Luthers Integrität zweifeln.

Luther argumentierte in seiner Schrift „Wider die himmlischen Propheten“ theologisch gegen Karlstadt, indem er den Bildersturm als äußerlich und damit als „Quasi-Gutes-Werk“ demaskierte. Sein eigener Bildersturm sei nur inhaltlich und daher an der Wurzel effektiv. Für ihn sei der Bildersturm als Folge des Gebotes "Du sollst Dir kein Bildnis machen“ gesetzlich und nicht evangelisch. Ziemlich persönlich spitzte er zu: *„Woraus auch ein jeglicher merken kann, wie Doktor Karlstadts Geist ein falscher, böser Geist ist.“*[162] Später wurde er noch krasser und erklärte: *„Daß ich ihn nun einen Teufel nenne, soll sich niemand verwundern; denn an Doktor Karlstadt liegt mir nichts, ich sehe auf ihn nicht, sondern auf den, der ihn besessen hat und durch ihn redet...“*[163] Luther kollaborierte mit den Mächtigen und erlangte bei diesen Karlstadts Ausweisung aus Wittenberg. Luther rutschte immer mehr ins moralische Tief.

Karlstadt war dank Dr. Martinus erst mal aus dem Geschäft und er schien auch entmutigt zu sein. Er arbeitete vorübergehend als Bauer auf einem Hof bei Wörlitz, den er gekauft hatte. Doch als sich ihm die Gelegenheit bot, bewarb er sich 1523 erfolgreich um die Pfarrstelle von Orlamünde. Wir sind im Übrigen immer noch in der Zeit der <u>einen</u> heiligen römischen Kirche! An der neuen Stelle konnte sich Karlstadt zunächst ungehindert reformatorisch betätigen. Er führte liturgische Erneuerungen durch, forderte den Verzicht auf opulente Musik, ließ die Orgel abschaffen und initiierte die Entfernung der lokalen Heiligenbilder.

Viele Zeitgenossen erlebten ihren Glauben als individuelles Bekenntnis. Damit gingen Zweifel und Kritik an der Taufe von Säuglingen, die noch

---

[161] Aland IV., S.146
[162] Aland IV., 138.
[163] Ebd.S.150f.

nichts bekennen konnten, einher. Auch hier agierte Karlstadt angemessen, indem er der Kindertaufe einen Riegel vorschob und die Taufe als Ziel der christlichen Erziehung, nicht als deren Beginn ansah. Das Ergebnis seines Programms zu erleben war ihm nicht vergönnt, da sein Ex-Busenfreund aus Wittenberg die Ausweisung aus den sächsischen Landen bewirkte. Luther als Freund entpuppte sich als waghalsiges Unternehmen, bei dem man sich auch den Hals brechen konnte. Mit seinem guten Ruf als aufrechter Ausleger des Evangeliums fand Karlstadt im Saaletal, insbesondere in Jena viele Anhänger.

In jenen rebellischen Jahren hielt Karlstadt immer wieder Kontakt zu seinem Weggefährten Thomas Müntzer. Freilich bildete für ihn militärische Gewaltanwendung eine Grenze. Gewaltsam sollte die Reformation nicht durchgesetzt werden. Daher solidarisierte er sich nicht mit dem Allstedter Bund und setzte in seiner Gemeinde entsprechende Pflöcke ein, so dass sie sich im Bauernkrieg zurück hielt.

2.4.4 Bilderstürmer

Eine radikale, teils schwärmerische Bewegung im Deutschland der Reformationszeit nannte man *„Bilderstürmer"*, mit einem Fachwort „Ikonoklasten". Bei Ikonen geht es um die Möglichkeit, mit Bildern Anbetungsgegenstände zu schaffen. In den zehn Geboten der Thora wurden die Gottesbilder verdammt. Diesem Gebot entsprachen die Juden. Die Christen, die dieses Gebot ebenfalls achteten, gingen flexibler damit um: Da Jesus menschgewordener Gottessohn war, konnte er menschlich dargestellt werden.[164] Der Islam, sechshundert Jahre später, legte in etlichen Zweigen das Bilderverbot radikal aus und verbot jegliche Darstellung von lebendigen Wesen[165]. Als wunderschönes Beispiel für die daraus entstehende ornamentale Kunst zeigt sich die Alhambra in Grenada. Problematisch wurden bei den Christen aber nicht die Darstellungen von Jesus oder Gottvater, sondern von den sog. „Heiligen".

Manchen Reformatoren schien das Bilderverbot aktuell. In den heißen Jahren, also zwischen 1520 und 1530 kam es zu Ausschreitungen im ganzen Reich: Man schleppte die Bilder –Gemälde wie Plastiken – aus den Kirchen und zerstört sie. Bei Darstellungen, die außen an den Kirchen angebracht waren, demolierte man mancherorts einfach die Gesichter. Diese vandalistischen Ausuferungen mögen ein Movens für Luther gewesen sein, das Bilderverbot aus den Dekalogen seiner Katechismen heraus zu

---

[164] Wie der Heiland wirklich ausgesehen hat, glaubte man am Grabtuch der Veronika zu sehen, auf dem sich angeblich das Gesicht des gefolterten Jesus abbildete.

[165] Das beziehen heute Hardcore-Moslems auch auf TV etc. „Die in Afghanistan herrschenden Taliban haben ein Gesetz angekündigt, das jegliche Darstellung von Lebewesen durch Nachrichtenmedien verbietet." FAZ 15,19,24

lassen. Für einen gründlichen Humanisten war dies eine Entgleisung hinsichtlich der Historizität, denn Luther stellte sich selbst korrigierend über die Heiligen Schriften.

Wenn ein Christ sich von einer Reise eine Buddhastatue mitbringt oder eine magische Darstellung aus dem Bereich einer afrikanischen Naturreligion, dann gewinnen diese erst eine religiöse Relevanz, wenn er in ihnen etwas anderes sieht als ein Erinnerungsstück an eine schöne Reise oder ein anschauliches Beispiel einer interessanten Kultur. In Deutschland tragen nicht wenige Menschen ein Kreuz als Schmuck. Darauf angesprochen bekennen sich jedoch nur wenige zum religiösen Gehalt eines Kreuzes, nämlich den Glauben an Jesus als den Sohn Gottes. Das Schmuckstück als Gegenstand hat keinen religiösen Gehalt, und wenn es säkular-magisch angesehen wird, drückt es auch nichts vom christlichen Glauben aus, dessen Symbol es eigentlich ist. Ebenso wenig wollten kreuztragende Christen damit ein Folterwerkzeug zur Schau stellen.

2.4.5 Der Unangepasste geht nach Ostfriesland

Ein weiterer Streitpunkt war die Eucharistiefeier, das Abendmahl. Inhaltlich kam Karlstadt in der Frage nach der Wandlung beim Abendmahl und der Bilderverehrung nahe an Zwinglis Vorstellungen. In der Schweiz hatten sich Täufergemeinden gebildet, die ebenfalls die Säuglingstaufe ablehnten und eine Gläubigentaufe praktizierten – faktisch mussten sie die sog. Wiedertaufe vollziehen. Aus ihrer eigenen Sicht allerdings war dies die eigentliche Taufe, da bei den Säuglingen das Bekenntnis gefehlt hatte – damit hatten sie Recht. Sofern das Bekenntnis ein konstitutiver Bestandteil der christlichen Taufe ist, kann die Säuglingstaufe nicht ernst genommen werden. Luther und seine Nachfolger versuchten, das Problem durch die Konfirmation als quasi zweitem Teil der Taufe zu lösen, aber man spürt die Absicht und ist verstimmt: Letztlich propagierte Luther einen magischen Ritus, auch wenn er Gottes Heilswille bei der Säuglingstaufe hervorhob. Ehrlicherweise hätte er sagen müssen: Durch die Geburt zeigt Gott, dass er diesen Menschen liebt. Dazu braucht man keine Taufe, da man ihr Attribute beimisst, die bei Säuglingen irrelevant sind. Karlstadt war sicher der straightere Theologe.

Gemeindetheologie führte ihn im Unterschied zu Zwingli, aber ähnlich wie bei den Schweizer Täufergemeinden eher aus dem Getriebe der Welt heraus. Da er Interessen des Glaubens nicht mit Waffengewalt durchsetzen wollte, distanzierte er sich von Müntzer. Der an diesem Punkt öfters betriebsblinde Luther beschimpfte ihn dennoch als Anhänger Müntzers und erreicht dadurch 1524 die Ausweisung Karlstadts aus Kursachsen. In diesem Jahr hatte Karlstadt seine Position in der Abendmahlsdiskussion zwischen Luther und Zwingli markiert und zur Trennung der lutherischen und reformierten Bewegung beigetragen. Vielleicht reagierte Luther übertrieben, weil er spürte, dass Karlstadt doch integrer als er selbst war und weniger durch Macht bestechlich. Immerhin disputierte Luther als Visitator in Thüringen mit Karlstadt in Jena und Orlamünde. Als seine Argumente den Kollegen nicht überzeugten, nutzte er seine politischen Beziehungen zur Obrigkeit. Kein Ruhmesblatt in der Vita des in anderer Hinsicht immer wieder sehr überzeugenden Wittenberger Reformators.

Vielleicht war es Karlstadt sogar peinlich, dass er im folgenden Jahr nach Wittenberg zurück durfte. Denn dies hatte Luther eingefädelt, doch der Preis dafür war der Widerruf der Abendmahlslehre verbunden mit dem Verbot von Predigt und Universitätslehre. Luther verbot seinem Doktorvater das Lehren. So konnte Karlstadt auf Dauer nicht leben. Vier Jahre später versuchte er sich im Norden Deutschlands, unter anderen bei den Täufergemeinden.

Im Norden, in **Ostfriesland** begegnete **Karlstadt** Melchior **Hofmann**. Hier trafen zwei Charaktere aufeinander, denen es um die Klarheit des Glaubens ging. Beide waren auf ihre Weise Protagonisten, Führungspersönlichkeiten für den Aufbruch.

„Pelzer" Hofmann hatte schon 1523 das lutherische „Sola fide" in Livland gepredigt. Die Verweltlichung der Kirche und die platte Werkgerechtigkeit sah er auch in den Verkörperungen einer klerikalen und monastischen Kirche, den geistlichen Fürsten und Klosterbrüdern. Die Verehrung der Heiligenbilder, die er als „Ölgötzen" karikierte wie auch das „Plempern" der Totenmessen galten ihm als teuflische Früchte in der Kirche. Von Livland ausgewiesen, traf er im Mai 1529 Karlstadt. Dieser war bei Junker Ulrich von Dornum in Deckung gegangen, um sich vor Verfolgungen durch das lutherische Netzwerk zu schützen. Beide süddeutsche Reformatoren wirkten einige Zeit lang gemeinsam. In Oldersum versteckten sie sich auf der Burg, später wechselte Karlstadt ins Exil nach Uphusen, wo er bei dem Häuptling Hicko Houwerda unterkam. Dass der Komfort der Burg kärglich war, passte zur Theologie Karlstadts. Hicko hatte in seiner Burg auch die Rechtskammer und übte darin Gericht aus. Der treffliche Gastgeber hatte mittels seiner juristischen Position einen Folkmar köpfen lassen, weil er mit seiner Stieftochter geschlafen hatte. Auch von Hexenprozessen auf der Burg ist die Rede. Karlstadt war in Sicherheit, aber sein Umfeld alles andere als stimmig.

Am 8. April 1529 wollte Karlstadt seine Zuflucht verlassen, um im Kloster Flensburg an einer Disputation unter dem Vorsitz des Kronprinzen Herzog Christian teilzunehmen. Doch Luther hatte bereits eingegriffen und ein Einreiseverbot erwirkt. In Flensburg standen sich sein der Schwärmerei verdächtigter Freund Melchior Hofmann und die bereits renommierten Lutheraner Johannes Bugenhagen und Hermann Tast gegenüber. Thema war das heute schwer verständliche Thema der Realpräsenz Christi beim Abendmahl. Die Frage war also, ob und wie Christus durch die Wandlung in Brot und Wein real Gestalt gewänne. Luther traute offenbar den Worten von Bugenhagen und Tast nicht genügend, um bei seinem „sine vi, sed verbo" zu bleiben und hielt Karlstadt fern. Wieder ein Minuspunkt für die Integrität des umjubelten Reformators der Freiheit des Christenmenschen.

Karlstadt veröffentlichte seinerseits ein Protokoll dieses Gesprächs und brach damit offensiv mit den Lutheranern. Wichtiger war vermutlich als Folge der Disputation die Einführung der Reformation in Dänemark und Schleswig Holstein, da der spätere König der Dänen, Christian III. mit hunderten von einflussreichen Leuten gegenwärtig war.

Den Rebellen drohte Gefahr. So musste Karlstadt einige Zeit später mit einem Decknamen agieren, um sich vor Verfolgung zu schützen. Er nannte sich *Bauer Andrees* und tauchte auf einem Hof bei Schoonorth im äußersten Nordwesten der heutigen Bundesrepublik unter. Die Verfolger waren Anhänger Luthers. Wie abartig! Wenige Jahre vorher war ihr Wittenberger Nachtigällchen ebenfalls mit einem Decknamen untergetaucht: „Junker Jörg". Was sollen wir von Verfolgten halten, die zu Verfolgern werden? Andreas Karlstadt zu verfolgen, der zwar radikale Ideen vertrat, aber der Gewalt gegen Menschen abhold war, desavouiert die Verfolger und damit auch ihren Hintermann, Martinus Luther. Dabei war dieser zu diesem Zeitpunkt keineswegs in Sicherheit. Die Reichsacht galt noch und er machte sich bei der römischen Kirche weiterhin Gegner, munter bis bösartig gegen den Antichristen in Rom polemisierend, geschützt durch seinen Landesherrn. Verfolgter und Verfolger zugleich zu sein ist für einen solchen Mann schon ein schlechter Ausweis.

Noch über den Jahreswechsel hinaus blieb Karlstadt in Ostfriesland. In Wittenberg und dem Umfeld von Luther bereitete man den Reichstag von Augsburg vor, auf dem man einen Durchbruch in der Verständigung mit Rom zu erzielen gedachte. Luther und Melanchthon arbeiteten an Thesen, denen beide Seiten zustimmen konnten, die aber dennoch die zentralen Anliegen der Reformatoren enthielten. Karlstadt war freilich längst weiter. Er konnte sich mit der Bespritzung von Säuglingen durch Wasser als Taufe nicht anfreunden und betonte den individuellen Entschluss, zu Christus gehören zu wollen und sich dann taufen zu lassen. In die Taufe sollten mündige Menschen gehen und aus der Taufe mündige Christen kommen. Da diese Menschen in der Regel schon als Säuglinge „zwangs"-getauft worden waren, sprachen ihre Gegner von Wiedertäufern. Graf Enno II. ließ mittels seines Wiedertäufermandats Leute wie Karlstadt aus seinem Gebiet vertreiben. Hofmann war inzwischen bereits in Straßburg. Dieser Ort am Rhein spielte damals eine zentrale Rolle für reformatorisch Gesinnte, die nicht dem Mainstream entsprachen. Die Stadt galt als Treffpunkt vieler Abweichler.

2.4.6 Nach vielen Kämpfen am Ziel

Karlstadt suchte zunächst den gleichen Weg, wanderte dann aber direkt in die Schweiz und gelangte über Basel nach Zürich. Zwingli lebte noch. Karlstadt arbeitete am Spital als Diakon und wurde dann Pfarrer in Altstetten. Als im zweiten Kappeler Krieg die romtreuen Kantone gewannen und Zwingli sein Leben ließ, musste er Altstetten verlassen.

Zwingli und Karlstadt

Für den Rebell Andreas Bodenstein kam das letzte Lebensjahrzehnt. Er wirkte noch im Großmünster von Zürich als Lehrer. Der Reformator Heinrich Bullinger sorgte dafür, dass er in Basel als Pfarrer und Dozent agieren konnte. Immerhin berief man ihn 1537 zum Rektor der dortigen Universität. Weihnachten 1541 verstarb er an der Pest.

Was war das für ein Leben! Allein schon geographisch ist es bewegt, inhaltlich ebenfalls. Der Mann stand zu seinen Erkenntnissen, Bekenntnissen und sich selbst. Das zeichnet ihn aus. Leider ist wenig davon überliefert, was dies für seine Familie bedeutet. Aber vielleicht könnte man diese Vita ein zweites Mal schreiben mit „die Karlstadts", weil diese Familie viel mitmachte. Sein Sohn Johannes war 1523 geboren worden und für ein kleines Kind ist die unstete Existenz des Vaters eine Belastung. Den Preis für seine Wahrhaftigkeit zahlte nicht nur Andreas Bodenstein alleine, sondern auch seine Familie.

Eine Religion braucht konsequente Vordenker wie Karlstadt, die sich in der Umsetzung treu bleiben.

2.5 Feuer und Geist in Melchior Hofmann

In diesen Kampfzeiten nannte ein Laienprediger das irdische Leid eine „innere Taufe durch Feuer und Geist"[166]: Melchior Hofmann, genannt der Pelzer (Pälzer).

2.5.1 Der Pelzer

Mit Pelzen und Fellen konnte er umgehen und verdiente seinen Lebensunterhalt als Kürschner. Dieses Gewerbe wurzelte in der Steinzeit, als Tierfelle die erste Bekleidungsmöglichkeit waren. „Kursina" heißt der Pelzmantel im Althochdeutschen. Die Kürschner schlossen sich im Mittelalter zu einer der ersten Zünfte zusammen und pflegten ein entsprechendes kollektives Selbstbewusstsein. Kürschner waren gefragt; entsprechend viele konnte dieses Handwerk ernähren. Die Pälzer kamen viel herum, große

---

[166] Melchior Hofmann, Dat Boeck Cantica Canticorum, 1529

Messen lockten. Häufig hatten Kürschner daher einen weiteren Horizont als andere Leuten mit weniger „Wanderlust".

Melchior Hofmann, im letzten Jahrzehnt des 15. Jahrhunderts als Sohn einfacher Eltern in Schwäbisch-Hall geboren, übte auch während seiner geistlichen Wirkungszeit diesen Beruf als Broterwerb aus – vergleichbar dem Paulus als Tarsus, der sich auch auf Missionsreisen als Zeltmacher ernährte. Hofmann empfand sich wohl auch als Missionar, als Bote der lutherischen Erkenntnis.

2.5.2   Ein Prediger der neuen Lehre umrundet die Ostsee

„Der Pälzer hat was zu sagen!" nickte man sich im Norden Deutschlands zu, wenn man ihn gehört hatte. Dieser Ruf sprach sich herum.

Seit 1518 war Hofmann verkündigend unterwegs, ein Laienprediger par excellence. Der Kürschner war Autodidakt, der von der reformatorischen Botschaft ergriffen war. Zu Beginn bat ihn Georg von Zedlitz nach Neukirch im Herzogtum Liegnitz. Dort, in Schlesien war er der Vorreiter für evangelische Gottesdienst.

Aus beruflichen Gründen ging der Kürschner 1523 ins livländische **Wolmar**, wo er die reformatorische Botschaft der Gerechtigkeit, die aus dem Glauben kommt verkündigte. Zur lutherischen Botschaft intonierte er eine apokalyptische Begleitmusik. Das Gericht des Jüngsten Tages sah er nahe und bezog es auf die, die auf die Gerechtigkeit aus den Werken oder gar des Geldes bauten. Drastisch war seine Verurteilung geistlicher Miss-stände, etwa der Anbetung der „Ölgötzen" oder die Irrwege der monasti-schen Einrichtungen mit ihren „Fledermäusen", wie er die Mönche ihrer Kutten wegen karikierte oder der „Himmelshuren", wie er Beginen nannte. Die Bräute Christi trugen auch damals stilisierte Brautschleier, eben die Nonnenhauben; Nonnen nennen sich noch heute „Braut Christi" und so karikierte Hofmann sie als Teufelsbräute. Rabenschwarz in der geistlichen Nacht waren für ihn die Fürsten, die ihre Geistlichkeit erkauft hatten, diese Nacht-Raben. Solche krassen Äußerungen hatten Folgen; der livländische Landmeister des Deutschen Ordens, Wolter von Plettenberg verbannte ihn aus Wolmar.

Wieder war Hofmann unterwegs. Schon als Reformator bekannt kam er nach **Dorpat**, wo die „Große Gilde der Kaufleute" seine Verkündigung schätzte. Sie schützen ihn vor dem Zugriff des Vogts von Erzbischof Blankenfeld aus Riga. Doch bei den Auseinandersetzungen mit den Leuten des Vogts kam es zum Tod von vier Hofmann-Anhängern, die von Soldaten des Vogts ermordet wurden. Diese Übergriffe brachten die Bevölkerung auf. Der Aufruhr mündete in den Bildersturm im Dom von Dorpat. Der Vogt floh. Hofmann war hierbei zwar kein Akteur, gehörte aber zum Anlass. Kurzfristig holte er sich in **Wittenberg** Rückhalt von Luther. . Er bekam sogar Luthers Unterstützung für das Wirken im Norden. Stärker als Luther betonte Hofmann, dass die Rechtfertigung allein aus Glauben begleitet wurde durch Heiligung. Dies formulierte er auch in einem Schreiben, das zu Briefen von Luther und Bugenhagen hinzugefügt wurde: „*Jesus. Der Christlichen gemeyn zu Derpten ynn Lieflandt* (= Dorpat) *wunschet Melchior Hofmann gnad und fride, sterkung des glaubens von Godt dem vater und dem Hern Jhesu Christo. Amen.*" Dies ist das erste schriftliche Zeugnis, das wir von ihm haben.

Luthers Zeugnis nützte ihm bei seiner Rückkehr nicht. Der Rat der Stadt versagte ihm die Predigterlaubnis in Dorpat. Nachdem er den Bürgermeister verbal angegriffen hatte, verwies man ihn der Stadt. Hier sind wir bereits in der Zeit der Bauernaufstände, die jedoch aufs Ganze gesehen nicht lange dauerten.

Damit war er auf der Flucht. In Reval (Estland) konnte er auch nicht lange bleiben und gelangte über die Ostsee nach Stockholm, einem El-Dorado für Kürschner, wo sich richtig viel Geld verdienen ließ. Der riesige Stapelplatz für Pelze machte Kürschner zu gefragten Leuten. Zugleich ergaben sich auch Möglichkeiten zum Predigen.

Die deutsche Gemeinde engagierte ihn als Prediger und er veröffentlichte zwei zentrale Schriften: „*Das Büchlein vom Jüngsten Tage*" und „*Das XII. Capitel des propheten Danielis ausgeleget, und des evangelion des andern sondages, gefallendt inn Advent, vnd von den zeychen des jüngsten gerichtes ... MDXXVI.*"

Der schwedische König verbot Hofmann öffentliche Predigten, woraufhin dieser nach Lübeck emigrierte.

Aber erstaunlicherweise hielt das öffentliche Interesse an ihm an und er erhielt 1527 eine Einladung des dänischen Königs Friedrich I. nach **Kiel**. Seine endzeitlichen Predigten waren oft genug sehr real. Den Nobilitäten der Stadt warf er die Bereicherung durch Kirchengut vor – womit er wohl nicht falsch lag. Die Kieler freuten sich, in ihm eine Stimme gefunden zu haben, die darüber hinaus auch noch den Landadel kritisierte.

Dort verkündigte er Gnade und Heiligung. Doch obwohl Luther ihn legitimiert hatte, wurde er desavouiert. Die Bilderstürmer von Livland, von denen man sich erzählte, machten ihn bei den Lutheranern zur Persona non grata. Zudem bezweifelte er beim Abendmahl die Realpräsenz und hielt sie sogar für schädlich für den Glauben, der sich ja damit an etwas Körperliches (Hostie und Wein) halten musste. Dazu addierten sich seine apokalyptischen Äußerungen, die er vor allem in Stockholm ausformuliert hatte. Mit diesen stand er nicht allein.

Schwäbisch Hall 1500 Geburt
Neukirch 1518
Wolmar 1523 (Kürschner)
Dorpat 1523/24
Wittenberg 1524
Dorpat 1524/25
Reval 1526
Stockholm 1526 (Kürschner)
Lübeck 1527
Wittenberg 1527
Magdeburg 1527
Kiel 1528
Flensburg 1529
Pilsum 1529 (mit Karlstadt)
Straßburg 1530
Emden 1530
Amsterdam 1530-33
Straßburg 1533-43

Als Gegner Hofmanns profilierte sich Marquard Schuldorp. Hofmann, dem an „Heiligung" lag, kritisierte Schuldorps Ehe mit der eigenen Nichte. Es soll zu Prügeleien auf der Kanzel gekommen sein. Immerhin stand der König inhaltlich hinter Hofmann und versuchte eine friedliche Lösung zu erreichen, indem er ihn von Schuldorp an den Schleswiger Dom versetzen ließ. Schuldorp aber beschwerte sich bei Nikolaus von Amsdorf in Magdeburg, den er vom Studium in Wittenberg kannte, zudem schrieb er Luther.

Gerade dort sucht Hofmann Rückhalt. Er reiste (1527) über Magdeburg, fand aber Amsdorf sehr ablehnend und auch in Wittenberg hatte sich der Wind gedreht und Luther weigerte sich, ihn zu empfangen. Beim Heimweg über Magdeburg wurde er dort vorübergehend verhaftet.

Doch zurück in Kiel setzte er sich schriftlich mit den Ansichten von Amsdorf, immerhin einem Luthervertrauten, auseinander. Ihm fehlte bei diesem der eschatologische Blickwinkel.[167]

---

[167] Nota bene: Als ich Ende der 70er Jahre bei Jürgen Moltmann, dem „Theologen der Hoffnung", eine Arbeit über die Theodizee schrieb, beurteilte er sie zwar ziemlich gut, merkte aber dann doch konstruktiv an, ich sollte über die eschatologischen Aspekte intensiver nachdenken. Inzwischen wurde mir klar: Wer die Eschatologie im Blick hat, realisiert, dass Gott tatsächlich mit dieser konkreten Welt zu tun hat und nicht nur durch die Kirche verwaltet wird…

Auf Initiative des dänischen Königs hin trafen Hofmann und Bugenhagen in **Flensburg** aufeinander und disputierten am 8. April 29 offiziell im Barfüßerkloster.

Wie bei Zwingli und Luther sechs Monate später in der Marburger Disputation stritt man, ob Christus geistlich in Brot und Wein gegenwärtig sei, weil „das Fleisch nichts nützt", also der materiale Aspekt dem Glauben eher schadet. Bugenhagen und Luther blieben nahezu römisch, weil auch sie die „Wandlung" lehrten, welche sie lediglich von der Einsetzung durch den Priester weiterverlagerten auf die manducatio des Gläubigen. Im Marburger Gespräch gab es zwar auch keine Einigung, doch der auf Stärke bedachte Philipp von Hessen setzte durch, dass ein Konsenspapier von Zwinglianern und Lutheranern erarbeitet wurde, basierend auf den Schwabacher Artikeln, die die Gemeinsamkeiten in 14 Punkten feststellten. So wollte er seine evangelische Macht zusammenhalten.

Dass Hofmann diese Disputation über das Abendmahl und die Realpräsenz oder die symbolische Anwesenheit Christi im Sakrament verlor und in der Folge als Häretiker verurteilt wurde, stand offenbar schon vorher fest. Er musste gehen.

Friedrich I., König von Dänemark wies nach dem ungünstigen Ausgang des Flensburger Gesprächs Hofmann aus, was diesen vor „peinlichen Befragungen" bewahrte. Peinlich bedeutete nicht, dass Hofmann dabei vor Scham rot angelaufen wäre, sondern dass er Pein zu ertragen hätte, gefoltert würde. Auch die Lutheraner waren nicht zimperlich und ihr Geist nicht immer der Heilige, sondern oft genug ein „Zeitgeistchen", ein „Kleingeistchen".

„Go West!" hieß für Hofmann letztlich Ostfriesland.

In Pilsum traf er Karlstadt, der ebenfalls vor Luther und seinen Gesinnungsgenossen fliehen mussten. Die beiden verstanden sich wohl auf Anhieb. Durch beide kam die neue Lehre mit ihren eher zwinglianischen Tendenzen in die ostfriesischen Gemeinden, die heute vorwiegend reformiert geprägt sind. Bald jedoch machte sich Hofmann wieder auf den Weg nach Süden, um dort Kontakte zu den Gesinnungsgenossen zu knüpfen.

2.5.3   Der Weg nach innen zur Straßburger Apokalypse

Ein geistiges Zentrum der Reformation in einem liberalen Umfeld war Straßburg. Geographisch bietet die Stadt sich als Austauschplatz an, da durch den Rhein und die entsprechenden Verkehrswege Menschen aus Norden und Süden aufeinandertrafen, in den Reformationsjahren vor allem auch Schweizer und Sachsen. Der Rebell aus dem Norden stammte zudem aus Süddeutschland. In Straßburg traf er Theologen, die ähnlich wie er das Thema „Glaube und Taufe" im Sinne einer erwachsenen „mündigen" Entscheidung aufgegriffen hatten und auch praktizierten. Hofmanns Betonung der „Heiligung" passte dort hinein.

Gerade auch zu Kaspar Schwenckfeld zu Ossig[168], dem das „innere Wort" wichtig war und der die Rechtfertigung eher mystisch verstand als ein geistliches „Fühlen der Gnade", entwickelte er eine sympathisierende Beziehung. Die von Luther forcierte persönliche Verantwortung des Glaubens wurde hier in eine radikale Richtung gebracht, die authentischer zu sein schien als die des Urhebers.

Der Geist Gottes wurde Luther mit der Zeit immer unheimlicher, was auch damit zusammenhing, dass sich viele Menschen auf diesen Geist beriefen, deren Wirken den Worten Jesu wenig entsprach. Ich würde es zugespitzt formulieren: Der Geist Gottes braucht als norma normans die Botschaft Jesu, um von anderen „Geistern" unterscheidbar zu sein: Der „Prüfenstein" ist, „ob sie Christum treiben oder nicht". Luther gibt dazu in seiner „Vorrede auff die Episteln S. Jacobi und Jude" 1545 inhaltliche Kriterien: *Denn das Ampt eines rechten Apostels ist, das er von Christus leiden und aufferstehung und Ampt predige.*"

So gut Luther dies formulierte, so unvollkommenen ist es ihm in seinen eigenen Schriften, die oft genug Pamphlete waren, gelungen. Er sprach im Zusammenhang mit Sünde vom „homo incurvatus in se", dem in sich selbst verkrümmten Menschen. Man konnte aber zunehmend den Einderuck gewinnen, dass Martin Luther sich in dem berühmten Professor aus Wittenberg verkrümmte und keine offenen, meditativen Erfahrungen mehr machte. Zur Norma Normans erhob er seine eigene, inzwischen fast schon ideologische Theologie.

Hofmann dagegen erlebte ein geistliches **Dilemma**: Er erkannte Gottes guten Willen für alle Menschen und ging letztlich davon aus, dass Gott sich mit allen Menschen versöhnt. Andererseits konnte er nicht aufgeben, dass Menschen, die einen neuen Weg mit Gott gefunden hatten und sich in der Taufe quasi mit Gott verlobten, nun auch ein **heiliges Leben** zu führen hätten. Sünden nach der Taufe hielt er für unvergebbar.

Während er mit der Täuferbewegung mit ihren klaren Bekenntnissen zum persönlich verantworteten Glauben sympathisierte, lässt sich den Quellen nicht entnehmen, ob er sich selbst „wieder"-taufen ließ. Die Notwendigkeit der Taufe selbst als Gläubigentaufe erschließt sich aus den Evangelien nicht. Die Jünger Jesu und die 72 Apostel wurden offenbar nicht speziell getauft. Das kann man auch daraus schließen, dass der Apostel Paulus zwar diverse Taufpraktika bei den bestehenden jungen christlichen Gemeinden antraf, aber es sich dabei teilweise um die Taufe in der Tradition des Täufers Johannes handelte. Für Hofmann entscheidend war die Lebensführung nach der „Taufe", also nach der bewussten Entscheidung, zu Christus zu gehören.

---

[168] 1490 (*in Ossig, Herzogtum Liegnitz) -1561 (+in Ulm). Seine Anhänger fanden später in Herrnhut bei Zinzendorf Zuflucht; eine Gruppe emigrierte in die USA, wo heute noch in Pennsylvania eine „Schwenkfeld-Church" existiert.

Wie häufig in Zeiten des Umbruchs spielte auch bei ihm die Apokalypse des Johannes eine zunehmende Rolle und er interpretierte sie – wie es bis heute geschieht – genau zu seiner Zeit hin[169]. So wurde die Geschichte der Kirche rhythmisiert in das tausendjährige Reich von der Zeit der Väter bis zu den Päpsten. Dann folgt die Zwischenzeit, in der die Päpste quasi als das antichristliche Tier herrschten und nun die letzte Zeit, in der das Evangelium aufblüht, was bereits mit Johan Hus beginnt und in Hofmanns Zeit sich durch die Herrschaft des Geistes über den Buchstaben verwirklicht. Auch er erlag der beliebten Versuchung, die Symbolik der Johannäischen Apokalypse für die eigene Zeit zu erschließen und errechnete die Wiederkunft Christi auf 1533.

Dieses Jahr war durch konfessionelle und regionale Kämpfe geprägt. Hofmanns Vorstellung, dass Straßburg das himmlische Jerusalem sei, passte zur Weltoffenheit dieser Stadt, wohin Straßen aus allen Himmelsrichtungen führten, aber sein Appell an den Rat der Stadt, Gott zur Hand zu gehen bei der Vernichtung der Gottlosen, war zum Glück erfolglos. Dabei sah er den Auftrag der gläubigen Christen nur im Kampf durch Gebete. Die blutige Arbeit sollten andere erledigen, die „qua Obrigkeit" sogar die Pflicht dazu hatten. Hier verrannte sich Hofmann.

Durch seine als anmaßend empfundenen Anträge den Stadtoberen gegenüber (Gleichstellung der Täufer mit der etablierten Kirche) kam es zu Androhung einer Verhaftung, der sich Hofmann entzog, indem er am 23. April 1530 floh, ohne das entscheidende Datum drei Jahre später im neuen Jerusalem abzuwarten. Keine Zeit für Rebellen, aber auch keine Geduld für den himmlischen Rebellen, der in Straßburg auftauchen sollte.

2.5.4 Taufen in der Erwartung von Christi Wiederkunft

In dieser Zeit, in der die Unterdrückung durch die Fürsten, die Gutsherren und den Klerus zum artikulierten Thema geworden war, erwies sich Hofmann als Rebell, der Initialzündungen setzen konnte, auch wenn es ihm nicht vergönnt war, etwas darauf aufzubauen.

Das sah zunächst anders aus, als er im Mai in **Emden** eine Taufbewegung erweckte. Hunderte begeisterter Ostfriesen ließen sich ohne Frage nach institutioneller Legitimation von ihm taufen. Auch hier handelte es sich um „Wiedertaufen", die „Sünde wider den Heiligen Geist" waren und als Todsünden gewertet wurden. Freilich entwickelte sich aus diesen Täuflingen eine Gemeinschaft, die auch ein halbes Jahrtausend später noch Bestand hat, die **Mennoniten**.[170] Biblische Begründungen für die Säug-

---

169 Hofmann, M., „Auslegung der heimlichen Offenbarung Joannis des heyligen Apostels unnd Evangelisten", 1527.

170 Benannt nach Menno Simons. Dessen verstörendes Erlebnis war, als er in Witmarsum hörte, dass Sikke Snijder vor der Kanzlei in Leeuwarden hingerichtet worden sei, weil er sich im Dezember 1530 hatte taufen lassen und wenig später in seiner Heimat eine Täufergemeinde gründete. Da wurden die hohen Herren

94

lingstaufe fand man damals nicht, heute auch nicht. Man kann ja Kindertaufen toll finden, aber wer dabei auf die Bibel rekurriert, ist unredlich, genauer gesagt: Wer behauptet, dass die Kindertaufe biblische belegt (und gar gefordert wird!) lügt, vom Dorfpfarrer bis zur Landesbischöfin.

Hofmann zog dann weiter bis **Amsterdam**, wo es ebenfalls zu Verfolgungen bis hin zum Mord kam. Hofmann unterbrach seine täuferischen Aktionen, da Christus ja bald (1533) wiederkäme. Er wollte seine Anhänger nicht unnötig in Gefahr bringen. Als Christi Erscheinung sich verzögerte, trat an die Stelle von Hofmann Jan Mattys, dessen Wirken an anderer Stelle betrachtet werden soll.

Hofmann selbst wurde auch wegen Luthers Einwirken exuliert. Zudem wollte er in Straßburg selbst die Wiederkehr Christi erleben. Seine Prophezeiungen brodelten dort immer noch. Unter den Gegnern hatte sich der Reformator Bucer hervorgetan, der auch bewirkte dass Hofmann noch vor Christi Wiederkunft in den Kerker kam. Nach einer Emdener Offenbarung eines Mitbruders sollte diese Kerkerhaft nur ein halbes Jahr dauern, aber er wurde als unbelehrbar verurteilt.

Parallel dazu war in Münster ein Gottesstaat initiiert worden, hinter dem Melchioriten, also Täufer aus der Tradition Hofmanns standen. Als Ketzer im Kerker starb Hofmann 1543 nach 10 Jahren. Er blieb bei seinen rebellischen Einsichten, obwohl die Parusie 1533 ausblieb und relativierte nur seine Stellung zur Kindertaufe, die ihm für die Endzeit wenig relevant zu sein schien.

Seine Anhänger zermürbte das Ausbleiben der Parusie. Sie fanden schließlich in den neuen evangelischen Kirchen eine Heimat, die die meisten ihrer Überzeugungen abdeckte.

Zunehmend war für Hofmann die Taufe als eine mehr äußerliche Erscheinung zweitrangig. Durch den Glauben empfing bewusst und entschieden der Mensch den Heiligen Geist, der wiederum zu entsprechendem Handeln bewegte oder andererseits auch durch ein gottgefälliges Leben erworben werden könnte. Der Christ lebte nun auf einer zweiten Stufe und empfing Gottes Wort direkt. Es scheint nur auf den ersten Blick erstaunlich, dass ein Wortführer der „Täufer" gerade in Hinblick auf die Taufe mit sich reden ließ, aber es wird verständlich, wenn er den äußerlichen Aspekt der Taufe (der für Luther substantiell war[171], nämlich das Wort des

---

aktiv und verurteilten Snijder zum Tode. Simons „untersuchte die Schrift mit Fleiß und Genauigkeit, doch von der Kindertaufe" fand er nichts. Sein Bruder Pieter wurde 1535 als Täufer ermordet. Auf diesem Hintergrund kam Menno zu den Täufern, die sich unter Hofmann gesammelt hatten. Da er publizistisch erfolgreich war, wurde sein Name bald auf die regionale Bewegung übertragen.

[171] Für Luther war wichtig, dass in einem Sakrament ein sichtbarer Teil und ein Wort Jesu sich verbanden. Das fand er nur bei Abendmahl und Taufe wieder. Heute können wir aus exegetischen Gründen beides bezweifeln. Der Taufbefehl ist sicherlich nicht jesuanisch, die Abendmahlworte auch nur möglicherweise –

Herrn verbunden mit einem sichtbaren Zeichen) mehr und mehr als irrelevant erkannte.

Wenn die Taufe nichts Magisches sein sollte – so, wie die meisten Pfarrer es heutzutage praktizieren (ex opere operato: der Vollzug als solcher entscheidet), dann kann der äußere Vollzug der Taufe nicht das Heilsgeschehen bedeuten. Wer Getaufte zehn, zwanzig Jahr später auf ihre Taufe anspricht, wird in aller Regel hören, dass diese Taufe in ihrem Leben keine Rolle spielte, schon gar nicht etwas mit dem Heiligen Geist zu tun habe. Knallharte Vertreter der Kindertaufe, von denen ich sehr viele erlebt habe, beteuern dann, dass diese Menschen es einfach nicht merkten, aber es in Wirklichkeit so sei. Diese Argumentation lässt mich an der Denkfähigkeit dieser „Geistlichen" zweifeln.

Ohne die persönliche Erfahrung durch den Glauben ist die Taufe bedeutungslos: Gott liebt dich auch ohne Taufe – das hat er in Jesus gezeigt. Und wenn du keinen vertrauensvollen Zugang zu Jesus hast, dann bringt dir die Taufe auch nichts. Persönlich entscheidend ist nicht, was passiert, ohne dass ich es wahrnehme (Gott liebt mich; oder: Gott vergibt mir), denn das passiert sowieso. Persönlich entscheidend ist meine eigene Glaubenserfahrung, die mir gut tut. Sich etwas darauf einzubilden oder sich für etwas Besseres zu halten, ist sicherlich der falsche Umgang mit „Glauben"; aber die „Erfahrung" als solche für irrelevant zu erklären kann nur heißen, dass man selbst diese Erfahrung nicht gemacht hat. Dann allerdings ist es bedenklich, wenn man vollmundig Behauptungen über den Glauben aufstellt.

Das Christentum ist eine tote Religion, wenn die Erwartung der Wiederkunft Christi nur noch verwaltet wird. Hofmann nahm sie ernst.

2.6   Exkurs: Albrecht Dürers Apokalypse

Viele Künstler ließen sich durch die Bibel inspirieren, das Ende der Welt plastisch darzustellen, manchmal, wie auch bei Höllendarstellungen, fast schon genüsslich, sadistisch. Seinen großen internationalen Durchbruch schaffte Albrecht Dürer mit dem Holzschnittopus der Offenbarung des Johannes: "Die heimlich offenbarung iohannis". Angst und Grauen schnitt er ins Holz. Das kam an.[172]

Dabei werden die Kunden aus unterschiedlichen Motiven die Bilder betrachtet haben. Manche konnten distanziert denken: Ich gehöre nicht dazu. Mich persönlich betrifft das nicht, nur die anderen. Zum zweiten konnte man die Darstellung auch genießen, wenn endlich mal die litten, unter denen man zu leiden hatte, die Könige und Kirchenfürsten. Zum dritten konnte er sich betreffen lassen, weil er es nicht als Gegenwart erlebte, an

---

ich selbst halte sie im Sinne ihrer Worte für authentisch. Ihre liturgische Prägung könnte natürlich auch auf Gemeindebildung deuten.

[172] Die Holzschnitte finden sich im Internet. Es lohnt sich, sie während der Lektüre genauer anzuschauen.

der er nur als Betrachter teilnahm, sondern als Zukunft, die auch ihn betreffen könnte. Das geschah vor allem dort, wo Dürer einfache Menschen in die Szenerie einfügte, Mütter und Kinder. Nicht zuletzt wird es auch damals Menschen gegeben haben, die an Sadismus Gefallen fanden und die sich das Leiden der anderen gerne reinzogen.

Dürer war gestalterisch wegweisend, aber er fasste als fundierter Künstler auch Traditionen zusammen und integrierte viele Aspekte der Weltuntergangsvorstellungen. De facto geht es nicht um „die Welt", sondern den Untergang der Menschheit. Anlass sind Gottlosigkeit und Unbußfertigkeit der Menschen.

Die vier apokalyptischen Reiter lässt Dürer gewaltig über Menschen reiten; zur Genugtuung der Betrachter auch über einen König, der zugleich von der Hölle verschlungen wird, zum Erschrecken der Gläubigen aber auch über Menschen wie dich und mich, Männer wie Frauen. Diesem Untergang kannst du nicht entrinnen, und dem Mann rechts vorne hilft auch nicht die beschwörend abwehrende Geste. Die Pest hatte erst kürzlich in Nürnberg gewütet, und der (ohne seine Frau nach Italien zum „Studienurlaub" geflohene) Künstler wusste um die Ängste derer, die überlebt hatten.

Im folgenden Holzschnitt weitet sich der Blick „weltweit". Das fünfte und sechste Siegel wird geöffnet und die Märtyrer schreien nach Rache. Die Rache für die Guten an den Bösen scheint Christen im Kontrast zu Jesus in sich schon schlüssig genug.

Die Offenbarung führt zunächst die für die Verfolgung Zuständigen als Opfer der Rache an, letztlich betrifft das Geschehen aber alle, Sklaven wie Freie. Dürer bringt sogar links im Vordergrund ein Kind unter. Ein Teil dieser Darstellung nimmt die Schrecken des Bauernkrieges vorweg. Am Vorabend der Reformation gehört auch ein Papst zu den Opfern. Luther war grad mal 15. Aber die Verdorbenheit des Papsttums und relevanter Teile des Klerus war bereits ein benannter Anstoß.

Apokalyptisch im heutigen Sinne wird die Szene dadurch, dass die Sterne des Himmels auf die Erde geschleudert werden. Feuer vom Himmel kannte man durch Kometen. Die schrecklichen Erfahrungen von Feuerwaffen, die in Massen eingesetzt werden, kannten die Menschen damals nicht. Die Bombenteppiche des zweiten Weltkriegs hätten vermutlich die Vorstellungskraft von Dürers Zeitgenossen gesprengt, ebenso wie Folgen der von Christen geworfenen Atombomben auf Hiroshima und Nagasaki.

Anders gesagt: Die Generation meiner Eltern und Großeltern hat einen Teil der Apokalypse erlebt. Die Produzenten der Apokalypse 1939-45 überstanden mit ihrem Profit locker die Währungsreform. Apokalypsen sind für Waffenproduzenten ertragreich. In Dürers Wirkungsstätte Nürnberg wurde der Rüstungsfabrikant des Hitlerregimes, Karl Diehl 1997 zum Ehrenbürger ernannt. Dabei ging seine tödliche Produktion auch nach 1945 weiter. Vielleicht inspirierten den Nürnberger Waffenhersteller Holzschnitte eines mittelalterlichen Künstlers… Seit dem Ukrainekrieg ist seine

Firma wieder auf der guten Seite des Lebens, da inzwischen Krieg als Mittel der Politik wieder akzeptiert, oft genug propagiert wird, auch sich an den Zeitgeist anschmiegenden evangelischen Kirchenoberen.

Apokalypse von Dürer: Die Öffnung des 5. und 6. Siegels.[173]

Beim sechsten Holzschnitt greift der himmlische Posaunenchor ein. Oben verteilt der Posaunenchorleiter die Instrumente, in der Mitte operiert als Gaststar ein Adler und krächzt sein „Weveve!". Nicht Individuen, sondern Bezirke werden vernichtet, ähnlich wie bei der modernen Form der Kriegsführung, ohne Sichtkontakt und mit Menschenopfern als Kollateralschaden.

Der siebte Holzschnitt zeigt Details eines Massakers. Massakrierende Engel haben Apokalypse-Christen stets geliebt; der linke Engel ist kaum als solcher zu identifizieren, wirkt als gerechter Rächer, ein „christlicher" Mann, der rot sieht. Uns begegnet ein Schwarz-Weiß-Denken, das einem Psychiater verdächtig vorkäme. Manche Christen scheinen sich Gott als einen Psychotiker vorzustellen.

Die Physiognomie Gottvaters auf diesem Holzschnitt hat frappierende Ähnlichkeiten zum Tod bei den apokalyptischen Reitern. Natürlich war Dürer Künstler, aber auch ein religiöser Mensch des Übergangs vom Mittelalter zur Neuzeit. Sein Zeitgenosse Veit Stoß hat m.E. im „Englischen Gruß" in der Nürnberger Lorenzkirche Gottvater mit seinem eigenen Angesicht, als Leidender und durch die Justiz "Gezeichneter" dargestellt.

---

[173] Quelle: Wiki-Commons

Dürers eigenes Leidensporträt als kranker Mann ähnelte einer Christus-
darstellung. Möglicherweise haben die Nürnberger Künstler zu Gottvater
einen differenzierenden Zugang gefunden.

Im siebten Holzschnitt sollten die Götzendiener des Mammons sich be-
kehrten. Die Apokalypse Dürers endet mit dem Himmlischen Jerusalem
und der Gefangennahme des Satans. In einem Text zur Gefangennahme
des Satans droht dessen Wiederkunft in 1000 Jahren. Das Ganze war
furchtbar, doch keine Angst, es kommt wieder...

Wirkungsgeschichtlich problematischer als der Horror ist freilich die
Angst, die durch die christliche Verkündigung des Weltuntergangs immer
wieder geschürt wurde, schon beim ersten Millennium. Auch zu anderen
Zeiten Szenarien beschworen, die inzwischen von den realen Militärs
übertroffen werden, denken wir etwa an den Einsatz von Giftgas, Napalm-
bomben, Atombomben. Wenn U-Boote mit dem Namen „Corpus Christi"
die Weltmeere durchpflügen, dann stellen Militärs selber einen Zusammenhang mit der christlichen Religion her oder auch über **Waffen mit Bi-
belversen**[174]. Unter Mission verstehen die Kirchen etwas anderes als die
Militärs – oder auch nicht: Germanenmission, Südamerika... Um es
sprachlich angemessen auszudrücken: **Christen können ausgemachte
Arschlöcher sein.**

In den apokalyptischen Horrorvorstellungen gibt es jedoch auch die Seite
der Hoffnung: Wir gehören nicht zu denen, die da vernichtet werden. Angst
und Hoffnung werden hier direkt aneinander gekoppelt. Das gibt es bei den
säkularen Weltuntergangsszenarien nicht (Atomkrieg, Klimawandel), denn
es gibt ja keine positive „Gegenwelt", sondern nur unsere eine Welt und
die wird vernichtet oder bewahrt.

Häufiger als die kosmischen Katastrophen werden vom Menschen ge-
steuerte Untergänge vorgestellt: Die Verseuchung des Planeten durch ra-
dioaktive Strahlung (KKW, Atombombe) oder die Zerstörung der Lebensgrundlagen durch Klimaerwärmung, mittels Ozonloch oder sonstige ökolo-
gische Katastrophen, deren Wucht sich allerdings langsamer entfaltet als
die von Bomben oder einem Sternenhagel. Der Klimawandel scheint die

---

[174] „Die Welt online" (30.1.10): Zielfernrohre amerikanischer und neuseeländi-
scher Elitesoldaten im Irak und in Afghanistan ... „Wie der US-Sender ABC ent-
hüllte, tragen die Präzisionsgeräte bestimmte Codes, etwa "JN 8:12": "Wer mir
nachfolgt, der wird nicht wandeln in der Finsternis, sondern wird das Licht des
Lebens haben." ... Oder "2 COR 4:6" verweist auf Paulus: Gott "hat einen hellen
Schein in unsere Herzen gegeben, dass durch uns entstünde die Erleuchtung zur
Erkenntnis der Herrlichkeit Gottes".... Der Hersteller der Marines-Fernrohre, die
Firma Trijicon aus Wixom (Michigan), bestätigt die Richtigkeit der Deutung: Glyn
Bindon, ihr 2003 bei einem Flugzeugabsturz ums Leben gekommener Gründer,
sei ein tiefgläubiger Christ aus Südafrika gewesen. Und die Praxis, seine Waffen
und Ausrüstungsgegenstände mit verhüllten christlichen Botschaften zu verse-
hen, werde seit 30 Jahren gepflegt. Schließlich gründeten sich die USA auf christliche Werte."

neue Apokalypse zu sein, aber diesen Weltuntergang verantwortet nicht irgendein Gott, sondern das Kollektiv der Menschheit.

Dabei ist freilich das Wort „verantworten" zu hinterfragen, denn Verantwortung bedeutet, jemandem Rede und Antwort zu stehen. Aber wer sollte dies in einem säkularen Kontext sein? Trump, Putin, Hitler oder Stalin fürchte(te)n kein solches Gegenüber. Vielleicht haben auch sie kein anatomisches Gewissen. Da kann ein Appell an das Gewissen auch nicht fruchten.[175]

Aber das gilt ja auch für vergleichsweise unbekannte und harmlosere Leute in Machtpositionen. Da fallen jedem in seinem Bundesland oder sogar der engeren Heimat die unterschiedlichsten Personen ein. Die katholische und evangelische Kirche mit ihren Leitungspersonen kann bestimmt nicht ausgenommen werden. Doch zurück zur „Apokalypse".

Stellen wir uns die Situation derer vor, die in einem Bombenhagel Schutz suchen. Die „Offenbarung des Johannes" wurde im Kontext einer Verfolgung geschrieben, aus der Perspektive der Verfolgten, nicht der Verfolger[176]. Das hilft beim Verstehen, aber es rechtfertigt nicht alle Gewaltphantasien: *„Als wir verfolgt wurden, war ich einer von euch. Wie kann ich das bleiben, wenn ihr Verfolger werdet? Eure Sehnsucht war, wie die anderen Völker zu werden, die euch mordeten. Nun seid ihr geworden wie sie. Ihr habt überlebt die zu euch grausam waren. Lebt ihre Grausamkeit in euch jetzt weiter?"*[177] schrieb Erich Fried, ein jüdischer Dichter, der aus Nazi-Deutschland nach London geflohen war. Er bezog sich damals bereits auf den konkreten Staat Israel und den Umgang mit den Palästinensern.

Die Apokalypse bot reichhaltiges Material, eigene Intention für grausame Phantasien „biblisch" zu beweisen. Dem „Wewewe!" des Adlers müsste am Schluss des Büchleins ein „Cave cave!" folgen. Sadistische Rachegedanken, die vielleicht jeder hat, gehören zu dem, was der „alte Adam" genannt wird. Das Kreuz auf Golgatha ist eindeutig kein Zeichen eines rächenden Christus. **Jesu Kreuz** ist ebenso real wie historisch. Es ist nicht das Fadenkreuz auf den Zielfernrohren der Militärs, sondern das, **an das die Militärs den Messias nagelten**. Die Racheengel griffen nicht ein.

Wenn wir mit Albert Schweitzer annehmen, dass Jesus ein Endzeit-Prophet war, der mit einer neuen Art der Gottesherrschaft rechnete, dann wa-

---

[175] S.o.: „Wie können Menschen so etwas tun?" Hirnforschung

[176] Alternativ meint Friedrich Engels, Das Buch der Offenbarung 1883 S.112: „Das Christentum ergriff die Massen genauso, wie es der moderne Sozialismus tut, in Gestalt mannigfaltiger Sekten und noch mehr durch widersprechende individuelle Meinungen - manche klarer, manche verwirrter, wobei die letzteren die große Mehrheit bildeten -, aber alle sind dem herrschenden System, "den bestehenden Mächten", feindlich gesinnt." (ich habe die Zitate umgestellt)

[177] Höre, Israel, in: Erich Fried, 100 Gedichte ohne Vaterland S.35

ren dies immer noch relativ irdische Vorstellungen, denen die Jünger anhingen.[178] Allerdings bedeutete es bei ihnen: Die Welt wird nicht zerstört, sondern erneuert, neugemacht, verwandelt. Das ist kein Untergangsszenario wie in der Offenbarung des Johannes.

2.7 Versiegelung zur Endzeit: Hans Hut

„Der Herr ist nahe!" schrieb Paulus ca. 55 n.Chr. den Philippern in Nordgriechenland. Er meinte dies zeitlich und täuschte darin ganz gewaltig. Philippi ist heute eine Ruinenstadt und die Christen der ersten Stunde sind längst verwest. Dieses Faktum hielt selten eifrige Christen davon ab, neue Berechnungen anzustellen. Auch Hans Hut, ein Mitstreiter Müntzers deutete die Zeichen der Zeit so, dass es zu Ende gehen würde. Mit den exegetischen Mitteln seiner Zeit berechnete er Jesu Wiederkunft.

In der Erwartung, dass der **Messias 1528** wieder erscheinen würde, forderte er: *„Wir müssen die Türken gewähren lassen! Wenn sie uns überwinden, sind sie ein Werkzeug Gottes!"* Die Türken, die vom Südosten Europas aus Richtung Zentrum drangen, sah er als Instrument der Apokalypse Gottes, das man eigentlich nicht bekämpfen durfte. Luther schrieb aus einer anderen Einstellung heraus um diese Zeit sein epochales Lied „Verleih uns Frieden gnädiglich, Herr Gott zu unsern Zeiten". Hut hingegen erkannte angesichts des kommenden Endes seinen Auftrag darin, bis zum Pfingstfest 1528 die von Johannes in der Apokalypse[179] vorgegebenen 144.000 der Erweckung zuzuführen und sie mit der Gläubigentaufe zu versiegeln.

Die Zahl 144.000 stellt in Wirklichkeit bei Johannes einen Symbolwert dar, keine statistische Größe. Als Basis dienen die „Drei" und die „Vier" als heilige Zahlen. Denken wir nur an die Beschreibung des Raumes mit Länge, Höhe und Breite, also drei Dimensionen. Und denken wir an die vier Jahreszeiten oder vier Himmelsrichtungen. In der Summe ergäbe sich daraus die Sieben. Hier können wir an die sieben Tage der Woche denken – oder viele Märchenzahlen (7 Zwerge; 7 Geißlein). Als Produkt wiederum ergäbe sich zwölf – hier gibt es zahlreiche biblische Bezüge wie die zwölf Stämme Israels (die Zahl ist künstlich, wie man an verschiedenen Aufsplitterungen sieht) oder die zwölf Jünger Jesu. Mehr als zwölf ist freilich schlecht, weil zu viel des Guten: Dreizehn. Denken wir an Freitag, den 13. oder die dreizehnte Fee bei Dornröschen. Wenn man das Gute allerdings steigern will, kann man zwölf mal zwölf nehmen; besser geht es nicht. Damit sind wir bei 144. Nimmt man nun die klassische Zahl für „Unendlich",

---

[178] Albert Schweitzer: *Von Reimarus zu Wrede: Eine Geschichte der Leben Jesu-Forschung.* 2. Auflage 1913 Schweitzer selbst ordnete Jesus der Endzeiterwartungen des zeitgenössischen Judentums. Vgl. Schoßwald, Schweitzer S.67 mit gleichzeitigem Zitat von Jürgen Moltmann.
[179] Apk.7,4

also Tausend, so erhält man 144.000. Bei Johannes in der Apokalypse ging es um die vollendetste[180] aller Zahlen in unendlicher Menge.

Hans Hut wurde um 1490 in Haina bei Marburg geboren. Der Frischerweckte war nur eine kurze Zeitspanne missionarisch tätig war, aber Bayern, Österreich, Mähren, Franken und Schlesien sind nicht zuletzt bei den damaligen Verkehrsverhältnissen eine beachtliche Fläche. Über seine Zeit vor der Erweckung finden sich wenige Hinweise in den Überlieferungen. Aus Haina zog er ins nahegelegene Bibra. Dort gebar ihm seine Frau sechs Kinder.

1521 besuchte er die freie Reichsstadt Nürnberg wie auch das aufstrebende Wittenberg. Inzwischen arbeitete der gelernte Buchbinder als Buchhändler. In diesen heißen Jahren der Reformation begegnete er Leuten wie Karlstadt und Müntzer. Müntzer, dessen gradlinige Theologie Hut ansprach, nahm er bei dessen Flucht aus Mühlhausen auf. Die virulente Kritik an der Taufe von Kleinkindern brachte Hut dazu, sein eigenes Baby nicht taufen zu lassen. Dieser Auswuchs an „Unglauben" führte nun seinerseits zur Exilierung. Vorher stellte er noch für Müntzer einen Kontakt nach Nürnberg herstellen, um dessen *Ausgedrückte Entblößung des falschen Glaubens"* drucken zu lassen.

In Nürnberg blühte das Druckerhandwerk: Fünfundzwanzig Jahre zuvor hatte der Drucker Anton Koberger[181] das Mammutwerk der von dem gelehrten Arzt Hartmut Schedel zusammengestellten Weltchronik realisiert. In Nürnberg verlegte Johann Petreius *„De revolutionibus orbium coelestium"* von Kopernikus, welches der dortige Reformator Andreas Ossiander mit einem Vorwort versah.

Nach seiner Flucht aus Bibra fand Hans Hut zunächst in Nürnberg bei Hans Denck Unterkunft. Dort ließ er seine Familie und kehrte zu Müntzer zurück. Der Nürnberger Rat, sonst der Reformation zugetan, veröffentlichte einen Steckbrief: *„Der oberste und fürnemste Patron der Täufer ist Johannes Hut, ein fast gelehrter, geschickter Gesell, eine ziemlich gut Mannslängen [groß] und eine bäurische Person mit einem lichtbraunen, gestutzten Haar und oben unter der Nasen mit einem falben Bärtlein. Seine Kleidung ist ein kemlingrauer und bisweilen ein schwarzer Reitrock, ein grauer, breiter Hut und graue Hosen."*[182] Mit dieser Personenbeschreibung ließen sie ihn a la „Aktenzeichen XY-ungelöst" suchen. Erfolglos.

Mit Thomas Müntzer kämpfte er an der Seite der Bauern für die Durchsetzung der irdischen Gerechtigkeit Gottes. Bei der Entscheidungsschlacht bei Frankenhausen 1525 überlebte Hut das Gemetzel der Fürsten

---

[180] Ein Superlativ von „vollendet" ist widersinnig. Sehr schön paraphrasieren dies die „Rolling Stones" in „19th Nervous Breakdown": „your father's <u>still</u> perfecting ways of making sealing wax". Nein, du kannst etwas besser machen, aber das bereits Perfekte nicht "perfektionieren".

[181] Anton Koberger war Pate von Albrecht Dürer.

[182] H. Guderian: *Die Täufer in Augsburg,* 1984, S. 62

und floh. Ein Jahr später tauchte er in Augsburg auf und traf dort wieder auf Hans Denck. Inzwischen waren sowohl Denck wie auch Hut davon überzeugt, dass die Taufe in das Erwachsenenleben gehört. Da Denck sich bereits hatte (wieder-) taufen lassen, drohte ihm die Todesstrafe.

Aufgrund der unglaublichen Umbrüche erwarteten viele, dass der Jüngste Tag mit der Wiederkunft Christi nahe sei. So ließ sich Hans Hut furchtlos am Tag des Heiligen Geistes, an Pfingsten 1526 von seinem Freund und geistlichen Begleiter Hans Denck taufen.

Anders als die Schweizer Täufer hatten Hut und Denck jedoch den endzeitlichen Aspekt im Fokus: die Versiegelung für die Zeit der Verfolgungen. Für die „Täufer" gehörte die intensive Beschäftigung mit der Heiligen Schrift zum Leben dazu. Martin Luther hatte durch seine Übersetzungen eine gute Grundlage geschaffen. Aus dem Studium ergaben sich immer wieder Überlegungen zur Wiederkunft Jesu und speziell die Offenbarung des Johannes diente hier als Steinbruch, da die anscheinend symbolisch oder metaphorisch zu verstehenden Formulierungen in die Gegenwart hinein gedeutet wurden.

Die Zahl 144.000 für die „Versiegelten" verstand Hut als die Anzahl derer, die er persönlich zu taufen hätte. Als Siegel nahm er das Kreuzzeichen auf der Stirn, das wir bis heute zu Beginn einer rituellen Taufhandlung praktizieren. Da er zugleich die Wiederkunft Christi für Pfingsten 1528 erwartete, zog er durch den süddeutschen Raum, um Täuflinge zu versiegeln. Im fränkischen Bereich wirkte er unter anderem in Nürnberg, Erlangen und Coburg. Über Passau und Linz gelangte er nach Freistadt, wo er eine Täufergemeinde mitgründete[183]. Diese Bewegung erfasste vorübergehend die ganze Stadt, die im Übrigen an der wichtigen Handelsstraße von Linz nach Prag lag. Mit dem Warenhandel wurden immer auch Ideen transportiert, weil man sich gerne von „Reisenden" das Neueste aus der weiten Welt erzählen ließ.

---

[183] Seebaß S.294f.

1526: Täuferzentrum Nikolsburg (heute Mikulov) in Tschechien und das Katharinenmünster in Freistadt[184], Oberösterreich

Bald kam er bis nach Wien (wohin bald drohend die „Türken" ziehen würden) und das mährische Nikolsburg, wo er zusammen mit Balthasar Hubmaier die neue Lehre verbreitete. Das Wirken führte zu einem offiziellen „Religionsgespräch", in dessen Folge Hut ausreisen musste. Hubmeier wurde 1528 hingerichtet. Doch die Täuferbewegung hatte Bestand. Dafür sorgte als Nachfolger von Hut und Hubmeier Jakob Hutter, der 12.000 „Täufer" anführte, nach dem die „Hutterischen Brüder" benannt wurden. Ab 1535 gab es immer wieder Verfolgungen der Täufer durch Katholiken, Evangelische und Türken. Im 18 Jahrhundert wanderte der Rest nach Russland aus.

Täuflinge, „Zu-Versiegelnde" zu gewinnen sah Hut als ernste Pflicht, der er nicht ausweichen durfte. Er verstand sich nach dem signalhaften Tod von Müntzer und Pfeiffer 1525 als der letzte Bußprediger, der neue Johannes der Täufer, der vor der Wiederkunft des Messias den Weg bereitete.

Sein Ziel war folglich keine Gemeindegründung, da es für eine solche keine Zukunft mehr gab; das Reich Gottes stand schließlich unmittelbar vor der Tür. Das Reich des Friedens würde kommen, allerdings erst nach einem reinigenden apokalyptischen Feuer.

Nach seiner Gefangennahme bei der Märtyrersynode in Augsburg verbrannte Hut am Nikolaustag 1527 im Gefängnis. Just in jener Stadt misslang drei Jahre später während des Reichstags und angesichts der Türkengefahr der Friedensschluss zwischen den verfeindeten Richtungen innerhalb der Kirche. Die inhaltliche Vorlage für eine Einigung wurde als

---

[184] Noch zu Beginn des 20. Jahrhunderts lebte dort oben der Türmer Franz Schoßwald mit seiner Familie: Eine Tür nach jeder Seite, zwei Räume übereinander und darüber die Glocken. Mit kleinen Kindern war dies um 1900 kein wirkliches Vergnügen. Aber wenigstens waren sie durch den Wohnsitz die höchsten Katholiken am Ort.

104

Augsburger Konfession nach dem Scheitern zur evangelischen Bekenntnisschrift. Die von Hut für Gottes Hilfstruppe gehaltenen Türken bewirkten den militärischen Zusammenhalt der Reichschristen; aber diese gingen nach gebannter Gefahr wieder aufeinander los.

1555 schloss man tatsächlich in Augsburg den sog. Konfessionsfrieden. Huts Asche, dessen Leichnam am Richtplatz verbrannt wurde, hatte man 28 Jahre vorher in die Wertach gestreut. Er war bis zum Schluss standhaft geblieben. Damit hätte er in die spätere lutherische Kirche nicht besonders gut gepasst. Ich konnte oft genug erleben, dass oben der Mund wohltönend geöffnet wurde, während unten etwas eingezogen wurde – natürlich nur bei den Männern. Bei lutherischen Frauen habe ich es nicht besser erlebt, nur anders.

Hut war im engsten Sinne ein katholischer Theologe. Es ging ihm darum, dass die Christenheit den ganzen Erdkreis umspannte. In Nürnberg, der Stadt Martin Behaims, der den berühmten Globus kartographisch begleitete[185], war eine solche Theologie naheliegender als im provinziellen Wittenberg. Wenn der geographisch auf der Höhe seiner Zeit argumentierende Kaiser prahlte, dass in seinem Reich die Sonne nie unterginge, weil immer irgendwo Tag war, wollte Hut deutlich machen, dass angesichts des Endes der Welt für den ganzen Globus das Heil gewonnen werden müsse.

Eigentlich hatte diese Erkenntnis des Heils durch die ganze Welt schon durch die Mission der Urchristenheit begonnen, doch Hut registrierte, dass durch die Taufe unmündiger Kinder die Kirche letztlich vorwiegend aus Ungläubigen bestand – seit über 1000 Jahren.[186] Damit hatte Hut Recht. Das hat sich bis heute nicht geändert. Inhaltlich wurde es schlimmer, da inzwischen nicht einmal mehr die verbale Tradition christlicher Geschichten flächendeckend erfolgt. Selbst die letzte Bastion der Vermittlung christlicher Inhalte, der Religionsunterricht, hat nur noch marginale Bedeutung. Allein die Abfrage des Grundwissens bei Schulabgängern ist eindeutig: Das für den eigenen Glauben verwendbare Wissen geht gegen Null.[187]

Hut verstand sein Wirken nur begrenzt als täuferisch; er wollte versiegeln: *„Gestee ich aber, daß das zaichen,…, ist mir nit verdeutscht fur ain widertauf, dann ich gestee nit zwayer tauff, sonder ainer nach cristenlicher*

---

[185] Das Germanischen Nationalmuseum Nürnbergs präsentiert ihn als den ältesten erhaltenen Globus; pikanterweise hat der Seefahrer Martin Behaim (mit einem Haus am Nürnberger Hautmarkt, in dem auch in Behaims Kindheit der renommierte Astronom Regiomontanus aus Königsberg in den Haßbergen verkehrte) die „Neue Welt" noch nicht auf dem Schirm: Amerika fehlt. Der Globus ist seit 2023 UNESCO-Weltkulturerbe. Das Haus von Behaim wurde im durch die Deutschen angezettelten zweiten Weltkrieg zerbombt.

[186] Aus seiner Verteidigungsrede zitiert nach Seebaß, Gottfried, Müntzers Erbe, 2002, resümierend S.495

[187] So ist es nach einem kompletten Schuldurchgang etwa bei Schülern an beruflichen Schulen zu beobachten. Dabei beziehe ich mich ausschließlich auf Schüler, die den Religionsunterricht besuchen und besuchten!

ordnung; ob ich aber verirrt het mit dem zaichen oder in mißbrauch ver-
standen, will ich mich deshalben gern underweisen lassen und davon ab-
steen."[188] Seebaß deutet das Handeln Huts als einen apotropäischen Ritus: Der Versiegelte wird im Gericht verschont. Das Siegel wirkt wie das
Kains-Mal als Schutzzeichen und wehrt das Böse ab. Denn die irdischen
Freistädte[189] sind keine Freistädte bei der Wiederkunft des Messias. Der
von der Gegenseite als Wiedertaufe missverstandene Ritus zeigte sich bei
Hut als eschatologisches Schutz- und Heilszeichen.[190] Der **Ritus** sollte
nicht Gemeinde konstituieren, sondern durch die letzten Tage **bewahren**. Es ging um die Gegenwart, nicht um die Zukunft.

Weil die Geschichte der Christenheit katastrophal paganisiert war, wie
das Hans Hut für seine Zeit sah, konnte nur noch Gott selbst helfen. Durch
die Wiederkehr des Messias würden die Verhältnisse verändert. Aber zuvor kämen die Drangsale, von denen Hut glaubte, dass sie auf **dreieinhalb
Jahre** begrenzt wären und **mit dem Märtyrertod von Müntzer und Pfeiffer begonnen** hätten.

Hans Hut es ging um die Vergeistigung und die Loslösung von irdischen,
geschöpflichen Bindungen. Die Verfolgungen belegten ihm, dass er auf
dem richtigen Weg sei. Als der letzte Prophet, den Gott gesandt hatte, versiegelte Hut die Erwählten mit dem Kreuz auf die Stirn. Sie lebten – in
äußerem Anstand – über das Land verstreut. Aber 1527 begann das Ende.

Nach seinen Aktionen fragte sich Hut, was mit den Sündern, den Nicht-
Gezeichneten geschieht. Wie sieht es mit der ewigen Verdammnis aus?
Hut ging zwar auch von einem doppelten Ausgang der Heilsgeschichte
aus, aber er verlegte diesen in Gott hinein.[191] Gott ist alles in allem. Da
ließe sich in letzter Konsequenz doch noch die Allversöhnung vorstellen.

Hut zeigte: Zur Religion gehört, dass du dich **jetzt** auf das Ende der Zeiten einstellen musst. Religion ist eine ernste Sache.

Ich ergänze fünfhundert Jahre später: Ende der Zeiten muss nicht chro-
nologisch verstanden sein, sondern bedeutet: Du stehst vor Gott. Ob die
Erde sich weiterdreht, ist in deinem Stehen vor Gott irrelevant.

2.7.1 Exkurs: (Wieder-)Täufer und Taufe

Den „Schwärmern", den „Täufern" waren verschiedene Schwerpunkte
wichtig. Sie verband, dass jeder Mensch selbst seinen Glauben erlebt und
verantwortet. Das konnte unterschiedliche Auswirkungen haben. Den
Glauben selbst zu verantworten stellte auch die selten hinterfragte Säuglingstaufe auf den Prüfstand. Eigentlich kannst du deinen Glauben erst als
Erwachsener bekennen. Wenn Taufe und Bekenntnis zusammen gehören,
dürften nur Erwachsene getauft werden. So entstand die Täuferbewegung.

---

[188] Zitiert nach Seebaß, S.295
[189] Freistadt erhielt seinen Namen nach dieser Funktion, dass sich Verfolgte hier
  hin zurückziehen konnten und innerhalb der Mauern „frei" waren.
[190] Seebaß S.496
[191] Seebaß, S.364

Sie bildete sich an vielen Orten und war keineswegs homogen. Auch im lutherischen Stammland zogen Menschen aus Luthers Erkenntnis, dass wir durch den Glauben an Christus alleine selig werden, ähnliche Schlussfolgerungen. „Glauben" verstanden sie als eine sehr persönliche Erfahrung. Wer meinte, eine solche gemacht zu haben, fand oft einen neuen Zugang zur Religiosität: Mein Glauben ist mein eigenes „Ja". Dass ich zu Christus gehöre, kann ich selbst entscheiden.

Die Zugehörigkeit zu Christus vollzog sich nach hergebrachten Verständnis durch die Taufe. Da sie sich als Säuglinge nicht selbst entscheiden konnten, bezweifelten viele die Gültigkeit dieses Ritus, da er nicht mit der eigenen Glaubensüberzeugung verbunden worden war. Das konnte nur heißen: „Ich lasse mich nun richtig taufen, mit einem Glaubensbekenntnis zu Christus, das ich selbst ablege!" Für die klassische Kirche war dies eine Wiedertaufe. Etwas Schlimmeres konnte es gar nicht geben. Wiedertäufer waren von alters her verdammt – Luther und sein Kreis wiederholten diese Verdammung in der Augsburger Konfession 1530.

In ihrem Taufbekenntnis waren die Reformatoren um Luther herum mehr konservativ als konsequent. Das blieb bei den Lutheranern bis heute. Die Behauptung, dass die Kindertaufe von Anfang an zum Christentum gehört, entbehrt der Belege. Schon bei den üblichen volkskirchlichen Taufen muss der arme Jesus von Nazareth herhalten, der sagte: „Lasset die Kindlein zu mir kommen." Er segnete sie dann. Dass er sie nicht taufte, unterschlagen die frommen Damen und Herren trotz ihres exegetisch hervorragenden Theologiestudiums. Sie finden keine Belege dafür, dass Jesus Kinder taufte oder dazu aufrief. Den sogenannten Taufbefehl „Matthaei am Letzten"[192] halten nur noch eingefleischte Fundamentalisten für ein Zitat des irdischen Jesus.

Andererseits lesen wir in der Apostelgeschichte durchaus, dass Menschen selbstverantwortlich zu Jesus fanden und zu ihm gehören wollten. In Apg.8 wird bei der Taufe des äthiopischen Finanzministers deutlich, dass dieser sich zu Jesus bekennt[193] und mit dem Zeichen des Wassers getauft wird. Das bedeutete zugleich: Zugehörigkeit.

Luther und seine Epigonen behaupteten, dass die Säuglingstaufe der reine Gnadenakt Gottes ist, weil der Säugling noch nichts leisten konnte. Das klingt lieb, ist aber inhaltsleer. Dass der Täufling die Gnade Gottes erfährt, ist gut. Aber weshalb bräuchte er dazu die Taufe? Zum Glauben gehört, wie Paulus in Röm.10 klar schreibt, dass Bekennen mit Mund und Herz. Anders ausgedrückt: Den Glauben bekennen kann nur jemand, der sich entsprechend äußern kann. Deswegen redet man von Mündigkeit.

---

[192] So bezeichnen fromme Menschen die letzten Verse des Matthäusevangeliums 28,19-20.

[193] In einer späteren Version wird dies sogar extra noch eingefügt, weil es zu fehlen schien. Vor allem: Codex Laudianus, 6. Jhd.

Nach meiner Erfahrung als Gemeindepfarrer finden ganz viele Menschen, die als Säuglinge getauft wurden, keinen Weg zu Jesus. In der Regel ist er ihnen egal, sie finden seine Äußerungen platt oder bevorzugen handfestere Religiosität, wie sie die Esoterik bietet. Auch ich kenne Gegenbeispiele, aber hier rede ich von der Mehrheit. Die leeren Kirchenbänke sind ein sichtbarer Beleg dafür. Die Kindertaufe[194] entpuppt sich als Ritus, der aus der Kirche hinausführt.

Im „Goldenen Stern" von Schwabach trafen sich die Sachsen und die Schwaben, um gegenüber dem Kaiser mit einer Stimme sprechen zu können.

Die Taufe war ein zentrales Thema jener Zeit. Als es darum ging, sich inhaltlich zu positionieren, verfasste Melanchthon in Absprache mit Luther 1529 dogmatische Thesen, die in Schwabach zur Diskussion gestellt wurden. Beim Treffen im „Goldenen Stern"[195] am Marktplatz legten die Sachsen den Vertretern der oberdeutschen Städte diese als Konsenspapier vor. Die reformatorischen Kräfte einigten sich auf diese „Schwabacher Visitationsartikel", auch zum Thema „Taufe": *„Dass die Tauf, das erst Zeichen oder Sakrament, stehet in zweien Stucken, nämlich im Wasser und Wort Gottes, oder daß man mit Wasser taufe und Gottes Wort spreche und sei nicht allein schlecht Wasser oder Begießen, wie die Taufslästerer itzt lehren. Sondern weil Gottes Wort darbei ist und sie auf Gottes Wort gegrundet, so ists ein heilig, lebendig, kräftig Ding, und wie Paulus sagt… ein Bad der Wiedergeburt und Vorneuerung des Geists etc. "[196]* Anschließend zitieren sie Mt.28,19 und Mk.16,16. An beiden Stellen wird auf Kinder keinerlei Bezug genommen, sehr wohl aber auf die Botschaft, die gehört wurde, woraufhin sich Menschen zum Glauben an Christus bekannten und

---

194 Die Säuglingstaufe wird teils magisch verstanden, als würde nur durch diesen Akt das Kind Gott übereignet. Daher vollzogen schon in der Reformationszeit Hebammen die Nottaufe. Siehe z.B. „Kirchenordnung eines Erbarn Raths des heiligen Reiches Stat Schweinfurt in Franken, 1543, „Wie man Tauffen soll" (ohne Seitenzahlen; S.46) Getruckt zu Nürnberg durch Johan Petreium

195 16. bis 19. Oktober 1529

196 Zitiert nach: Die Bekenntnisschriften der evangelisch-lutherischen Kirche, S.63

taufen ließen. Belehrung und Unterweisung gehörten zur Taufe substantiell dazu – in welchem Umfang auch immer. Weil selbst Luther das so sah, war ihm die Unterweisung der bereits Getauften durch seinen „Katechismus" so wichtig.

Ein Jahr später hieß es beim ent-scheidenden Reichstag in Augsburg: *„Von der Tauf wird gelehret, daß sie notig sei, und daß dadurch Gnad angeboten werden; daß man auch die Kinder taufen soll, welche durch solche Tauf Gott uberantwort und gefällig werden. Derhalben werden die Wiedertaufer verworfen, welche lehren, daß die Kindertauf nicht recht sei."*[197] „Verworfen" heißt im lateinischen Text „damnant", also verdammt.

Es ging anders als heute nicht um dogmatische Streitigkeiten in Studierzimmern, sondern um Leben und Tod. Denn sowohl die Kirche des Papstes wie auch die Anhänger Zwinglis oder Luthers überließen Gott die Gnade, übernahmen aber selbst die Strafe – hier für „Wiedertaufe", Anabaptismus.

Im August 1529 überreichten die Evangelischen auf dem Zweiten Reichstag zu Speyer Kaiser Karl V. eine Protestation, weil ihr Glaube unterdrückt würde. An gleichem Ort zur gleichen Gelegenheit erließ der Kaiser ein Edikt: Keiner, der schon als Kind getauft worden war, dürfe sich als Erwachsener nochmals taufen lassen. Auf Zuwiderhandlung stand Todesstrafe. Diesem Edikt stimmten auch <u>die evangelischen Stände</u> zu. Das bedeutet: *Glaubensfreiheit für mich, aber nicht für den, der etwas anderes glaubt, sofern er weniger Macht hat als ich.*

2.7.2 Bluttaufe und Augsburger (Täufer-)Synode

Gehen wir ein paar Jahre zurück in die heiße Zeit der Reformation. Anfang der 20er Jahre war die Schweiz ein Zentrum für Täufer. Zwingli bestimmte dort den Ton und ließ Wiedergetaufte verhaften; in seinen Schriften verdammte der Schweizer Reformator, der 1531 als Kriegsteilnehmer fiel, die Wiedertaufe. 1525, als in Deutschland der Bauernkrieg auf seinem blutigen Höhepunkt war, wurden in Lachen am Zürichsee zwei Wiedertäufer verbrannt[198]. Der ebenfalls gesuchte Konrad Grebel flüchtete nach St. Gallen, wo er am Palmsonntag circa 500 Christusgläubige durch Untertauchen in der Steinach taufte.

In widerlicher Anschaulichkeit ertränkten „rechtgläubige Christen" Täufer zynisch im Medium des Heils (Taufwasser). Januar 1527 fesselte der Henker den Felix Mantz, legte ihm die gebundenen Hände übers Knie und knotete sie dann aneinander. Den Gefesselten fuhr er aufs Wasser und kippte ihn dort von Bord, während nach den Aussagen der umstehenden Freunde Mantz Psalm 22 auf lateinisch sang – in Anlehnung an Jesu Worte am Kreuz. Die eisigen Januarwasserfluten verschlangen ihn sofort. Dieser Mord gab das Signal zu Massakern.

---

[197] Ebd.
[198] Oft ersäufte man sie, weil es ja bei der Taufe um Wasser geht.

Doch die Botschaft der Schweizer Täufer hatte sich ebenso schnell verbreitet wie die neue Lehre von Huldreich[199] Zwingli. Trotz der schlechten Verkehrswege und der beschränkten Medien waren die Täufer bald nicht nur in Süddeutschland, sondern auch in Österreich, Polen, Dänemark und den Niederlanden bekannt. Ihre Attraktivität bestand über ihre Lehre hinaus darin, dass sie ihren Status Confessionis mit dem Leben zu bezahlen bereit waren. Zudem versuchten sie, ein vorbildliches Leben zu führen.

Für Protagonisten wie Hans Hut und Melchior Hofmann wurde der eschatologische Aspekt zunehmend wichtig: die Parusie.[200] Hut berechnete Jesu Wiederkunft auf Pfingsten 1528, während Melchior Hofmann 1533 für korrekt hielt. Hut ging wie beschrieben auf Missionstour, um die 144.000 Auserwählten zu sammeln. Noch vor der Wiederkunft Jesu beriefen Täufer eine Synode nach Augsburg. Es trafen sich etwa 60 Männer, die bald von „Rechtgläubigen" verfolgt wurden und den Märtyrertod starben. Ihre Anhänger verehrten sie als Blutzeugen und die Synode firmierte unter „Märtyrersynode". Die Bluttaufe galt als besonders wertvoll.

Den Synodalen hatte es nicht genutzt, dass sie ein Friedenssignal aussandten: Hut sollte seine schwärmerischen Lehren nur noch im persönlichen Bereich äußern. Öffentlich konnte er sich kaum mehr äußern, denn er wurde verhaftet und starb, als das Gefängnis in Flammen aufging. Angeblich hatte er selbst Feuer gelegt, möglicherweise bei einem fehlgeschlagenen Fluchtversuch.[201]

Gegen die friedlichen Täufer erhob sich ein brutales Wüten.[202] In Bern wurden 40 Täufer zum Tode verurteilt, in Linz 73 Menschen verbrannt, in Tirol bis 1531 etwa tausend Getaufte hingerichtet, in Ensisheim im Elsass zweitausend Menschen. Ein Graf in der Pfalz soll nach der Ermordung von 350 Täufern gerufen haben: „Was soll ich bloss tun? Je mehr ich töte, desto grösser wird ihre Zahl." Die bayerischen Herzöge erließen eine Verfügung: "Alle Wiedertäufer sind mit dem Tode zu bestrafen. Wer widerruft, wird geköpft; wer nicht widerruft, wird verbrannt".[203] Köpfen ist humaner als verbrennen. Schon Paulus bemühte sich darum, geköpft zu werden, wie wir aus der Apostelgeschichte wissen. Verbrennen hat den Beiklang, dass es das reinigende Höllenfeuer vorwegnimmt. So konnten die Peiniger ihre Mördereien verklären und behaupten, Gott die Arbeit abzunehmen und den Opfern höllisches Feuer durch irdisches zu ersparen. Ob sie wohl immer noch im Höllenfeuer schmoren? Es wäre ihnen zu gönnen.

---

[199] Nomen not omen est.

[200] Zur verbreiteten Endzeiterwartung bietet G. Vogler reichhaltige Belege. S. 30ff.

[201] Seebaß, Müntzers Erbe, S. 154ff. hält dies für wahrscheinlicher als diverse Verschwörungstheorien. Man kann aber auch bezweifeln, was über die RAF-„Selbstmorde" im Stammheimer Gefängnis offiziell veröffentlicht wurde. Zufälliger Tod im Gefängnis kommt den Herrschenden immer gelegen.

[202] Peter Uhlmann hat einige Zahlen aufgelistet.

[203] Uhlmann, Peter, „Die Täuferbewegung"

2.8   Hans Hergots tödliche Utopie eines Christenstaates

„Alle aber, die gläubig waren geworden, waren beieinander und hielten alle Dinge gemein. Ihre Güter und Habe verkauften sie und teilten sie aus unter alle, nach dem jedermann not war. Und sie waren täglich und stets beieinander einmütig im Tempel und brachen das Brot hin und her in Häusern, nahmen die Speise und lobten Gott mit Freuden und einfältigem Herzen und hatten Gnade beim ganzen Volk."[204] So beschrieb der Arzt und Evangelist Lukas etwa 50 Jahre nach Jesu Auferstehung vielleicht etwas verklärend und romantisierend die urchristliche Gemeinde am Beginn ihrer Sammlung in Jerusalem. Spätere Generationen nannten dies den urchristlichen Kommunismus. Im 16. Jahrhundert drangen diese Vorstellungen nicht zuletzt durch die Übersetzung des Neuen Testamentes von Luther in die Ideenwelt auch der einfachen Bevölkerung ein. Parallel dazu verbreitete sich die Vorstellung der „Utopia", die Thomas Morus 1516 publiziert hatte.

Was wäre ein christlicher Aufbruch ohne Kommunismus? Wie sollte man sich ein paradiesisches Gottesreich ohne Kommunismus vorstellen? Das geht nicht. Freilich werden Vorstellungen von Wegen zu einem funktionierenden Kommunismus unter irdischen, menschlichen Bedingungen durch reale Erfahrungen mit Menschen, Gesellschaften und Geschichtswissen blockiert: Schön wäre es, aber!!!

Trotzdem: Der Kommunismus gehört zum Christentum wie Barmherzigkeit. Wer auf diese Hoffnung verzichtet, landet in der unteren Welt, geht zum Teufel – und hält sich dabei für einen Realisten.

Ausgerechnet der Herrgott skizzierte und propagierte als ein Drucker aus Nürnberg 1527 in seiner programmatischen Schrift *„Von der neuen Wandlung eines christlichen Lebens. Hüte dich, Teufel, die Hölle wird zerbrechen."*[205] einen kommunistischen Gesellschaftsentwurfs auf christlicher Grundlage. Der Bauernkrieg war blutig beendet worden, doch die Hoffnung starb nicht.

Nürnberger Burg

---

[204] Apg.2,44ff.
[205] In: Dokumente aus dem deutschen Bauernkrieg, S.244f.

Wer in Nürnberg aus dem Süden über die Pegnitz geht, erblickt auf der Noris die mächtige Burg. Wer im 16. Jahrhundert durch eine der Gassen und Gässchen zu ihr hinaufwandert, passierte viele Häuser, die Druckereien beherbergten. Aus allen Gegenden schickten Autoren ihre Manuskripte in die freie Reichsstadt, um sie dort verlegen zu lassen. Als Buchdrucker in Nürnberg war man am Puls der Zeit. Anton Koberger mit der „Schedelschen Weltchronik" ist vielleicht der populärste.

Weil der Blick in die weite Welt in Nürnberg selbstverständlich war, stellte Hergot seine existentielle Frage anders als Luther in der sächsischen Provinz[206]. Der Mönch Martinus, der sich in die Zelle zurückgezogen hatte und geißelte, suchte Erlösung. Er suchte das Heil und fand es durch das Stichwort „Gnade" oder den Begriff „sola gratia". Vertieft ging es ihm um das „pro me", also, was Christus für mich getan hat. Diesem Ansatz entsprechend entfaltete Luther seine Erkenntnisse individualistisch. Bei Hergot jedoch ging es um die Welt und damit um die menschliche Gemeinschaft. So verband er den sozialen mit dem apokalyptischen Aspekt.

Als Drucker kam Hans Hergot an viele neue Ideen in der Zeit des Umbruchs heran. Über seine Herkunft und Vorgeschichte wissen wir wenig. Der Häufigkeit dieses Namens in Nürnberg wegen legt sich die Vermutung nahe, dass er auch von dort stammte. Erstmals wurde er 1524 im „Amptpuchlein zum Neuen Ratt" als Drucker erwähnt.[207] Just in diesem Jahr publizierte er eine Schrift von Thomas Müntzer, die „Ausgedrückte Entblößung" mit Aussagen wie *„So anders die Christenheit soll recht aufgerichtet werden, so muß man die wuchersüchtigen Bösewichter wegtun und sie zu Hundsknechten machen, da sie denn kaum zu dienen, und sollen Prälaten der christlichen Kirchen sein!"*. Das richtete sich eindeutig gegen den romgesteuerten Klerus, aber der Verfasser wandte sich auch gegen die in seinen Augen angepassten und heuchlerischen Leute um Luther – immerhin kannte Müntzer diese persönlich. Er konnte die Typen durch Begegnungen einschätzen. Er hatte erlebt, wie sie sich auch außerhalb der Studierstube verhielten.

Vermutlich hatte Hergot zu Müntzer Kontakt. Dieser hatte sich nach Nürnberg begeben, um seine Schrift „Hoch verursachte Schutzrede" zu vollenden und zu veröffentlichen. Müntzer wohnte heimlich beim Rektor der Sebalder Schule, Hans Denck. Denck fand später, wie wir sahen, auf seinem humanistischen Hintergrund den Weg zu den Täufern. Müntzer seinerseits hatte mit Heinrich Pfeiffer kurz zuvor Mühlhausen verlassen.

---

[206] Friedrich, der Weise, Kurfürst von Sachsen, hatte die Universität 1502 gründen lassen, um den Anschluss an die gebildete Welt Europas zu schaffen. Rein praktisch diente sie natürlich auch dazu, dass er gut ausgebildete Mitarbeiter für seine Verwaltung bekommen konnte.

[207] Ganseuer, F., Hans Hergot und der „linke Flügel der Reformation" in Nürnberg, 1984, S.150

Pfeiffer diskutierte in Nürnberg unvorsichtigerweise öffentlich über Müntzers „Schutzrede". Daraufhin wies ihn der Rat aus der Stadt aus, während der Drucker Hieronymus Höltzel ins Gefängnis kam, die Bücher konfisziert und vernichtet wurden.

Besonders kritisch sah der Rat der Stadt die Drucke, die nicht durch seine Zensur gegangen waren, u.a. Werke von Karlstadt. Als beispielsweise der „deutsche Schreiber" Erasmus Wisperger auf dem Nürnberger Hauptmarkt sie vor Publikum rezitierte, wurde er verhaftet und in die nahegelegenen Lochgefängnisse gebracht.[208]

Müntzers Schrift „Ausgetrückte emplössung" brachte sein Mitstreiter Hans Hut zum Drucker, der unter dem Decknamen „von Mellerstat"[209] in Nürnberg weilte. Hans Hut war als fahrender Buchhändler mit dem Druckgewerbe vertraut. Er suchte für die ketzerische Schrift Müntzers einen geheimen, letztlich illegalen Betrieb und landete bei Hans Hergot. Als die ersten Drucke auftauchten, wurde der Rat der Stadt wach, forschte nach und stieß auf die Hergotsche Offizin als Druckerei. Mit der nachprüfbaren Erklärung, er sei nicht im Lande gewesen und seine Gesellen hätten den Text nicht gelesen, konnte sich Hergot herausreden. Zwar sollte er daraufhin verpflichtet werden, nur noch genehmigte Texte zu drucken, doch er vermied das und druckte weiterhin *on wissen und aufsichts eines rats*.[210]

In der Schrift Müntzers begegneten Hans Hergot auch aktuelle sozialkritische Überlegungen. Dazu gehörten kommunistische Ideen wie gemeinsames Eigentum. Müntzer selbst „gestand" im Verhör, das natürlich lege artis unter Folter durchgeführt wurde: *„Ist ir artigkel gewest und habens uf dye wege richten wollen: Omnia sunt communia, und sollten eynem idern nach seyner notdorft ausgeteylt werden nach gelegenheit. Welcher furst, graf oder herre das nit hette thun wollen und des erstlich erinnert, den solt man dye koppe abschlahen ader hengen."*[211] Vermutlich wurden ihm diese Formulierungen untergeschoben, was bei Foltergeständnissen naheliegt.

Durch Müntzer inspiriert entwickelte Hergot Vorstellungen für eine christliche Gesellschaft, in der die sozialen Unterschiede egalisiert waren. In seiner Flugschrift *„Von der neuen Wandlung eines christlichen Lebens"* skizzierte er seine Utopie, in der die herrschende feudalistische Gesellschaftsordnung überwunden war[212]. Die neue Gesellschaftsordnung wurde christlich begründet. Paulus schrieb im Galaterbrief: *„Hier ist kein Jude noch Grieche, hier ist kein Knecht noch Freier, hier ist kein Mann noch Weib;*

---

[208] Vgl. Ganseuer S.151. Diese Lochgefängnisse sind noch heute zu besichtigen.

[209] Aus Mellerstat – Mellerschd - Mellrichstadt in Unterfranken kamen auch Anführer des Bildhäuser Haufens. (s.o.)

[210] Ebd.S.154ff.

[211] Zitiert nach G. Vogler, Die Täuferherrschaft, S.28

[212] Dokumente aus dem deutschen Bauernkrieg, S.244ff. Den Streit um seine Autorenschaft lassen wir hier beiseite. Zumindest hielt er im leiblichen Sinne seinen Kopf dafür hin.

denn ihr seid allzumal einer in Christo Jesu" (3,28). Hergot, Müntzer und viele Zeitgenossen zogen daraus ähnliche Schlüsse: Wenn vor Gott alle gleich sind, wie könnten dann soziale Unterschiede bleiben, wenn die Gesellschaft zur christlichen wird? Allen sollte es gleich gut gehen, auch wenn nicht alle das Gleiche leisten konnten, sondern ihre Kompetenzen unterschiedlich waren. Dafür, dass du begabter bist, kannst du ja nichts. Gott hat es dir geschenkt. Deine Charismen, deine „Begabungen" sind dir „gegeben", also kannst du auch ihren Gewinn nicht für dich alleine beanspruchen.

Jeder, so meinte Hergot, würde an seiner Kompetenz arbeiten. Auf dieser Basis würde alles funktionieren und jeder davon profitieren. *„Alle dinge werden ynn gemeynen brauch komen, so das es keyner besser haben wird denn der ander".*[213] In einem Leipziger Exemplar ist der Kommentar eingetragen: *"Hans Hergots von Nurmberg ufrurisch buchlein, umb welchs willen er mit dem Schwerte alhir gericht."*

Hergot symbolisierte die herrschende Ungerechtigkeit und die anzustrebende Gerechtigkeit plastisch durch Tische: Der volle und der dürftige Tisch wird verworfen, der mittlere bleibt bestehen.[214] Er analysierte, dass man im dritten Teil der Wandlung einer dreistufigen Weltgeschichte sei. Nach Gott Vater im Alten Testament und Gott Sohn mit dem Neuen Testament sei nun die Zeit des Heiligen Geistes, der das Arge, in dem die Welt momentan liegt, überwindet. Die Reichen und Hochmütigen werden gedemütigt. In der Folge wird niemand mehr sprechen: „Das ist mein."[215]

Er skizzierte im Weiteren die Struktur dieser Gesellschaft. Das gemeine Volk werde die Häuser der Adligen besitzen. Die Kindererziehung werde durch fromme Frauen gewährleistet. Seniorenheime sah er vor und alle nötigen Handwerker. Statt sieben wird man drei Sakramente haben. Die Konfirmation erhält man erst mit 30 Jahren. Man wird sich einen Herrn berufen, dem aber keine Steuern zu zahlen sind. Dieser wird kundige Verwalter einsetzen. Übers ganze Land gesehen wird es viele solcher Herren geben, von denen sich jeweils zwölf einen Herrn wählen.[216]

Der Bauernkrieg lag bei der Veröffentlichung dieser Utopie gerade einmal zwei Jahre zurück. Hergot verließ Nürnberg und zog durch Sachsen, um für seine Vorstellungen zu werben. Herzog Georg, der Bärtige ließ ihn verhaften und verurteilen. Obwohl Hergots Frau den Nürnberger Rat bat, sich für den Drucker einzusetzen, bestand Herzog Georg auf der Vollstreckung des Urteils.

Der Drucker hatte sich zudem auch wirtschaftlich Feinde geschaffen. Heute würde man sagen, er hätte Raubkopien erstellt. Nichtautorisierte

---

[213] Ebd. S.244
[214] Ebd., S.257
[215] Ebd. S.244
[216] Beispiele der Ss.245-248

114

Drucke boomten damals dank der neuen Technik und wurden von den Autoren natürlich mehr als kritisch gesehen.

Gerade Albrecht Dürer aus Hergots Heimatstadt litt darunter, dass seine erfolgreichen Massenprodukte, seine Kupferstiche und Holzschnitte, mehr oder minder kongenial kopiert wurden. Er begann damals damit, seine Werke zu signieren. Freilich ließ sich sein „AD" leicht kopieren. Nur einfältige Fälscher schnitten es direkt in die Platte, so dass das Signum auf dem Druck dann seitenverkehr erschien.

Hergot publizierte erfolgreiche zeitgenössische Schriften teils ohne Genehmigung. Der geprellte Luther etwa ersuchte den Rat der Stadt, das Raubkopieren durch das „Hergöttle" zu unterbinden.[217] Dieser wich mit seiner Druckerei nach Augsburg aus[218] und nach seinem Tod setzte dies seine Frau mehr als zehn Jahre fort.

Nach seiner Festnahme in Zwickau ließ der sächsische Herzog Hergot foltern, um belastbare Geständnisse zu bekommen[219]. Ganz überzeugend wurde der Drucker mundtot gemacht, indem man ihn auf Veranlassung von Georg, dem Bärtigen 1527 in Leipzig öffentlich mit dem Schwert hinrichtete, wenige Tage vor Müntzers zweitem Todestag.

Petrus Sylvius, Vertreter der römischen Seite, dichtete über ihn:

„Was Luther furgenommen mit seinem Schreiben
Und N. Pfeiffer gehandelt mit seinen Predigen,
Und Thomas Müntzer mit den Bauren angefangen,
Das hat Hans Hergot durch seinen Traum wöllen vollbringen." [220]

2.9 Exkurs: „Utopia" und „Reich Gottes auf Erden"

So starb ein Utopist durch die realen Mächtigen. Er war nicht der Einzige. Acht Jahre später, 1535 ließ Heinrich VIII. Thomas Morus, den Schöpfer von „Utopia" köpfen.

In Hergots Utopie spielte Gott die zentrale Machtrolle. Damit öffnet sich der Blick auf das spannende Thema „Gott und die Machtverhältnisse". Das

---

[217] Luther beschwerte sich am 21.9.25 beim Rat der Stadt und kommentierte „ist mir recht, das Hergetlein soll mit dran sein". WA Briefwechsel Bd.3.

[218] Schon bei der Schedelschen Weltchronik fungierte Augsburg als Kopierdruckstätte und war wirtschaftlich erfolgreicher als die Nürnberger.

[219] Eine solche substantielle Beweisführung praktizieren noch heute die USA, in Guantanamo, das zwar auf Kuba liegt, aber von den USA betrieben wird. Praktischerweise gilt dort nicht das US-amerikanische Recht, sondern herrscht das Militärrecht, das weder mit der US-Verfassung abgeglichen wurde noch mit dem Recht der UN (Sitz New York). Dass in nicht-demokratischen Staaten Folter ebenfalls hemmungslos praktiziert wird, ist vermutlich im Ausmaß schlimmer, aber nicht so bigott. Genaueres belegt „amnesty international", eine Bewegung, die sich leider nicht überflüssig machen konnte.

[220] Dokumente aus dem Deutschen Bauernkrieg. S.304

Diktum vom „Allmächtigen"[221] machen die konkreten Machtverhältnisse in Politik wie auch Wirtschaft extrem fragwürdig. Über dem allmächtigen Gott rangieren in dieser Welt noch Allermächtigste. Zu dieser Realität wurden immer wieder Gegenmodelle entwickelt, in denen das Gute herrscht und der Wille Gottes praktiziert wird. Die älteste ausgeformte Utopie lieferte Platon mit seiner Politeia. Auf Syrakus, einem konkreten Topos scheiterte er freilich beim Versuch einer Umsetzung. 1516 gab Thomas Morus der Utopie ihren Namen. Im Hintergrund stand dabei weniger Platon als vielmehr der Seher Johannes, der in seiner Apokalypse das himmlische Jerusalem skizzierte.

Dabei gibt es zwei Formen der Utopie, die statische und kinetische, auch „Wunschräume" und „Wunschzeiten" oder „Raumutopie" und „Zeitutopie". Aber schon der Titel „Utopia" von Thomas Morus, der eigentlich eine Raum-Utopie zu sein scheint, heißt ja „Kein Ort". Es ist nur für die Phatasie räumlich geschildert, ansonsten wie bei Platon eher in der Welt der Ideen angesiedelt.

2.9.1 Die biblische Urform der Utopie

Von seiner Vision schilderte Johannes:

„Ich sah einen neuen Himmel und eine neue Erde; denn der erste Himmel und die erste Erde verging, und das Meer[222] ist nicht mehr. Und ich, Johannes, sah die Heilige Stadt, das neue Jerusalem, von Gott aus dem Himmel herabfahren, bereitet wie eine geschmückte Braut für ihren Mann. Ich hörte eine große Stimme von dem Stuhl: Siehe da, Gottes Hütte bei den Menschen! ER wird bei ihnen wohnen, und sie werden sein Volk sein. Gott selbst wohnt bei ihnen. Er wird ihr Gott sein und alle Tränen von ihren Augen abwischen. Selbst der Tod wird nicht mehr sein, kein Leid, Schreien oder Schmerz; denn das Erste ist vergangen. Der auf dem Stuhl saß, sprach: Siehe, ich mache alles neu! (…) Er führte mich im Geist auf einen großen und hohen Berg hinauf und zeigte mir die große Stadt. Das heilige Jerusalem fuhr aus dem Himmel von Gott hernieder, glänzend in Gottes Schekina. Ihr Licht glich einem hellen Jaspis, dem alleredelsten Stein. Sie war umgeben mit einer großen und hohen Mauer mit zwölf Toren. Auf den Toren standen zwölf Engel. Auf den Toren waren die Namen der zwölf Geschlechter der Kinder Israel geschrieben. Vom Osten drei Tore, vom Norden drei Tore, vom Süden drei Tore, vom Westen drei Tore. Die Mauer der Stadt hatte zwölf Grundsteine mit den Namen der zwölf Apostel des Lammes.

Der mit mir redete, trug ein goldenes Rohr, um die Stadt mit ihren Toren und Mauern zu vermessen. Die Form der Stadt bildet ein Quadrat. Er maß die Stadt mit dem Rohr auf zwölftausend Feld Wegs. Länge, Breite und

---

221 Ausführlich: V.Schoßwald, Allmacht

222 Meer steht hier für das Weltall, das Himmel und Erde umgibt.

Höhe der Stadt sind gleich. Der Engel maß ihre Mauer, nach den Maßen der Menschen hundertvierundvierzig Ellen.

Ihre Mauer war mit Jaspis gebaut und die Stadt von lauterem Golde wie reines Glas Die Grundsteine der Mauer um die Stadt waren mit allerlei Edelsteinen geschmückt. Der erste Grund war ein Jaspis, der zweite ein Saphir, der dritte ein Chalzedonier, der vierte ein Smaragd, der fünfte ein Sardonix, der sechste ein Sarder, der siebente ein Chrysolith, der achte ein Berill, der neunte ein Topas, der zehnte ein Chrysopras, der elfte ein Hyazinth, der zwölfte ein Amethyst. Zwölf Perlen bildeten die zwölf Tore, jedes Tor aus einer Perle; auch die Gassen der Stadt waren lauteres Gold wie durchscheinendes Glas.

Ich sah darin keinen Tempel; denn der HERR, der allmächtige Gott, ist ihr Tempel, und das Lamm. Die Stadt braucht keine Sonne oder Mond, dass sie scheinen, denn die Herrlichkeit Gottes erleuchtet sie. Ihre Leuchte ist das Lamm. Jene Heiden, die selig werden, wandeln in ihrem Licht; und die Könige der Erden bringen ihre Herrlichkeit in sie. Ihre Tore werden am ganzen Tag nicht verschlossen; zudem gibt es keine Nacht. Man wird in sie die Herrlichkeit und die Ehre der Heiden bringen. Es wird nicht etwas Profanes hineingehen, und niemand, der Gottloses tut oder lügt; sondern es kommen die, die im Lebensbuch des Lammes geschrieben sind."[223]

Johannes nennt keine Details, aber seine Symbolik ist eindeutig: Ein Stadt ohne Dunkelheit ist eine Stadt der Gerechtigkeit.[224] Dort geht es allen Menschen gut, weil Gott es für alle Menschen gut haben will.

2.9.2 Thomas Morus und Johann Valentin Andreae

1516 veröffentlichte Thomas Morus[225] seine "Utopia". Sie beinhaltet in ihrem christlichen Kontext naheliegender Weise kommunistische Grundideen. Diese zeigen sich bereits an der äußeren Ordnung der Städte der Insel Utopia:

„Die Insel hat 54 Städte, alle geräumig und prächtig, in Sprache, Sitten, Einrichtungen und Gesetzen einander völlig gleich. Sie sind alle in derselben Weise angelegt und haben, soweit das bei der Verschiedenheit des Geländes möglich ist, dasselbe Aussehen."[226] Über die Bauern schrieb er: *„Alles, was sie an Hausrat brauchen, den es auf dem Lande nicht gibt, verlangen sie von der Stadt und erhalten es auch ohne jede Gegenleistung*

---

[223] Apk.23 in Auszügen

[224] Eine interessante Realisierung ist „Wahat al-Sala / Neve Shalom" zwischen Jerusalem und Tel Aviv, wo seit 1970 ganz bewusst jüdische, palästinensische und christliche Israelis miteinander leben, einschließlich gemeinsamer Schulen.

[225] Thomas Morus (7.2.1478 – 6.7.1535 in London) agierte als Staatsmann, inhaltlich orientiert an der römischen Kirche und daher auch mit der Zeit Gegner von Henry VIII, der ihn deswegen köpfen ließ. Zudem verfasste er etliche Bücher, als erstes die einflussreiche „Utopia".

[226] Morus, Utopia, 2. Kapitel

bereitwillig von den Behörden; denn die meisten von ihnen kommen sowieso in jedem Monat an einem Feiertage in der Stadt zusammen."[227]

Aus seinen vielen Ideen sei noch die „Familienplanung" zitiert: *„Die Bürgerschaft besteht also aus Familien, die zumeist aus Verwandten zusammengesetzt sind. Denn sobald die Frauen körperlich reif sind, werden sie verheiratet und ziehen dann in die Wohnungen ihrer Männer. Dagegen verbleiben die Söhne und deren männliche Nachkommen in ihren Familien und unterstehen der Gewalt des Familienältesten, soweit dieser nicht infolge seines Alters kindisch geworden ist; dann tritt der Nächstälteste an seine Stelle. Um aber eine zu starke Abnahme oder eine übermäßig große Zunahme der Bevölkerung zu verhindern, darf keine Familie, deren es in jeder Stadt -- die in dem zugehörigen Landbezirk nicht mitgerechnet -- 6000 gibt, weniger als zehn und mehr als sechzehn Erwachsene haben; die Zahl der Kinder kann man ja nicht im Voraus festsetzen. Diese Bestimmung lässt sich mit Leichtigkeit aufrechterhalten, indem man die überzähligen Mitglieder der übergroßen Familien in zu kleine versetzt."*

Hier zeigte sich wie bei so vielen Verfechtern eines idealen Staates, dass die Durchsetzung der guten Idee die Interessen der Individuen in den Hintergrund schob. Gefühle fanden weder bei der Partnersuche noch bei dem Eltern-Kinder-Verhältnis einen Platz. Auch Sklaven sah er vor.

Morus rechnete sich zur römisch-katholischen Kirche. Dafür starb er sogar. Die Zugehörigkeit zu Rom hielt ihn jedoch nicht davon ab, in „Utopia" viel allgemeiner die perfekte Religion zu beschreiben. *„Aber der weit größte und zugleich weitaus klügere Teil glaubt an nichts von alledem, sondern nur an ein einziges, unerkanntes, ewiges, unendliches und unerforschliches göttliches Wesen, das über menschliches Begriffsvermögen erhaben ist und dieses ganze Weltall erfüllt, und zwar als tätige Kraft, nicht als körperliche Masse; man nennt es Vater. Ihm schreibt man Ursprung, Wachstum, Fortschritt, Wandel und Ende aller Dinge zu, und ihm allein erweist man göttliche Ehren. Mit den Anhängern dieser Lehre stimmen*

---

[227] Ebd.

auch alle anderen trotz aller Glaubensunterschiede in diesem einen Punkte überein, dass sie an ein höchstes Wesen glauben, dem die Erschaffung der Welt und die Vorsehung zu verdanken ist, und dieses göttliche Wesen nennen sie alle ohne Unterschied in ihrer heimischen Sprache Mythras."[228]

Nicht lange nach der ersten Veröffentlichung von „Utopia" drängten wieder einmal die chiliastischen Phantasien zur Manifestation des Reiches Gottes.[229] Utopien im literarischen Sinne des Wortes blühten vor allem im 17. Jahrhundert auf. Trotz oder vielleicht wegen des 30-jährigen Krieges wurden Entwürfe einer vollkommenen Welt vorgelegt. Manche, etwa Johann Valentin Andreae[230], sprachen in Anlehnung an AT und NT mit ihrem himmlischen Jerusalem von einer utopischen „Stadt". Andreae bringt in seinem Vorwort an die christlichen Leser verschiedene Deutungen. So bezeichnet er den Entwurf als seine eigene Phantasie. Dann wiederum meint er, er könne sie auch mit seinem Körper vergleichen. Aber im 2. Kapitel gibt er sogar Koordinaten an: „in der antarktischen Region, 10° vom Südpol, 20° von der Äquinoktiallinie und ungefähr unter dem 12. Punkt des Stiers." Genauer will er nicht werden, aber er bindet diesen Staat, der im Übrigen auf einer Insel liegt, an unsere Erde. Zugleich nennt er ebenfalls im 2. Kapitel diesen Staat „gleichsam ein Abbild der ganzen Erde im Kleinen".

Andreae versah seine Christianopolis mit einem Stadtplan[231]. Dieser Plan war sehr praktisch ausgerichtet; er würde etwa unserem Branchenverzeichnis entsprechen, denn die Branchen, also etwa die Handwerksbetriebe lagen direkt beieinander in den entsprechenden Straßen. Das war man der Ordnung schuldig.[232] Manchmal sind heutzutage sogar die Gewerbegebiete so strukturiert. In der Mitte steht der Tempel und macht deutlich, dass es hier um die Stadt Gottes geht. Engel und dergleichen spielen keine Rolle. Für Andreae hat sich der Himmel mit der Erde vermählt und es ist ein himmlischer Ort auf der Erde.

2.9.3   Die Reformierten: Calvin und Karl Barth

Eine Darstellung der politischen Vorstellungen der christlichen Traditionen muss auf Calvin für den Beginn der Neuzeit und Karl Barth als dem einflussreichsten Theologen der Gegenwart Bezug nehmen. Calvin ergriff im Unterschied zum Universitätsprofessor Luther aus Wittenberg die Möglichkeit, konkrete politische Gestaltungen zu übernehmen. Er schuf in Genf

---

[228] Ebd.

[229] Weder nach Frankenhausen noch mit dem Ende der Täuferherrschaft in Münster starb die Utopie, wie wir an Karl Marx säkularisierter Version sehen.

[230] J.V.Andreae, Christianopolis, 1619

[231] Ebd.

[232] Im zweiten Teil von „Mein Kampf" entwarf Hitler in der Festung Landsberg eine entsprechende strukturierte Utopie, seinen nationalsozialistischen Staat.

1541 eine neue kirchliche Ordnung und Verfassung mit vier Gemeindeämtern. Dabei ließ er besonders über die Kirchenzucht wachen. Das Stichwort war „Polizei", also die „Ordnungsmacht der Stadt = des Staates". Sie überwachte das sittliche Leben, etwa den Kirchgang der Bevölkerung. Sonntags durfte niemand zuhause bleiben, nur die Alten und Kranken. Zwecks Überwachung waren die Fenster ohne Vorhänge. In der Konkretion führte das natürlich zu einem Überwachsungsstaat und hat mit christlicher Freiheit rein gar nichts mehr zu tun.

Klassisch für den Versuch, eine christliche Utopie umzusetzen, war der Grundgedanke der Gütergemeinschaft. In einer reinen christlichen Gemeinde gibt es keine sozialen Unterschiede mehr. Als Vertreter dieser Idee haben wir Hans Hut betrachtet, der dies mit apokalyptischen Erwartungen verband und damit rechnete, dass Gott diese Grundgerechtigkeit mit Feuer und Schwert durchsetzt.[233] Welt und Gemeinde waren für ihn keine Parallelgesellschaften, sondern die Gemeinde würde durch den Messias weltweit durchgesetzt.

Calvin und Hut sind gleichsam Antagonisten, da Calvin Menschen das Handeln übertrug, Hut mit dem Messias rechnete.

Der prägende evangelische Theologe des 20. Jahrhunderts, Karl Barth formulierte seine Vorstellungen in der kurzen, nach dem „Dritten Reich" veröffentlichten Schrift „Christengemeinde und Bürgergemeinde". Er geht davon aus, dass eine wirklich christliche Gesellschaft nicht existieren kann, da der Glaube keine grundsätzliche menschliche Gegebenheit ist und auch nicht durch Bemühung oder Erziehung erzeugt werden kann. Er führt ihn allein auf den unverfügbaren Heiligen Geist zurück. Damit erübrigt sich ein „Gottesstaat"-Modell.

Nichtsdestotrotz gibt es konkrete, sichtbare christliche Gemeinschaften, etwa die Kirchen. Von diesen können wichtige Impulse in die Gesellschaft hinausgehen. Barth stellt sich das in konzentrischen Kreisen vor: Christus in der Mitte, um ihn herum, die sich zu ihm bekennen, und um diese herum die menschlichen Gesellschaften. Diese Vorstellung nötig er allerdings den Nicht-Christen nicht auf, sondern geht davon aus, dass sie es nicht so sehen können. Seine Vorstellung dient lediglich den Christen als Orientierung dafür, wie sie sich im politischen Geschehen wahrnehmen sollen.

Barth steht theologisch in der reformierten Tradition, die von Calvin her kommt. Er hat sich jedoch eindeutig von einem theokratischen Modell verabschiedet, ohne Welt (Politik) und Glauben zu trennen, wie es wiederum ein Teil der Epigonen Luthers mit Berufung auf dessen Zwei-Reiche-Lehre tut. Barth entwickelte eindeutig keine Utopie. Hitlers Vision von Deutschland, wie er sie vor allem im zweiten Teil von „Mein Kampf" artikulierte, ist dagegen eine Art Utopie. Zu dieser positionierte sich 1934 die „Bekennende Kirche" durch das von Barth christologisch formulierte Bekenntnis von Barmen. Darauf bezieht er sich auch in seiner politischen Schrift und

---

[233] Vgl. Seebaß, Müntzers Erbe, S.497

verweist darauf, dass das Barmer Bekenntnis die Wohltat der Existenz von „Obrigkeit" insofern anerkennt, die „durch die Existenz der politischen Gewalt und Ordnung stattfindenden äußerlichen, relativen und vorläufigen Heiligung der unheiligen Welt" besteht.[234] Im expliziten Widerspruch zur Lutherischen Anschauung bedeutet jedoch „Unterordnung" nicht „Untertansein", sondern „Vollzug dieser Mitverantwortung.[235] Von den Christen meint er: *„Nicht, daß sie ‚feine, fromme Menschen' sind, wird dort ihren Ruhm ausmachen, sondern schlicht dies, daß sie von ihrem besonderen Ort aus besser als andere der Stadt Bestes zu suchen wissen."* Daher sind „christliche" Parteien überflüssig, wenn nicht sogar „unglückselige Unternehmen".[236]

Eine Utopie entwickelte auch Luther nicht, der für jegliche Art von Gottesstaat nichts übrig hatte, da dies seiner Anthropologie und ergänzen wir: seiner Menschenkenntnis widersprach. So kam er auch zu einer immer wieder radikalen Trennung von Glaube und Welt, von Politik und Religion. Immerhin führte die lutherische Tradition dazu, dass die Konfessionen regional unterschieden wurden und den Landesherren unterstanden, was etwa in Bayern hieß, dass bis zum Ende des ersten Weltkrieges der katholische bayerische König Oberhaupt der evangelisch-lutherischen Kirche in Bayern war.

Luther setzte das Reich Gottes und das Reich der Welt gegeneinander. Der Staat hat das Recht, für Ordnung zu sorgen und darf dabei etwas tun, was für das Individuum böse wäre (z.B. Töten). Mittels dieser Zwei-Reiche-Lehre gelang es immerhin im Dritten Reich eigentlich gutwilligen Theologen, die Rassengesetze zu legitimieren und damit die Werke des Teufels von Gott her zu legitimieren, da <u>alle</u> staatliche Gewalt von Gott sei.

2.9.4 Marx als Vollender Müntzers

Müntzer brachte nicht die Geduld auf, die etwa der Geschichtsphilosophie von Karl Marx zugrunde liegt. Ein Vergleich von Marx mit Müntzer zeigt divergierende Dynamik: Thomas Müntzer entwickelte sich zu einem Theologen der Eschatologie[237]. Die gesellschaftliche Theorie, die er auf diesem Hintergrund konstruierte (oder auch aus biblischen Ansätzen übernahm), entspricht in mancher Hinsicht der „Utopie" von Karl Marx: Es gibt ein Bild von der Welt, in der Gewalt und Unrecht aufgehoben sind: das Reich Gottes. Für Müntzer – und nicht nur für ihn, sondern z.B. auch für die schweizerischen reformatorischen Kräfte – sollten Jenseits und Diesseits Entsprechungen haben.

---

[234] Barth, K., Christengemeinde und Bürgergemeinde, S.14

[235] Ebd. S.17

[236] Ebd. S.53

[237] Eschatologie ist die Lehre von „den letzten Dingen", dem Ende der weltlichen Zeitabläufe, der „Geschichte" und dem Übergang zu einem neuen Zeitalter, dem göttlichen Zeitalter.

Marx säkularisierte zwar die Reich-Gottes-Vorstellung, dabei eliminierte er aber den utopischen Charakterzug und ging von einer immanenten Verwirklichung einer „heilen" Welt aus. Er arbeitete mit einer positiven Anthropologie, die den Menschen als gutes Wesen wertet und negierte zwangsläufig dabei Aussagen wie Jer.31,33, wonach Gott sein Gesetz in das Herz seines Volkes schreibt, quasi ein neues Herz für die neue Zeit einsetzt. So religiös müsste ein Atheist auch nicht reden, aber es gibt eine entsprechende säkulare Formulierung: Marx setzte voraus, dass der Mensch im Prinzip gut ist und das Negative durch die sozialen Umstände provoziert wird. Damit wurde er der Wirklichkeit nicht gerecht. Freilich gilt dies auch für Müntzer, der hingegen nach seinem Scheitern Konsequenzen formulierte, die für Marx ein Korrektiv hätten werden können. Marx behauptete, er stelle den weltgeschichtlichen Entwurf von F. W. Hegel[238] „vom Kopf auf die Füße" und entwarf eine Art „reale Utopie". Doch darin steckte bereits der „Fehler": Eine Utopie hat eben keinen konkreten Ort, ist den raumzeitlichen Bedingungen entnommen. Wenn sie „toposiert" wird, treten die Bedingungen dieser Welt wieder in Kraft und zerstören Grundfunktionen der Utopie.

Müntzer war keine Lichtgestalt. Blut ist dunkel. Die Wirkungsgeschichte Martin Luthers von den Ersäufungen der Täufer bis zum „Dritten Reich" unterliegt derselben Bewertung. Das sind keine werbenden Glanzlichter der Christenheit. Freilich vermitteln die letzten Zeugnisse Müntzers den Eindruck, dass die Erkenntnis der Dominanz der Eigensucht zu Lasten des Zieles sich ihm erschloss. Er wollte das Reich Gottes auf dieser Erde weiterführen. Dabei scheiterte er im Blut derer, die sich dafür einsetzten. Dieses schreckliche, unentschuldbare Scheitern wurde ihm ein Fanal zum Umdenken. Das Reich der Liebe lässt sich nicht mit Gewalt umsetzen. Müntzer schien diese Erkenntnis gewonnen zu haben, freilich weniger durch sein Studium der heiligen Schrift, sondern durch sein Scheitern beim Versuch, die konkreten Verhältnisse zu verändern.

Utopische und kommunistische Phantasien sind biblisch. Bereits das Erlassjahr im Judentum deutet in eine solche Richtung. Aus solchen Ideen schöpften vor, um und nach Müntzer viele reformatorische Kräfte. Ein klassisches Beispiel finden wir 1533 in Berka (Thüringen), wo ein Täufer im Verhör laut Protokoll erklärte, *„das ein Christ mit guthem gewissen gar nichts eigens, daran andere Christen nicht gleich souil rechts haben sollten als Er, haben khonne. Sintemal gott alle ding allen Menschen zw guth geschaffen habe."*[239] 300 Jahre später konnte Marx bei seinem atheistischen Konzept auf reichhaltige religiöse Vordenker zurückgreifen.

---

[238] Die Dialektik der Weltgeschichte von Hegel in nuce: Gott denkt sich die Welt, sie wird real (ein Plus!), sie wird wieder immateriell, aber diesmal auf einer realen Vorgeschichte – dies ist das „Plus".

[239] Nach Vogler, S.29. Vogler hat hier zahlreiche ähnliche Zitate aus Mittel- und Süddeutschland aufgeführt. Es waren keine Einzelmeinungen.

2.10 Martin Luther: Rebell im Dienste der Wahrheit

Eine der klassischen Briefmarken der Post der jungen Bundesrepublik zierte der Kopf Martin Luthers, orientiert an seiner Totenmaske. Im 21. Jahrhundert tauchte er auch als Playmobilfigur auf. Das zeigt, wie zentral dieser Mann aus dem eher unbedeutenden Ort Eisleben ist. Lutherdenkmale, meist etwas pathetisch, bietet jeder Ort an, der sich irgendwie mit Luther in Verbindung bringen kann.

Martin Luther ist eine komplexe Gestalt der Geschichte. Wir betrachten hier nur Aspekte, in denen das Rebellische auftaucht. Von allen Rebellen behandeln wir ihn hier am kürzesten, weil er ohnedies weit mehr Beachtung findet und bereits in den anderen Biographien auftauchte. Dass ich seine zerlesenen Werke in meinem Bücherregal gut greifbar eingeordnet habe, mag belegen, dass ich vieles an ihm schätze. Ich habe aber auch Schriften gelesen, die mich anwiderten.

Lutherdenkmal beim Stammhaus in Möhra, Luthers Geburtshaus in Eisleben

Aus den Daten seiner Biographie sei herausgegriffen: Am 10.11.1483 wurde er in Eisleben geboren und am folgenden Martinstag, einem Sonntag auf den Namensheiligen getauft. 1505 wurde er Mönch bei den Augustinern in Erfurt, 1517 veröffentlichte er in Wittenberg seine Thesen gegen den Ablass und startete damit die Reformationsbewegung. Ab 1521 übersetzte er die Bibel aus den Ursprachen ins Deutsche. 1525 heiratete er, 1529 schrieb er sein Testament, überlebte aber eine Nierenkrankheit. Für die Textvorlage zum Augsburger Reichstag 1530 war er der Strukturgeber. Am 18.2.1546 starb er in Eisleben.

Rebellisch schien er nicht von der Kinderzeit her. Freilich taten ihm die drakonischen und schmerzhaften Strafen seitens Mutter und Vater weh; vermutlich wird der kleine Martin innerlich dagegen aufbegehrt haben. Seine Mutter schlug (mit seinen Worte „stäupte") ihn wegen Kleinigkeiten, bis das Blut floss. Das berichtete er auch vom Vater; ebenso wurde er in der Domschule von Magdeburg geprügelt. Die harte Erziehung seiner Eltern war für ihn später einer der Gründe, ins Kloster zu gehen. Er suchte ja den gnädigen Gott, also den gnädigen Vater.[240]

Nach dem Wunsch seines Vaters studierte er Jura. Aber gegen dessen Willen ging er ins Kloster und wurde Priester - eine Rebellion. Der Vater kochte und brach mit ihm bis zur ersten heiligen Messe, die Luther las. Als er sich dabei vertat, brach der Vater aufs Neue mit ihm.

Ein Ort der Umentscheidung: Stotternheim. Anlässlich eines Blitzes, der ihn knapp verfehlte, soll Luther der Heiligen Anna, der Heiligen der Bergleute, wie sein Vater einer war, gelobt haben, ins Kloster zu gehen. Das Augustinerkloster war quasi in Sichtweite. – Luthers Zelle im Erfurter Augustinerkloster. Der Innenhof des Erfurter Augustinerklosters

Das Temperament des Vaters könnte Luther geerbt haben. Seine nächste Rebellion schien milder: Er brach mit der Tradition der Selbstgeißelung aufgrund der Erkenntnis, dass der Mensch und damit auch er von Gott geliebt sei und es nur das Vertrauen in diese Liebe brauche, um selig

---

[240] S. Freud identifiziert „Gott" mit dem „großen Vater".

zu werden. Vertrauen, Griechisch Pistis, lateinisch Fides, übersetzte er mit „Glauben", also sola fide. Seinem gnädigen Klostervater Staupitz widersetzte er sich erfreulicherweise nicht.

Fenster in der Augustinerkirche, in der Luther „seine" Lutherrose entdeckte. Eingang zum Kloster. - Pforte der Wittenberger Schlosskirche mit den 95 Thesen, Erz gegossen. Daneben das Lutherdenkmal vor der Stadtkirche in Wittenberg.

In Wittenberg widersprach er dem nächsten großen und strengen Vater, der Kurie beim Thema Ablass. Noch glaubte er, den Papst wegen dessen Unwissenheit aus der Schusslinie nehmen zu können. So schrieb er vertrauensvoll Papst Leo X., damit dieser besser informiert sei, über die „Freiheit eines Christenmenschen". Aber die Rebellion führte er unbeirrt durch.

Publik wurde die Rebellion gegen den Kaiser auf dem Reichstag zu Worms. Sein *„Ich stehe hier, ich kann nicht anders, Gott helfe mir, Amen!"*[241] wurde sprichwörtlich für den bereits 37-jährigen Rebellen.

Links: Karl verstand nur Bahnhof, weil er des Deutschen nicht mächtig war… Aber er wollte ohnedies nicht verstehen, sondern nur herrschen. Er

---

[241] Historiker bezweifeln diese Worte. Aber wie so vieles an Legenden um Luther: Sie enthalten einen beachtlichen Sinn. Vermutlich sind sie in Worms nicht gefallen, aber Luther hat später an seiner eigenen Legende gearbeitet (vgl. Berlichingen) und dort zumindest geschrieben *Ich kan nicht anderst / hie stehe ich / Gott helff mir / Amen."* Das Manuskript Luthers veröffentlichte Johann Gronenberg in Wittenberg; dabei ist Luthers Version lateinisch, aber diese Schlussworte sind deutsch. Kaufmann: *Luther auf dem Wormser Reichstag.* S. 280f

könnte zu einer Kirchenleitung gehören. Mittleres Bild: Hier schleuderte angeblich Luther dem Kaiser entgegen: „Hier stehe ich und kann nicht anders…"[242] Dies ist eine Legende, passt aber zum Geschehen… Seine Nachfolger in den oberen kirchlichen Etagen agieren häufig diplomatischer, oder, wie es ein Insider formulierte: „Der hat keine Eier in der Hose…" Von Luther, der die deftige Sprache ebenfalls liebte, hätte man das vermutlich nicht gesagt. Rechts: „Hier stehe ich" zum Reinschlüpfen.

Auch mit den aufbegehrenden Bauern sympathisierte er zunächst, weil er ihre existentiellen Leiden verstand und deren Ursache in den gesellschaftlichen Umständen wahrnahm. Den unangepassten Philipp von Hessen exkulpierte er später bei dessen Bigamie[243]. Er selbst, der Mönch, heiratete die Nonne Katharina. Was für eine Rebellion! Natürlich waren beide weder Ex-Mönch noch Ex-Nonne, da das Gelübde ja auf Lebenszeit angelegt war und es in den Augen der einfachen Gläubigen keinen „Ausstieg", also keinen Ex-it aus einem ewigen Gelübde gab.

Weniger vertrug er es, wenn andere gegen ihn rebellierten oder in späteren Jahren ihn nicht als den Über-Vater achteten. Das bekamen Mit-Reformatoren wie Andreas Karlstadt und Thomas Müntzer, beide brillante Theologen, mit unflätigen Worten zu hören. Immerhin war der friedfertige Karlstadt sein Doktorvater!

Zwischen Luther und Müntzer stand schon die unterschiedliche Herkunft. Bei Luther, dem Sohn eines Selfmademan war alles erkämpft, Müntzer, dem Sohn aus besserem Haus schien es in den Schoß gefallen zu sein. Andererseits hatte Müntzer durch Luther vieles erkannt. Wenn er es nun weiter entwickelte, war erst diese Entwicklung sein eigenes Werk. Spielte Konkurrenz für Luther eine Rolle? Wie narzisstisch war er?

Müntzer konnte offenbar begeistern, hatte Charisma. Seinen Schriften nach versuchte er, mit seinen Gaben verantwortlich umzugehen. Verantwortlich hieß für ihn aber offenbar auch: radikal. Er wollte keine faulen Kompromisse eingehen. Klaren Blickes für gesellschaftliche, kirchliche und religiöse Zusammenhänge verband er die kirchliche Reform mit Kritik an den bestehenden politischen und sozialen Verhältnissen, prägnant in seiner Fürstenpredigt von 1524. Seine Bedeutung für die Deutschen Bauernkriege ist nicht zu unterschätzen, während andere Vertreter wie Andreas Bodenstein sich allein auf die Reform der Kirche konzentrierten.

---

[242] Der deutsche Kaiser spanischer Provenienz verstand jedoch kein Deutsch.

[243] In einem sog. Beichtrat hatte Luther ihm für eine zweite Eheschließung (trotz Aufrechterhaltung der ersten) die Absolution erteilt. Aus Luthers Sicht logisch: Er berief sich auf die Erzväter, z.B. Jakob, die auch mehrere Frauen gehabt hätten. Luther hatte gegen sich selbst keine Chance: Die Bibel stand über allem und in der Bibel gibt es fromme Leute wie David oder Salomon, die die Mehrehe praktizierten. Also könnte sie auch Philipp zustehen.

Nach der Niederlage der Bauern war der Blick für den Rest der Reformatoren wieder frei für das eigentliche Reformieren. Noch gab es nur Parteiungen innerhalb der gemeinsamen Kirche. So zielte der Augsburger
Reichstag 1530 auf einen Konsens zwischen den Parteiungen der Vertreter Roms und den Evangelischen. Luther selbst, in der Reichsacht ste-
hend, begleitete das Geschehen von der Veste Coburg aus.

Er übertrug die Wortführung Melanchthon und äußerte dabei, dass er
selbst nicht so leise treten könnte wie Philipp Schwarzerd. Das Rebellische
in ihm war leicht zu provozieren. Freilich war der inzwischen moderatere
Wittenberger Co-Reformator Justus Jonas[244] ein durchaus geschickter
Verhandlungsführer in Augsburg.

Veste Coburg

Dass die Einigung misslang, lag nicht an Luther, der zwar mit seinem
teils sturen, teil cholerischen Verhalten diplomatisch weniger erfolgreich
war, aber an dieser Stelle die moderateren Kollegen vorlassen musste. Es
schien mehr am Kaiser zu liegen, der inzwischen die Unterwerfung der
Einigung vorzog und im Unterschied zu 1518 inzwischen auch vom Papst
als Kaiser anerkannt war. Die Einigung misslang und so erscheint die Reformation im Nachhinein doch als eine Rebellion, die sich teilweise – regional definierbar – durchsetzte.[245]

2.10.1 Katharina, die entlaufene Nonne an Luthers Seite

Luther war auch privat nicht alleine auf rebellischem Kurs. Der abtrünnige
Mönch ehelichte eine entlaufene Nonne. Ihr aufbegehrendes Potential
passte zu ihrem Mann, dem sie allem Anschein nach auch immer wieder
mal die Leviten gelesen hat. „Herr Käthe" nannte er sie; Katharina von Bora
war Jahrgang 1499, also 16 Jahre jünger. Zur Welt kam sie vermutlich in
Lippendorf bei Leipzig. Familiäre Wärme konnte sie nicht lange erleben,

---

[244] 5. Juni 1493 in Nordhausen; † 9. Oktober 1555 in Eisfeld)

[245] Als der Großinquisitor Josef Ratzinger aus Bayern Papst Benedikt XVI wurde,
hatte er es ganz eilig, zu erklären, dass die Protestanten in Deutschland keine
echten Christen seien. Für seinen Nachfolger Franziskus, der auch in Deutschland studiert hatte, war so etwas Pipifax angesichts einer weltweiten (=katholi-
schen) Kirche. Ratzingers Aktion war provinziell.

denn schon mit fünf Jahren wurde sie ins Augustinerkloster bei Brehna gesteckt. Später lebte sie unter den Zisterzienserinnen bei Grimma, unter ihrer Tante Margarethe als Äbtissin. Die Erziehung hatte den aus kirchlicher Sicht erwünschten Erfolg, denn zum frühesten erlaubten Zeitpunkt legte sie ihr ewiges Gelübde ab: Mit fünfzehn wurde sie Nonne. Aus Sicht der Eltern wiederum war sie damit versorgt; immerhin hatte sie einen Bräutigam namens Jesus.

Das Kloster diente auch der Bildung, sie konnte außer Lesen und Schreiben sogar etwas Latein. Schon früh kam die aufgeweckte junge Frau mit Martin Luthers Schriften in Kontakt. *In den markanten Mönch verliebte sie sich sofort und ließ sich bei einer Lesung im Kloster ein Autogramm geben. An der Zellenwand hatte sie einen Starschnitt von ihm aufgehängt, den Lukas Cranach angefertigt hatte.* Nein, so war es nicht, aber eine solche Phantasie lässt sie ein bisschen lebendiger werden. Tatsächlich (ver-)führte der Kontakt mit Luthers frühen Schriften sie dazu, das Klosterleben kritisch zu sehen. Sie hatte das ewige Gelübde abgelegt. Da gibt es kein Zurück. Es war ja nicht einfach irgendeine feierliche Zeremonie, sondern die Verbindung mit Gott selbst. Nonnen tragen eine stilisierte Brautkleidung; sie sind mit Christus verlobt. Diese Verlobung zu lösen schien ein Ding der Unmöglichkeit, aber auch eine Sünde. Wie steht es nun mit der Freiheit eines Christenmenschen, von der sie bei Luther lesen konnte? Sollte ihre Profess eine Fessel bleiben und die Freiheit nur anderen Christen gelten?

Über diese Fragen tauschte sie sich mit Mitschwestern aus; der von Luther entfachte Freiheitsdrang ließ sie Pläne schmieden; man / frau könnte aus dem Kloster fliehen. Das Kloster erlebten die jungen Frauen als Gefängnis und nicht als heiligen Ort. Luther persönlich fungierte als Fluchthelfer und ließ ihnen ausgerechnet am Tag der Auferstehung des Herrn eine Karre schicken. Versteckt hinter Heringsfässern flohen die schwarzweißen Gestalten und gingen zunächst in Wittenberg bei Freunden Luthers in Deckung. Die Nonnen brauchten nun eine verlässliche Unterkunft; ihre Flucht stigmatisierte sie aus römischer Sicht. Ihr selbstbewusster Weg war nicht ungefährlich und als alleinstehende Frauen hatten sie verminderte Rechte.

Luther half weiterhin und führte ihnen sicherheitshalber auch noch Ehemänner zu.[246] Katharina kam nicht sofort unter die Haube; sie fand Unterschlupf bei Lucas Cranach, der sie später porträtierte. Die Cranachs waren auch Trauzeugen, als Johannes Bugenhagen Martin und Käthe am 13.6.1525 traute. Beide hatten zunächst andere Ehe-Favoriten. Melanchthon sah die Reformation gefährdet und nannte die Eheschließung, die an ihm vorbei ging, eine *"unglückliche Tat"*.

Das junge Glück machte es sich im aufgelösten Augustinerkloster in Wittenberg bequem. Unbequem war die dazu gehörige Viehzucht. Die Luthers führten ein offenes Haus. Auswärtige Gäste und Studenten gingen ein und aus und wollten auch bewirtet werden. So braute Käthe ein der Überlieferung nach leckeres Bier, mit dem Luther seine Fans verwöhnen konnte.[247] Zudem wirkte sie karitativ, indem sie mit anderen Frauen in einem Hospiz die an Pest Erkrankten pflegte.

Das Paar durchlebte auch schwere Zeiten. Zeitweilig sorgte Frau Käthe auch für den etwas vergeistigten Philipp **Melanchthon**, war aber des Bettaufschüttelns (Stroh!) irgendwann überdrüssig und fädelte für ihn erfolgreich eine Ehe ein. Nachdem er ein „Laie" war, war dies nicht anstößig. Käthe dachte an Katharina Krapp, geb. Müntzer, Witwe des Tuchhändlers und Bürgermeisters Hans Krapp. 1520 verlobte sich der 23-jährigen Philipp Melanchthon mit der gleichaltrigen Katharina Krapp. Von ihren vier Kindern wurden drei erwachsen. Für seine Kinder ließ Melanchthon nach der Geburt Horoskope erstellen.

Ihre ehelichen Pflichten erlebte Luther nicht nur als Pflicht, sondern notierte, dass es ihm eine Wonne war, neben diesen blonden Zöpfen zu erwachen. Ihrer Ehe entsprossten sechs Kinder[248].

---

[246] Luther, der sich hier als Satiriker versuchte, schrieb Spalatin, dem Reformator aus dem fränkischen Spalt, am 16.4.25, dass er ein „berüchtigter Liebhaber" sei... *„Ich habe nämlich drei Frauen zugleich gehabt und habe so stark geliebt, daß ich zwei verloren habe, welche andere Freier nehmen werden. Die Dritte halte ich kaum am linken Arme, auch sie wird mir ebenfalls bald entrissen werde..."* (WA Br.3,857) Es waren Ava Alemann, sowie Ave und Margarete Schönfeld. Eine bezeichnete er hier als Konkubine „zur linken Hand". – Den Brief schrieb er kurz vor seiner Heirat: *„Ich will nicht, daß Du Dich über mich wunderst, daß ich selbst nicht heirate, der ich ein so berüchtigter Liebhaber bin."*

[247] Martin Luthers baute eine Braustätte für Katharina, die mit dem Wasser einer eigenen Quelle braute und das von Luther geschätzte Bier gut verkaufen konnte. Es war nicht sehr stark und für alle Mahlzeiten geeignet. Den Hopfen pflanzten sie im eigenen Garten an. (z.b. Wikipedia)

[248] Am 7. Juni 1526 kam ihr Sohn Johannes (1526-1575), Elisabeth (+1528), Magdalena (1529–1542), Martin (1531-1565), Paul (1533-1593), Margarethe (1534-1570)

Sein Sohn Johannes tummelte sich mit Philippus und Justus, den Söhnen der gleichnamigen Väter, die Luthers engste Vertraute waren. Kurz nach Johannes fünften Geburtstag schrieb ihm sein Vater von der Coburg aus vom Paradies, in dem er mit seinen Freuden spielen könnte. Er zitierte ein Gespräch mit einem Mann, der das Paradies bewachte und dem er gesagt hatte: *„Lieber Mann, ich habe auch einen Sohn, der heißt Hänschen Luther; könnte er nicht auch in den Garten kommen, daß er auch solche Äpfel und Birnen esse und solche feine Pferdlein reiten und mit diesen Kindern spielen könnte? Da sagte der Mann: Wenn er gern betet, lernet und fromm ist, so soll er auch in den Garten kommen, Lippus und Jost auch.“*[249]

Nach Luthers Tod musste Käthe 1546 mit der Familie nach Magdeburg flüchten, da der Schmalkaldische Krieg wütete. Im Jahr darauf kehrte sie zurück. Als sie aufgrund kumulierender Probleme 1552 nach Torgau fliehen musste, verunglückte ihre Kutsche und an den Folgen ihrer Verletzungen starb sie.

Aus heutiger Sicht kommt das Rebellische wenig in den Blick. Aber in ihrer Zeit galten schon der Ausbruch aus dem klösterlichen Leben und der Bruch ihres Gelübdes als Aufstand. Dass Luther sie als „Herr Käthe“ titulierte, zeigt, dass sie sich auch in der Partnerschaft mit einem durchaus durchsetzungsfähigen und öffentlich anerkannten Mann ihre Position zu verschaffen wusste.

2.10.2 Bemerkungen zum Antisemitismus der Luthers und zur nach Luther benannten Kirchenleitung

Katharina von Bora ist die Ehre zu Teil geworden, dass eine Straße in München nach ihr benannt wurde. Es war die Straße, die zunächst nach dem ehemaligen Landesbischof von Bayern Hans Meiser benannt worden war. Anlass für eine Umbenennung waren antisemitische Äußerungen Meisers. Da die Landeskirche einen Vorschlag machen durfte, geschah das, was zu erwarten war: Dem Zeitgeist (die Landeskirche hinkt immer ein bisschen nach) entsprechend sollte es eine Frau sein. Nachdem Luther ein Mann war, begnügte man sich mit seiner Frau. Es reichte jedoch, dass sie eine Frau war und vielleicht ein gutes Bier braute. Weiter wurde nicht recherchiert. Dass nicht nur Meiser, sondern auch Luther antisemitisch war, wusste man natürlich. Aber einer Frau schien man das nicht zuzutrauen. Die nicht betriebsblinde Öffentlichkeit allerdings fand von Boras Pferdefuß. Dieser wird in der Süddeutschen Zeitung 2010 dokumentiert:

Zitat der SZ: *„Nachdem der Stadtrat die Entwidmung der Meiserstraße wegen antisemitischer Äußerungen des ersten bayerischen Landesbischofs vor allem im Jahre 1926 beschlossen hatte, räumte die Stadt mit ihrem protestantischen Oberbürgermeister der Landeskirche das Privileg*

---

[249] WA Br5, 1525 (19.6.1530)

ein, einen neuen Namen für jene Straße vorzuschlagen, in der das Landeskirchenamt, also der Amtssitz des Landesbischofs, und der Dienstsitz der Regionalbischöfin des Kirchenkreises von München und Oberbayern liegen.

Schon im Streit um Meisers Rolle im Nationalsozialismus hatte die Spitze der Landeskirche neben einiger Feigheit auch viel zeithistorische Unbildung demonstriert. Mal wurde Meiser, ein theologisch biederer Kirchenfunktionär aus der fränkischen Provinz, pauschal verteidigt, mal jammerte man über einzelne Sätze in Texten, die man offenkundig nicht genau gelesen hatte.

Konsequent historisches Denken, das Texte in ihren spezifischen Kontexten wahrnimmt, scheinen die Damen und Herren Oberkirchenräte im Theologiestudium nicht gelernt zu haben. Das intellektuelle Niveau der kirchlichen Debatte war von hoher Übersichtlichkeit geprägt."[250]

Das ist doch eine schöne Formulierung für den Landeskirchenrat: „**Das intellektuelle Niveau war von hoher Übersichtlichkeit geprägt.**" Hier besticht der LKR durch zuverlässige Konstanz in den Jahrzehnten. Peinlich nur, wenn das auch außerhalb der Kirche wahrgenommen wird.

Die SZ fährt fort: *„Zu erheblicher Konfusion trug der aktuelle Inhaber des erstmals von Meiser eingenommenen Amtes bei. Dass das Amt eines starken Landesbischofs 1933 mit ausdrücklichem Rekurs auf das Führerprinzip geschaffen wurde, scheint ihm verborgen geblieben zu sein.*[251]

Eine von Landesbischof Johannes Friedrich in dieser Zeitung angekündigte Anwohnerklage gegen die Entwidmung der Meiserstraße erfolgte nicht, angeblich wegen eines Rechtsgutachtens, das von der Klage abriet. Man hätte es gern einmal gelesen.[252] *Aber weil die Kirchen eine Spezialbeziehung zum mysterium salutis pflegen, tun sie sich in ökumenischer Verdunkelungsgemeinschaft schwer mit Transparenz und Öffentlichkeit."*

Das klingt böse, fast bösartig. Aber es ist einfach eine Beschreibung. Das Adjektiv „böse" könnte man den Beschriebenen besser zuordnen. Den Artikel schrieb übrigens ein Münchner Theologieprofessor, der zumindest sachlich über angemessene Kenntnisse verfügte.[253] Die letztliche Einschätzung bleibt dem Leser überlassen. Den Sarkasmus des Autors kann man aber gut verstehen. *„Wer in der Leitung der Landeskirche den grandiosen Einfall hatte, der Stadt Katharina von Bora als Ersatz für Meiser zu*

---

[250] SZ 5.3.2010

[251] Nein, das stimmt nicht. Der von mir intellektuell sehr geschätzte Dr. Johannes Friedrich wusste das natürlich. Er ist ein äußerst vielseitig gebildeter Mann. Aber er opferte diese Bildung offenbar der Macht.

[252] Das klingt schon masochistisch. Wer jemals kirchenjuristische Schreiben des LKA lesen musste, konnte verzweifeln, selbst als Laie, aber auch als Jurist oder Germanistin.

[253] F. W. Graf ist in der bayerischen Landeskirche kein Unbekannter. Mit sehr viel Sachkenntnis und Akribie beschrieb er immer wieder kritikwürdige Aspekte.

präsentieren, ist nicht bekannt. Es dürften in der Geschichte des modernen Protestantismus schon geistesgegenwärtigere Erleuchtungen geschehen sein."

Natürlich ist klar: Es war eine feministische Position, die sich hier durchsetzte. Das entsprach dem Zeitgeist und ist auch nicht abwegig. Aber das Geschlecht als solches kann noch kein Kriterium von Angemessensein sein. Wer sich an Eva Braun oder Leni Riefenstahl erinnert, merkt das ziemlich schnell. Luther selbst kannte wohl die Einstellung seiner Frau. War sie nicht eine Adelige? Er schrieb der Gattin kurz vor seinem Ende: *„,Liebe Kethe! Ich bin ja schwach gewesen auf dem Weg hart vor Eisleben, das war meine Schuld. Aber wenn du wärest da gewest, so hättestu gesagt, es wäre der Juden oder ihres Gottes Schuld gewest. Denn wir mussten durch ein Dorf hart vor Eisleben, da viel Juden innen wohnen, vielleicht haben sie mich so hart angeblasen.*

So sind hie in der Stadt Eisleben itzt diese Stund über funfzig Juden wohnhaftig. Und wahr ists, do ich bei dem Dorf fuhr, gieng mir ein solcher kalter Wind hinden zum Wagen ein auf meinen Kopf durchs Parret, als wollt mirs das Hirn zu Eis machen. Solchs mag mir zum Schwindel etwas geholfen haben.'

Luther will sich nach der Schlichtung der Erbstreitigkeiten aufs Wesentliche konzentrieren: ,So muss ich mich dran legen, die Juden zu vertreiben'. Dies ist sein letzter Brief an seine Frau. Ihm fehlt die Kraft, nach Wittenberg zurückzukehren, und er stirbt am 18. Februar in Eisleben.

Katharina von Bora gibt den Juden die Schuld an seinem Zusammenbruch. Sie dürfte noch judenfeindlicher als ihr Mann gewesen sein. Doch zur evangelisch-lutherischen Landesfrauenikone scheint sie noch zu taugen. Wird Judenfeindschaft geschichtspolitisch erträglicher, wenn sie 500 Jahre zurückliegt? Der Stadtrat der Landeshauptstadt München sollte nun ein Entwidmungsverfahren für die Katharina-von-Bora-Straße einleiten.

Der Evangelisch-Lutherischen Kirche in Bayern darf dabei kein Vorschlagsrecht mehr eingeräumt werden. Luthers letzter Brief an seine Frau ist seit gut sechzig Jahren im 11. Band des Briefwechsels der Weimarana, der großen Kritischen Gesamtausgabe der Werke des Reformators, in jeder besseren Bibliothek zugänglich. Nur im lutherischen Landeskirchenamt hat man wohl keine Lutherausgabe mehr."

Katharina von Bora war ein Kind ihrer Zeit. Sie mit heutigen Maßstäben zu messen ist unhistorisch, wenngleich moralisch nachvollziehbar.[254] Den Landeskirchenrat mit heutigen Maßstäben zu messen scheint richtig. Da schneidet er intellektuell regelmäßig genauso ab wie 2010, obwohl es neue Bischöfe gab und gibt. Aber nicht der Heilige Geist weht in der Ka-

---

[254] Ferdinand Ahuis im Deutschen Pfarrerblatt 10/22: Notorisch knapp bei Kasse, Luthers Biographie und die Juden

tharina-von-Bora-Straße, sondern der Zeitgeist – und der hat üblicherweise BILD-Zeitungsniveau. Der Weg, auf dem Menschen in Schlüsselpositionen kommen bleibt in solchen Systemen gleich. Eine Änderung zu erwarten ist unrealistisch. Was sich allerdings ändert, ist die Menge der Menschen, die durch kirchliche Ämter vertreten werden. Sie bewegt sich zielstrebig auf Marginalität zu.

2.11 Gut, Böse, Freund, Feind, Gott und Teufel

Kein Krieg ohne Feinde: Selbst virtuelle Kriege brauchen Feinde; und bei Kampfspielen werden Attribute gesucht, die automatisch eine Seite zum Feind machen.

2.11.1 „Dort sind die Bösen!"

Aus psychologischer Sicht sind diese Schwarz-Weiß-Schablonen bemerkenswert; es geht hier um eine Wahrnehmung der Wirklichkeit, die mit der Persönlichkeitsentwicklung und –struktur zu tun hat. Politisch zeigte sich hier ein interessantes Phänomen: Als der Kalte Krieg zu Ende war und sich sogar die UdSSR auflöste, brach für viele im Westen eine Welt zusammen: Es gab nicht mehr die klare Trennung von Schwarz und Weiß. Wie hatte man nun zu denken? Viele kritische Menschen im „Westen" bekamen vor 1989 zu hören: „Dann geh doch nach drüben!" Dahinter steckte der Vorwurf: „Wer uns kritisiert, gehört zu den Bösen." Seit 1970 zog dies aufgrund der erfolgreichen Entspannungspolitik (Willy Brandt) nicht mehr.

Das war problematisch für einfach strukturierte Persönlichkeiten, die Schattierungen nicht aushalten können; andere hingegen fanden es einfach zu mühselig, zu differenzieren. Hier führte die Faulheit zur Bosheit. Bei anderen konnte es die Angst sein, bei Differenzierungen den Standpunkt zu verlieren, keinen Halt mehr zu haben, innerlich abzustürzen. Der große Schwarz-Weiß-Präsident der Vereinigten Staaten von Amerika, G. W. Bush präsentierte zur Vereinfachung des Weltbildes und instrumentierbar für seinen Irakkrieg 2002 die „axe of evil". In dieser Schablone gehörte zeitweise auch Deutschland zu den Bösen.

Die neuen technischen Möglichkeiten, Flugblätter in großer Auflage zu drucken, führten zu einer Flut von Karikaturen. Sie dämonisierten die Gegenseite im Kampf von Hell und Dunkel, Gut und Böse. So haften dem Bapstesel zu Rom außer dem Eselskopf auch noch die Schuppen eines Drachen an, der Pferdefuß sowie eine Klaue; die weiblichen Merkmale deuten auf die „Hure" hin und eine Hand ist ein Schweinsrüssel. Ein bärtiges Gesicht schaut aus dem Hintern… Die Lust am Dämonisieren ist dem pseudonymen Künstler abzuspüren.

Sprachprägend für die Feindbilder zur Zeit der Reformation war Martin Luther. Im Stil der Zeit bezeichnete er seinen Erzfeind „Rom" mit dem biblischen Vokabular der Bibel für die von Gott Abgefallenen als *Hure Babylon*[255]. Die römische Kirche hatte sich an die weltlichen Götter „Geld" und

---

[255] Deuterojesaja etwa beschreibt Buhlen und Unzucht als Metaphern für den Umgang mit fremden Göttern. Babylon war in jener Zeit, zwischen 700 und 500 v.

„Macht" prostituiert. Als Feind Gottes, den „Antichrist"[256] identifizierte er den Papst in Rom.

Luther verwendete entsprechende nuancenfreie Bewertungen auch für die eigene Bewegung. Wer vom seinem rechten Pfade abwich, sollte erst zurückgeholt, überzeugt werden; wenn dies misslang, verteufelt ihn der Meister. Rebellisch zeigte sich Luther mit „Von der babylonischen Gefangenschaft der Kirche" (1521). Er schrieb diese systemimmanente Kritik als aktives Mitglied dieser Kirche, als Kirchenlehrer und Mönch. Es war eine Zeit mit Kriegsgeschrei, die in Kriege führte.

2.11.2 „Wir sind die Guten!"

Krieg! Konflikte haben mannigfaltige Ursachen und militärische Einsätze verschiedene Motive. Nehmen wir die Gegenwart aus westlicher Sicht. Im Kampf der Islamisten gegen den Westen (chiffriert als USA) und im Kampf des Westens (chiffriert als Zivilisation) gegen die Islamisten (chiffriert: Terroristen) geht es plakativ um „Gut und Böse". Als Motiv wird kein Landgewinn oder Verteidigung des Territoriums genannt, sondern von beiden Seiten wird es als eine ethische Auseinandersetzung etikettiert. Wer die billigeren westlichen Medien konsumiert, bekommt es so serviert: die guten Amerikaner, Engländer, Franzosen und am Rande auch Deutschen[257], andererseits die bösen Taliban, und sonstige Islamisten.

Chr. der Inbegriff einer feindlichen Stadt mit fremden Göttern. So konnte der mahnende und warnende Prophet schreiben, Israel sei eine Hure, die die Beine breit macht für Babylon: Sie wird ihrem eigentlichen Mann untreu, verlässt den eigenen Gott, der in ihrer Vergangenheit bestimmend war und rennt zu dem, der oberflächliche Vorteile ausweist.

[256] Siehe Apokalypse des Johannes.

[257] In dieser Hinsicht tat nach dem „Nine-Eleven" im November 2001 der damalige deutsche Kanzler gut daran, die Bedeutung des Nichteingriffs-Beschlusses

In ihrem letzten Krieg hatten die Deutschen ausgesprochen Pech: Bis zum 8. Mai 1945 hielten sie sich für die Guten, gerade auch genetisch. Aber ab dem 8.5. machte ihnen die Weltöffentlichkeit klar: Nein, die Guten, das sind die Amerikaner, Engländer und Franzosen. In der Sowjetzone wurde dies auch über die Russen gesagt, aber die taten ihrerseits so ziemlich alles, um diese Behauptung zu widerlegen[258].

Gut und Böse wird am Ende eines Krieges oftmals anders gewertet als am Anfang. Wechseln wir einmal von der westlichen zur nahöstlichen Perspektive: Die militanten Vertreter eines Gottesstaates, etwa IS halten sich selbst nicht für kriminell oder verbrecherisch, sondern für ausgesprochen gut. In ihren Augen sind die weltlichen[259] Menschen die Verdorbenen und die Bösen. Es gibt Menschen, die sich über Gut und Böse ernsthafte Gedanken machen und dann die Welt wegen ihrer atheistischen Kultur für verdorben halten und wegen der weltlichen Machtpolitik für böse halten. Wenn sie nun Recht haben? An Einzelpunkten wird ihnen ohnedies zugestimmt, ohne dass gleichzeitig ihre Alternative in Betracht gezogen würde.

Hier sind wir am Ende mit Beschreibungen und müssen werten. Das ist ein kritischer Punkt. Gut und Böse sind schwer zu unterscheiden, wenn das Gute böse Mittel erfordert. Der Zweck heiligt angeblich die Mittel. Wir Christen aber wissen: Nur Gott kann heiligen und sonst niemand und nichts, auch kein Zweck.

> Böse Mittel können durch nichts geheiligt werden; und wenn Waffen gesegnet werden, dann werden nicht die Waffen geheiligt, sondern der Segen entheiligt und beschmutzt.

Das Böse kann nicht von Gott gesegnet werden. Aus Sicht eines Atheisten gibt es ohnedies keine Heiligung, weil das Subjekt der Heiligung, nämlich Gott, nicht vorausgesetzt werden kann.

Wir müssen es benennen, wenn Gut und Böse vertauscht werden, eigene Namen bekommen. Ende des 20. Jahrhunderts war von „ethnischen Säuberungen" auf dem Balkan die Rede. Anfang des 21. Jahrhunderts können ähnliche Bewegungen in den islamischen Ländern beobachtet werden: Säuberung ist etwas Gutes[260]. Zurecht wurde der Begriff 1992

---

dadurch hervorzuheben, dass er sie an die Vertrauensfrage band: „Hier geht es nicht um Meinungen: bin ich dafür oder bin ich dagegen, nein, hier geht es um eine folgenreiche Weichenstellung, bei der jeder, der mitentscheidet, sich nicht hinter einer fremden Mehrheit verstecken darf." Dass Union und FDP gegen ihre sonstigen Äußerungen gegen den Kriegseinsatz stimmten, zeigte: die Soldaten dürfen auf dem Schlachtfeld ihr Leben riskieren, die Opposition riskierte nicht einmal eine Abstimmungsniederlage gegen Gerhard Schröder. Dafür flog Angela Merkel, noch keine Kanzlerin in die USA zu G. W. Bush, um ihn zu bestätigen.

[258] Beispielsweise durch Demontage

[259] Wortspiel im Deutschen: bei den militanten Islamisten wird westlich und weltlich einfach gleichgesetzt.

[260] In dem klassischen Roman „1984" von G. Orwell aus dem Jahre 1948 wird die bewusste Umkehrung von Sprache präzise beschrieben: *Peace is war and war*

zum „Unwort des Jahres" erklärt. Es müsste bei „ethnischen S̲ä̲u̲b̲e̲r̲u̲n̲g̲e̲n̲" um etwas Gutes gehen, aber es war einfach Massenmord. Mord und Mord und Mord aus dem einzigen Grund: „Wir (also irgendeine Volksgruppe) sind etwas Besseres!"[261]. Hier gilt es, auch in der Wortwahl der Beschönigung etwas entgegenzusetzen.

Als Ziel freilich geben die Guten ebenso wie die Bösen in der Regel etwas Positives an. Wo sie herrschen, wird die Welt in Ordnung sein. In ihrer Ordnung zumindest…

2.11.3 „Wie können Menschen so etwas tun?" Hirnforschung

Angesichts der brutalen Einzelheiten des Bauernkrieges fragt man sich: „Wie können Menschen zu so etwas fähig sein?" An die meist rhetorische Frage schließt mancher die Behauptung an: „Das sind eigentlich keine Menschen mehr." Aber es sind Menschen; sie unterscheiden sich etwa genetisch nur ganz begrenzt von anderen Menschen – genauso begrenzt, wie diese in anderen Kontexten etwas Besonderes sind (vielleicht sogar positiv). Das Phänomen des Genozids lässt sich nicht einfach gesellschaftlich erklären. Auch im organisierten Terrorismus agieren einzelne Täter. Es geht um die, die nicht sagen „Ich kann das nicht!".

In meiner Generation erlebte ich eine ethische Perversion. Wenn junge Männer sagten: „Ich kann nicht töten!", mussten sie dies vor einem Tribunal begründen. Wenn junge Männer hingegen eine Ausbildung zum Töten machen wollten, entsprach dies dem Willen unseres Staates. Freilich hatten wir in der BRD das Recht zur Kriegsdienstverweigerung. Bei meinem Tribunal stand ich vor Richtern, die das Dritte Reich miterlebt hatten. Solchen Leuten hatte ich glaubhaft zu begründen, dass und weshalb ich nicht töten könne. In seiner militant diskriminierenden Art verleumdete uns seinerzeit Franz Josef Strauß als Drückeberger, die nicht aus Gewissensgründen, sondern aus „gewissen Gründen" den Dienst für das Vaterland verweigerten. Was für eine verdorbene Polemik! Er stand genau für die Sorte von Leuten, die gleichzeitig vehement das ungeborene Leben schützen wollten und – als Männer natürlich – Abtreibung als Mord bezeichneten und entsprechend unter Strafe stellten; einige dieser Männer, wie MdB Kopf-ab-Jäger sprachen sich noch in den 60ern für die Todesstrafe aus. Bigotterie zeigte sich auch bei der Gegenseite, die sich gegen den Kriegsdienst, aber für die Abtreibung aussprach. Das Problem ist zu komplex, um es hier angemessen zu beschreiben.

---

is peace. Love is hate and hate is love." Dieses Orwellsche Szenario ist eine gültige Mahnung an die Menschheit.

[261] Vgl. Schoßwald, Rekrut am Rande eines Völkermords: Als deutscher Soldat im türkischen Heer im ersten Weltkrieg, 2015 zum Thema Genozid an den Armeniern.

Wie kann jemand zum Massenmörder werden? Mediziner sagen uns: Es gibt ein morphologisch verifizierbares cerebrales Äquivalent zum Gewissen, eine bestimmte Hirnregion im Frontlappen.[262]

Hirnforschungen bei Mehrfachmördern förderten erstaunliche Ergebnisse zu Tage.[263] Zunächst einmal verblüfft die Erfahrung, dass sie mit ihren Taten konfrontiert keine Gewissensbisse zeigten. Sie hatten kein „schlechtes Gewissen". Das würden wir selbst bei dem abgebrühtesten Verbrecher erwarten, gut versteckt vielleicht, aber irgendwo noch erreichbar. Das Phänomen der „Gewissenlosigkeit" forderte Hirnforscher heraus. So untersuchte der Neuropsychologe A. Raine die Gehirne von über 40 Mördern mittels der PET[264]. In bestimmbaren Hirnregionen maß er signifikante Abweichungen von der Norm. Vor allem eingrenzbare Bereiche der Großhirnrinde wurden weniger aktiviert. So war bei aggressiven Personen der Schläfenlappen des Hirnmantels atrophiert. Am nachhaltigsten scheint eine signifikante Verkleinerung des präfrontalen Cortexes zu sein, immerhin im Schnitt um 11%, mit dem Volumen eines halben Teelichts, also nicht mikroskopisch klein. Anscheinend steckt hier eine Kontrollinstanz – und diese ist nicht nur sozial bedingt, sondern genetisch prädisponiert. Dies gilt jedoch nur im Sinne einer spontanen Veränderung, nicht als erblich; im extremen Fall kann diese Veränderung auch ein Unfall verursachen[265].

Die Hirnregionen im Frontlappen werden stärker aktiviert, wenn es um Gut und Böse geht. Bei Gewalttätern waren diese Aktivitäten eindeutig reduziert. Sie hatten weniger „ethisches Potential" im Gehirn als die Durchschnittsmenschen, bei denen es auch kein fixes Quantum gibt.

Viele Menschen haben einen „schweren Kopf" nach übermäßigem Alkoholkonsum und spüren Schmerzen an der Stirn. Unser Alkoholgenuss führt erfahrungsgemäß dazu, die ethischen Maßstäbe nicht mehr ganz so eng anzulegen. Die Steuerung von Gut und Böse wird hier gestört. Was ist nun mit Menschen, bei denen dazu kein Alkohol nötig ist, sondern die Störung bereits anatomisch vorliegt? Offenbar müssen wir in Rechnung stellen, dass es neben dem Appell an das Gewissen auch noch eine vorgegebene Gewissenlosigkeit oder zumindest Gewissensarmut gibt.

---

[262] Vgl. Harbort, S.; Das Hannibal-Syndrom, 2001; Egger, S., The Killers among us, 1997 (Prentice Hall)

[263] vgl. Lindner, M. „Da fehlt ein Löffel voll Gehirn" in BdW 2001/8

[264] Positronen—Emissionstomographie. Dabei ist keine chirurgische Untersuchung des Gehirns nötig. Am „lebenden Subjekt" kann man nicht nur Zustände, sondern auch Vorgänge analysieren.

[265] Als Beispiel führt M. Lindner in BdW den Eisenbahnarbeiter Ph. Gage an, dem sich 1848 bei einem Zugunglück eine Eisenstange durch den Kopf bohrte. Eine Simulation des Unglücks am Computer zeigte: Die Stange musste die PFC teilweise zerstört haben. Die Rekonstruktion verdeutlichte das untersuchte Phänomen: Wenn ein Teil einer bestimmten Gehirnregion ausfällt, dann verliert der Mensch die moralische Kontrolle über sein Tun.

Eine Hypothese, selbst eine Erklärung ist keine Entschuldigung, hilft jedoch bei der Einordnung, der Bewertung und der Prävention.

Hierzu findet sich eine sehr alte Tradition am Ende der Geschichte des Brudermordes von Kain und Abel (Gen.4,15): Kain, der Mörder, bekommt von Gott ein Zeichen, dass ihn niemand töten solle, obwohl er ein Mörder war. Herkömmlich wird dies so interpretiert, dass er ein Zeichen mitten auf die Stirn bekommt. Das hieße genau dorthin, wo hinter dem Schädelknochen jener Stirnlappen liegt, auf dem die moralischen Empfindungen beheimatet sind. Sollten schon unsere Vorfahren eine lokalisierbare Ahnung von dem fehlenden Gewissen mancher Mörder gehabt haben?

Es ist eine Facette für sich, wenn wir die Frage der Gewissenlosigkeit an die „gute" Seite richten, nämlich an die Jurisdiktion und die Exekutive. Dabei geht es nicht um die BRD, sondern Staaten mit Todesstrafe und Staaten, in denen gefoltert wird. In unserem Kontext betrachten wir das Ende der Täufer in Münster, wo man die Anführer erst zur Schau stellte, dann folterte und dabei „verhörte", dann öffentlich folterte, dabei zerfleischte und schließlich tötete. Abschließend stellte man ihre Leichname in Käfigen am Kirchturm zur Schau.

Mit glühenden Zangen rissen die Folterknechte ihnen Fleischstücke aus dem Körper[266]. Die Anordnung gab der Bischof von Waldeck. Wo wir das Gewissen bei den Folterknechten finden würden, kann ich nicht einmal ahnen, bei Bischöfen mag es unterentwickelt sein, und Juristen gibt es in allen Staatswesen, damit auch in Diktaturen.

Wenn wir von Gut und Böse und Gewissen reden, müssen wir auch „Schuld" und „Schuldunfähigkeit" ansprechen. Spontan setzen wir voraus,

---

[266] Die Zangen sind noch heute im Münsteraner Stadtmuseum zu besichtigen.

dass jeder Mensch (ausgenommen Kinder und Menschen mit geistigen Behinderungen) schuldfähig sei[267]. Inzwischen relativiert auch der Gesetzgeber die reduzierte Schuldfähigkeit bei Alkoholmissbrauch, weil die verminderte Steuerung bei „Alohol"-genuss vorhersehbar ist.

Wer die Lebensläufe der Kamikazeflieger 9/11 von New York nachvollzieht, stößt auf das irritierende Phänomen, dass ihre Biographien keineswegs deckungsgleich sind: Es gibt nicht „den" Selbstmordattentäter, nicht einmal als Islamisten. Wie stehen diese Männer vor ihrem Gewissen da? Haben sie überhaupt eines?

Diese Frage könnten die konkreten Personen nicht mehr beantworten. Sie scheinen jedoch die Verbrechen nicht um der Verbrechen willen begangen zu haben – im Kontrast zu vielen Gräueltaten, die wir in Diktaturen und Kriegen beobachten können, hinter denen eine sadistische Lust zu stehen scheint. Bei Fanatikern scheint ein übergeordnetes Ziel Opfer zu fordern.

Nicht nur Fanatiker, sondern auch gesellschaftlich aktive Menschen (Politiker, Leitungspersonen) verstecken sich gerne hinter einem Schutz. Bei Fanatikern ist dies eine Weltanschauung, bei anderen oft der „Sachzwang" oder ein „Gremium". Wenn Jesus vom jüngsten Gericht redet, also der Verantwortung vor Gott, spricht er allerdings von Individuen. Damit sind wir bei einem wichtigen Thema der Reformation: das Individuum. Es geht um persönlichen Glauben und damit persönlich Verantwortung für die eigenen Taten.

2.11.4 Falschmüntzer, Pharisäer und Gegenbilder

Das individualistische Paradigma setzte sich in der Reformationszeit durch. An Luther wie an Müntzer zeigt sich dessen Janusköpfigkeit. Luther brachte durch die Individualisierung des Glaubens einen entscheidenden Anstoß für das individuelle Selbstbewusstsein des modernen Menschen. Müntzer hingegen ging in den Tod mit der schmerzlich gewonnenen Erkenntnis, dass die selbstbezogenen Interessen der Menschen den Sieg einer gemeinsamen Sache vereitelten. Das „Ich" als Gewinn an Selbstbewusstsein und das „Ich" als Ausdruck der Selbstsucht gehören zum selben Gesicht. Die vorsätzlich atheistisch denkenden Kommunisten hatten einen Mangel an historischen Märtyrern und konstruierten sich Legenden; dazu gehört auch Müntzer. Freilich gleicht die Vereinnahmung Müntzers durch den ostdeutschen Kommunismus einer Leichenschändung. Zwar kleiden sozialrevolutionäre Impulse Christen auch in der Gegenwart gut, aber Müntzers Vermächtnis ist spiritueller Art: Gottes Reich und die irdischen

---

[267] Solche Unterscheidungen werden in der BRD gemacht. In den USA können auch Minderjährige oder geistig Behinderte hingerichtet werden. Staaten wir Russland oder China brauchen wir hier gar nicht zu berücksichtigen, denn wenn schon der Staat totalitär ist, kann mit einer unabhängigen Justiz nicht gerechnet werden. Leider gilt das zunehmend auch in der EU, was einem Angst und Bange machen kann.

Existenzbedingungen sind nicht beziehungslos. Gerade das „Sich-vor-Gott entblößen" ist eine Stärke Müntzers und ihr Fehlen vielleicht die entscheidende Schwäche des atheistischen Kommunismus, der die Gefahr des Homo incurvatus in se[268] nicht realisiert und es an Demut fehlen lässt. Möglicherweise gilt dies auch für die Ausprägungen des Islam, bei denen Allah und die Welt radikal geschieden sind und keine persönliche Beziehung stattfindet. Buße als Teil des Glaubens wäre das entscheidende Korrektiv. Eine reine Jenseitsbezogenheit relativiert alle immanenten ethischen Werte bis zur Bedeutungslosigkeit, auch die religiös begründeten Normen. Das Außerkraftsetzen des Tötungsverbotes aus religiösen Gründen zeigt dies plastisch bereits in der Gesetzgebung der Thora, wo die Todesstrafe selbstverständlich gefordert wird, auch in Zusammenhängen, wo wir sie niemals verorten würden.

2.11.5 Müntzer und Martin-Luther-King

Wie klingt es, wenn man den Namen Martin-Luther King durch Thomas-Müntzer King ersetzt? Der Baptistenprediger stand Müntzer etwa mit seinem sozialen Gewissen näher als jenem Reformator, dessen Namen er trug. Mit seinem pazifistischen Engagement bildet er den Gegenpart zu beiden Reformatoren, die sich eher bei Black Panther und Malcolm X wiederfinden würden.

Um das Jahr 1930 verlieh ein baptistischer Pfarrer namens King seiner Begeisterung für den großen Reformator Ausdruck, indem er sowohl sich wie seinem Sohn Michael den neuen Vornamen „Martin Luther" geben ließ.[269] Aus dem kleinen Martin Luther King jun. wurde im Laufe der nächsten Jahrzehnte ein Mann, der in seiner Bedeutung für die Welt dem großen Namensvetter fast gleichkam. Er visionierte ein Land ohne Diskriminierung: Wir werden dorthin kommen! Wir werden es erreichen! We shall overcome.

Martin-Luther Kings berühmteste Worte hießen: „I have a dream." Diese Worte hallen über den Erdball, seit er sie vor Hunderttausenden von Menschen ausrief, die am 28. August 1963 in gigantischen Strömen zum Lincoln-Denkmal nach Washington marschierten. Sie wollten für die Gleichheit aller Menschen nicht nur vor Gott, sondern auch vor dem Gesetz und in der Gesellschaft demonstrieren. Als Hauptredner schilderte der populäre Prediger seinen Traum, dass eines Tages nicht mehr die Hautfarbe, sondern der Charakter der entscheidende Maßstab zur Beurteilung eines Menschen sein werde. *Ich habe einen Traum, dass eines Tages meine*

---

[268] Diese reformatorische Formulierung „in sich selbst gekrümmter Mensch" soll ausdrücken, dass „der Mensch", wenn er nur auf sich selbst fixiert ist, sich nicht entfalten kann. Er ist verkrümmt. Das ist aber zunächst bei jedem Menschen zu erwarten, so dass er einer Befreiung bedarf: Von außen, also etwa durch ein erlösendes, befreiendes, freisprechendes Wort.

[269] Vielleicht denkt hier der ein oder andere an die 26-jährige Flüchtlingsfrau Ophelya Adé aus Ghana, die 2015 ihr Neugeborenes „Angela Merkel" nannte.

vier kleinen Kinder in einem Volk leben werden, in dem man sie nicht nach ihrer Hautfarbe, sondern nach ihrem Charakter beurteilen wird. Ich habe einen Traum." Visionäres Träumen verband Martin Luther King mit dem Mann, nach dem er benannt wurde. Beide hatten einen Traum. Martin Luther träumte von einer Kirche, die nur durch das klare Wort Gottes bestimmt ist, eine Kirche, in das Vertrauen auf Jesus Grund und Maßstab allen Handelns ist.

Luther wählte den 31.10. für die Reformation, weil er als römischer Christ erlebte, wie das Allerheiligenfest zu Humbug entartete. Auch sein eigener Landesherr hatte sich Hunderte von Reliquien erworben. Auf diesen materialen Kontakt zu Gott wollte er seinen Erfolg aufbauen. Ein Splitter vom Kreuz Jesu, ein Strohhalm aus der Krippe Jesu oder eine Windel Jesu, wie sie heute im Dom von Aachen aufbewahrt wird, sollten Heil, Heilung und Erfolg bringen. Der Handel mit Reliquien boomte und mit den angeblichen Vorhäuten Jesu, die feilgeboten wurden, hätte man eine Großfamilie versorgen können. Luther erlebte Aberglaube pur.

Aachen: Lendenschurz, Geißel Jesu, Kette Petri, Windel Jesu (in der Mitte. Stück einer zerfallenen Windel)

Heute suggeriert die Welt unseren Kindern: Du kannst dir dein Glück kaufen. Deine Seligkeit erwirbst du, wenn du konsumierst, denn kaufen und konsumieren machen glücklich. Statt Reformationsfest gibt es Halloween und „Süßes oder Saures", gefördert von einer zielgerichteten Industrie. Es gibt nichts Neues unter der Sonne seit Luthers Zeiten: Du kannst dir deine Glückseligkeit, dein Seelenheil, kaufen, damals durch entsprechende Ablassbriefe; die Preise waren sozial gestaffelt. Das Seelenheil gab es je nach Kaufkraft, wie es der Prediger Tetzel mit dem sinnenreichen Sprüchlein anpries: „Wenn das Geld im Kasten klingt, die Seele aus dem Feuer springt." Doch was damals nicht klappte, klappt heute auch nicht.

Wenn du seelische Höllenqualen erleidest, kannst du weder durch Halloween noch durch eine Wellnesskur geheilt werden. Das Seelenheil ist nicht käuflich. Wenn du dein Seelenheil finden willst, musst du dich durch Jesus ansprechen lassen. So, wie er dir durch das Neue Testament entgegen tritt, lebensfreundlich, lebensbejahend.

Tetzels Haus in Pirna

Martin Luther lebte vor Ewigkeiten. Seinerzeit wurde er gebannt, aber der Bann in unserer Zeit aufgehoben. Das wird ihn gefreut haben. Erreichte ihn die Nachricht im Himmel oder in der Hölle? Wir wissen es nicht. Nein, der Bann beeindruckte ihn schon zu Lebzeiten nicht sehr; vermutlich ließ sich auch der liebe Gott dadurch nicht beeindrucken, weder positiv noch negativ. Liebe Würdenträger: Ihr seid ihm sch…egal! So, wie ich ihn kenne, würde er Euch das auch explizit so sagen, wenn er sich verspräche, verstanden zu werden. Aber wie sowohl Jeremia wie Jesus sagten: Ihr habt Ohren, aber Ihr versteht nichts. Übrigens nützt euch auch eine weiße Hautfarbe nichts, egal ob ihr Trump gewählt habt oder nicht. Und wenn ihr schwarz oder farbig seid, und ihn gewählt habt, dann nützt euch nicht einmal ein Gehirn etwas. Das ist schon krass!

In den USA konnte es in den Siebzigern passieren, dass Menschen extrem unglücklich waren. Nicht nur, weil sie nicht weiß waren, sondern auch, weil sie nicht schwarz waren, sondern eben irgendetwas dazwischen. In anderen Bereichen würde man von sog. gesunden Mischungen sprechen. Der amerikanische Musiker Chuck Berry, von dem Titel wie *„Rock ´n Roll music"*, *„Sweet little sixteen"* oder *„Johnny B. Goode"*[270] stammen, versuchte in seiner Autobiografie wenigstens vier Generation zurück zu verfolgen. Ahnenforschung ist in einer Sklavenhaltergesellschaft, wie sie in den USA im vorletzten Jahrhundert zum Alltag gehörte,[271] ziemlich schwierig. Immerhin gelang es Berry, neben ganz normalen Afroamerikanern ziemlich schnell auf einen echten Afrikaner, eine echte Indianerin, eine echte Engländerin und eine echte Deutsche als Urgroßeltern zu kommen. Sex sprengt eben die Rassengrenzen, auch wenn das der unterlegenen „Rasse" nichts nützt, und auch nicht den gemeinsamen Nachkommen, wie

---

[270] „Johnny B. Good" ist auf den **Voyager Golden Records**, die 1977 mit den interstellaren Raumsonden Voyager 1 und Voyager 2 in den Weltraum geschickt wurden und Außerirdische beeindrucken sollten. Die Grußbotschaft stammte ausgerechnet von dem Ex-Nazi Kurt Waldheim.

[271] In Deutschland wurde der letzte Sklave von Kaiser Wilhelm II um 1900 entlassen.

Berry nachhaltig erfahren musste, als er für Elvis und seine weißen Kollegen eine zu große Konkurrenz entfaltete. Er kam wegen „Rassenschande" (dem US-Äquivalent) ins Gefängnis.[272]

Faszinierend, wie sich Lebenswege und Gene kreuzen können. Seiner deutschen Urgroßmutter Maria erwies er dadurch die Ehre, dass er im April 56 den Titel „*Roll over Beethoven*" schrieb, den später vier Jungs aus dem englischen Liverpool zum Welthit machten. Vielleicht ist die Musik[273] das Verbindendste in einer Welt, wo Menschen getrennt werden.[274] Der spätere US-Präsident General Eisenhower setzte durch, dass es reinrassige weiße Kriegsschiffe gab; mit einer Ausnahme: Die Musik, Swing und Jazz durften schwarze Musiker machen. Kein Wunder, denn Musik kann auch jemand hören und empfinden, der blind ist und die Hautfarbe der Musiker nicht sieht. Darum wird die Gerechtigkeit stets blind dargestellt, der Justitia werden die Augen verbunden, damit sie auf das Wesentliche achtet, statt sich durch das Vordergründige beeindrucken zu lassen wie nicht zuletzt Kirchenfürsten aller Generationen – die mich kennen, wissen, dass ich auch sie meine.

Martin Luther King schloss seine Predigt mit Anklängen an die Propheten des Alten Testamentes: „*Und die Herrlichkeit des Herrn wird offenbar werden, und alles Fleisch wird es sehen. Das ist unsere Hoffnung. Mit diesem Glauben kehre ich in den Süden zurück. Mit diesem Glauben werde ich fähig sein, aus dem Berg der Verzweiflung einen Stein der Hoffnung zu schlagen. Mit diesem Glauben werden wir fähig sein, die schrillen Missklänge in unserer Nation in eine wunderbare Symphonie der Brüderlichkeit zu verwandeln. Mit diesem Glauben werden wir fähig sein, zusammen zu arbeiten, zusammen zu beten, zusammen zu kämpfen, zusammen ins Gefängnis zu gehen, zusammen für die Freiheit aufzustehen, in dem Wissen, dass wir eines Tages frei sein werden.*" Dieser Glaube bindet Ewigkeit und Zeitlichkeit zusammen: Verheißung und Erfüllung.

King sah in die ganz ferne Zukunft und holte mit seinem Blick etwas in die Gegenwart, antizipierte etwas Kommendes. Für ihn selbst bedeutete es: Es geht mir wie Mose. Ich durfte den Blick ins gelobte Land werfen; jetzt muss ich es nicht mehr zu meinen Lebzeiten erreichen. Den Blick in das gelobte Land kann mir niemand mehr rauben. Ich habe auf jenem hohen Berg gestanden, der mich dorthin sehen ließ, wo Gottes Liebe zu den Menschen sich durchsetzte. Wörtlich übersetzt sagte King am 3. April 1968: „*Was auch immer passieren mag, hat jetzt keine Bedeutung mehr. Ich habe auf dem Gipfel des Berges gestanden*". Das rief er am 3. April

---

272 Ausführlich zum „Mann-Act": Schoßwald, V., Martin Luther King, S.29

273 Martin Luther schätzte die Musen nicht besonders, aber der Musik gab er eine Sonderrolle, vielleicht auch deshalb, weil er selbst etwas davon verstand. Entsprechend textete und komponierte er (Glaubens-)lieder.

274 Als ich diese Zeilen schrieb, hörte ich gerade „Linkin Park" und in ihrem Lied die Stimme von Martin-Luther King. So werden Generationen verbunden.

den Menschen zu. Am 4. April wurde King feig ermordet. Heute ist dies in den USA ein Feiertag, der Martin-Luther-King-Day. Aber er hatte auf dem Gipfel des Berges gestanden und das Heil gesehen. Wohl dem, dem Gott diese Gnade zukommen lässt. Wohl dem, den diese Gnade demütig macht. Diese Demut gibt Anteil an der Ewigkeit. Was der Glaube gesehen hat, darf die Seele spüren.

Martin Luther King hatte hinübergeschaut, Thomas Müntzer hatte etwas Ähnliches erlebt – und doch blieb diese Erde in ihren alten Bahnen.[275] Beide starben einen brutalen Tod.

2.11.6 Führungspersönlichkeiten: Einzelgänger oder soziale Wesen?

War Paulus von Tarsos ein so einsamer Streiter für den Glauben, weil er sich immer wieder mit anderen zerstritt? Weil er immer Recht haben wollte? Weil er ein unverträglicher Mensch mit unverzichtbaren Eigenheiten war, die für andere eine Zumutung bedeuteten? Gab es auch hier Gründe, weshalb wir nichts von einer Frau Paulus wissen?

Müntzer hatte Frau und Kind. Seine Frau stand ihm kämpferisch zur Seite. Er legte durchgehend Wert darauf, sich in eine Gemeinschaft einzubringen[276], auch als „Führungspersönlichkeit". Er bezog sein Ideal der Gleichheit aller Menschen, der Brüderlichkeit, in das er sogar die *Türken integrierte*, auch auf sich. Die Doppelführerschaft mit Heinrich Pfeiffer grenzte ihn vom Einzelgängertum ab. In dieser Gemeinschaft wurde er dann auch hingerichtet. Beide wurden geköpft; beider Köpfe wurden zur Schau gestellt, zur Abschreckung oder zur Belustigung, zur Beschämung, zur Demütigung.

Einige seiner Feinde, die sein Ende erlebten, beeindruckte dies, nicht zuletzt den erst 20-jährigen künftigen Patron der protestantischen Bewegung Philipp von Hessen. Eine solche Haltung angesichts des Todes wünsche er sich auch einmal, kommentierte der junge Landgraf. Zerknirscht wegen seiner Sünden habe der tagelang Gefolterte seinen Gott um Barmherzigkeit gebeten, aber widerrufen habe er nicht.[277]

Müntzer: militant, aber religiös. Oder sollte man es umdrehen: religiös, aber militant?

Männer in Krisenzeiten: Krise als Chance, Aufbruch oder Endzeit: Sie vermittelten ihren Anhängern das Gefühl, in dieser Zeitenwende an der

---

[275] Ich überarbeite dieses Kapitel am Tag der Wiederwahl von Donald Trump, die für mich nur eine Botschaft verkörpert: „Wir dürfen wieder böse sein!" Entsprechende erfolgreiche Bewegungen gibt es auch in Luthers Heimatland. Luther hatte eine pessimistische Anthropologie, die sich immer wieder als realistisch erweist – leider auch in Blick auf ihn.

[276] Das gilt für die meisten seiner Stationen, die wir kennen, bei den Zwickauer Propheten und mit Heinrich Pfeiffer.

[277] Hauss 190

richtigen Seite Gottes zu stehen. Und sie vermitteln wohl auch die Hoffnung, einen Lohn dafür zu erhalten, einen diesseitigen, falls die Erhebung zum Erfolg führt, oder einen jenseitigen, falls sie scheitert.

Einer nimmt uns das Denken ab
Es genügt
Seine Schriften zu lesen
Und manchmal dabei zu nicken

. .

Einer nimmt uns
Die großen Entscheidungen ab
Über Krieg und Frieden
Wir wählen ihn immer wieder

Wir müssen nur
Auf zehn bis zwölf Namen schwören
Das ganze Leben
Nehmen sie uns dann ab.[278]

So formulierte es Erich Fried, der jüdische Dichter zwischen Nazi-Deutschland, Flucht-England und dem Israel nach 1948. Ihn hatte die Erfahrung des Negativen kritisch gemacht, nicht einfach aggressiv, nicht einfach rachsüchtig, sondern nachdenklich: Der schlimme Feind sollte nicht erreichen, dass er so würde wie dieser.[279] Das sagte er für sich, und erlebte zugleich, dass die Masse des Volkes einen anderen Weg ging.

2.12 Münster 1534: Das chiliastische Täuferreich

Rebellen sterben nicht aus. Dem Rebellen-Gen der Menschheit geben Ungerechtigkeit oder Widersprüchlichkeit Nahrung. Auch nach der Niederschlagung des Bauernaufstandes schwelte das Unbehagen trotz äußerlicher Erfolge der Protestanten[280] untergründig weiter. Der Konflikt Rom contra Luther schien manchen Kreisen obsolet. Dem saturierten Herrn Luther, Professor und Fürstengünstling mangelte es an Konsequenz. Die Forderung nach artikulierbarem Glauben als Voraussetzung von Taufe konnten der Reformator und sein In-Kreis nur vordergründig abschmettern. Die Täuferbewegung wucherte wie Löwenzahn im Untergrund. Konsequente Christen betonten laut und leise, dass zur Taufe mit Wasser substantiell das formulierte Bekenntnis zu Christus gehörte. Zu dieser Gemeindevision trat eine reale Erwartung des Reiches Gottes. Ob dieses erst

---

[278] Fried, E., Warngedichte, S.107: Die Abnehmer
[279] Das war auch eine Warnung in der BRD während der RAF-Krise: Gebt nicht eure demokratischen Werte auf, um antidemokratische Kräfte zu bekämpfen!
[280] Diese zeigten sich in territorialen Gewinnen.

mit Christi Wiederkunft begänne oder durch Menschen jetzt schon umgesetzt werden sollte, wurde unterschiedlich beantwortet.

2.12.1 Taufrebellen in Münster

Wer über die Felder auf Münster zuwanderte, hatte den Dom als Zentrum vor Augen. Mittig gelegen dominierten die Türme von St. Paulus, flankiert von St. Lambertus und der Liebfrauenkirche[281]. Die Kirchen beherrschten das Stadtbild über die mächtige Stadtmauer hinaus; hier schien die Achse der Welt zu sein und der Klerus übte seine von Gott gegebene Macht aus, wenngleich in dienlicher Abstimmung mit den betuchteren Einwohnern, dem Rat der Stadt. Den Regierenden schien die Welt in Ordnung zu sein, aber der Schein trog.

Aus Süden und Westen kamen in den 1530er Jahren Christen mit einem reformierten Hintergrund nach Münster. Zürich konkurrierte als Zentrum religiösen Aufbruchs mit Wittenberg. Unter diesen Christen waren viele Täufer, einerseits Schwertler, die das Reich Gottes mit Gewalt durchzusetzen versuchten, andererseits Stäbler, die pazifistisch mit dem „Wanderstab" ihre Überzeugung verbreiteten. Bei den Schwertlern blieb die persönliche Religionsfreiheit auf der Strecke, da alle im Reich Gottes eingebürgert sein sollten.

Durch seine charismatischen Predigten fiel Bernd Rothmann auf. 1495 war er in Stadtlohn bei Münster geboren.[282] Bei Aufenthalten in Marburg und Wittenberg hatte er sich mit Bugenhagen und Melanchthon austauschen können. Später überzeugte ihn Melchior Hofmann mit seiner Direktheit. Der durch Luthers frühe reformatorische Erkenntnisse aufgewühlte

---

[281] Auch „Überwasserkirche" oder „Marienkirche" (im Bild links).

[282] Sein Lebensende liegt im Dunkeln; nach Münsters Eroberung blieb er verschollen.

146

Prediger entwickelte für Münster apokalyptisch-chiliastische Vorstellungen. Da er beim Abendmahl Stuten austeilte, nannte man ihn Stutenbernd.[283]

Bernd Rothmann, Jan Mathys und seine Frau Divara von Haarlem

Bald trat eine neue Gestalt auf die Bühne: Jan Mattys. Er kam um 1500 im niederländischen Haarlem zur Welt. Der Bäcker stieß zu den Täuferkreisen und schloss sich Melchior Hofmann an. Als er sich der römischen Lehre der Realpräsenz in öffentlichen Reden widersetzte, durchbohrte man ihm die Zunge. Schon als Führer der Melchioriten in Amsterdam wollte Mathys ein Himmlisches Jerusalem umsetzen. Die Haarlemer Schönheit Divara wählte er als geistliche Begleiterin und nach Verstoßung seiner bisherigen Frau auch als Ehefrau. Mit ihr versuchte er noch in den Niederlanden eine Endzeitherrschaft einzuleiten, in der die Gottlosen vernichtet werden sollten, damit der Messias wiederkommen könne. Dieser werde dann ein weltweites Gottesreich errichten. Bis dahin müssten die apostolischen Sendboten mit ihrer warnenden Botschaft durch die Lande ziehen.

Die Hansestadt Münster unterhielt rege wirtschaftliche Beziehungen zu den Niederlanden, wo Melchior Hofmann wirkte. 1530 von Straßburg zunächst nach Ostfriesland gezogen, verbreitete er seine Taufpredigten in den Niederlande. In Amsterdam hörte Jan Mathys seine Botschaft und entwickelte sie zu einer präsentischen Endzeiterwartung weiter. Hofmann predigte, vor der Wiederkunft des Messias müsste es ein Zwischenreich geben, in dem ebenfalls Gott herrschte, nachdem der neue Glaube sich militärisch durchgesetzt hätte. Mathys folgerte, er und seine Weggenossen müssten dieses Zwischenreich umzusetzen.

Als er vom erfolgreichen Wirken Bernd Rothmanns hörte, wanderte Mathys ins römisch dominierte Münster. Im Zuständigkeitsbereich des meist abwesenden Bischofs lebte der Großteil der Menschen unter katastrophalen Bedingungen. Durch die herrschende Schicht ausgebeutet, hatten sie oft kaum das Nötigste zum Leben und waren zudem Verfolgungen ausgesetzt. Die soziale Realität trug apokalyptische Züge. Was aber,

---

[283] Freilich passt dieses Hefegebäck nicht zu den Zubereitungsformen der Matzen, die zur Passahtradition des Abendmahls gehören würden.

wenn sich nun das Blatt wendete und die Rettung für die Opfer der Gesellschaft durch die Apokalypse nahte und sie diesmal auf der richtigen Seite der Vorsehung standen?

Mathys traf auf einen guten Nährboden. Wir kennen heute den ganzen Verlauf der Geschichte. Als Verlierer der Geschichte haben die Wiedertäufer die schlechtere Presse. Die Sieger diffamierten sie mit Sex und Crime. Das verkauft sich gerade auch bei bigotten Mainstream-Christen immer gut. Der Hintergrund der täuferischen Bewegung war jedoch primär religiös. Die Gläubigen griffen als Kämpfer Gottes gegen die gottlose Obrigkeit zu den Waffen. Dass im weiteren Verlauf dann biblisch begründbare polygame Vorstellungen in die Tat umgesetzt wurden, verdeutlicht die Ambivalenz jenes Geschehens. Bei den einfachen Leuten ging es nicht um Sex. Praktische Polygamie ist ein „Privileg" der Betuchten.[284] In Münster aber sammelten sich um Mathys die Unterdrückten.

In der Stadt stritten regierende Familien, die sich die Herrschaft vererbten, mit den Handwerkern und auch dem katholischen Klerus. Schon auf dem Höhepunkt des Bauernkrieges kam es hier zu Aufständen, die selbst der mediativ auftretende Bürgermeister Everwin Droste zu Handorf nicht befrieden konnte.

1530 hatten sich die Münsteraner Evangelischen der Augsburger Konfession widersetzt und suchten einen eigenen Weg, als Bernd Rothmann auf den Plan trat. Seine charismatischen Predigten liefen der restriktiven römischen Linie entgegen. Bald erteilte der Bischof dem Anhänger der neuen Bewegung Predigtverbot. Nach mehrfacher Zuwiderhandlung exulierte man Rothmann. Die Ausweisung konnte jedoch nicht durchgesetzt werden, da er als Prediger auch bei den angeseheneren Bürgern beliebt war. Als die reaktionäre Stimmung kippte, erreichten die Gilden die Einsetzung von Predigern der Reformation an allen Kirchen der Stadt.

Ein häufiger personeller Wechsel in der herrschenden Schicht schwächte die politische und kirchliche Stabilität der Region, so dass erst durch Franz von Waldeck ein gefährlicher Gegner für die Stadt auf den Plan kam. Durch Handelsboykott und Beschlagnahmungen setzte er Münster unter Druck. Die Münsteraner nahmen bischöfliche Geiseln und erreichten dadurch eine Pattsituation. Der einflussreiche Philipp von Hessen erwirkte 1532 einen Kompromiss, der sowohl evangelischen wie auch katholischen Einfluss in Münster ermöglichte. Die Entwicklung verlief auf dem Hintergrund

---

[284] Auch in Gesellschaften, in denen Polygamie erlaubt ist, wird sie nur von wenigen praktiziert, da sie ökonomisch schwer durchzuhalten ist Ich erlebte in West-Afrika bei diversen Häuptlingen, dass sie aus machtpolitischen Gründen viele Frauen hatten – teilweise gar vom Vater geerbt. Diesen standen Häuschen zu, sie mussten versorgt werden. Viele einfache Männer um die 30 konnten sich keine Heirat leisten, weil sie ein solches Häuschen nicht bauen konnten.

der Unterdrückung des Volkes durch Klerus und Clans weiterhin zugunsten der Evangelischen, so dass 1533 sogar der Stadtrat evangelisch wurde.

2.12.2 Münster als Täuferhochburg

In dieser Umbruchsituation erteilte die Stadt Bernd Rothmann den Auftrag, eine neue Gottesdienstordnung zu erstellen. Dabei setzte dieser konsequent auf die Gläubigentaufe. Die meisten Christen Münsters standen hinter ihm, so dass der Versuch des Stadtrats, Lutheraner zu positionieren ebenso scheiterte wie entsprechende Unternehmungen des katholischen Rests.

Die Entwicklung in Münster sprach sich herum; die Stadt entwickelte sich zu einem evangelischen Zentrum mit beginnender Täufertradition. In dieser Zeit weilte sogar vorübergehend Jan van Leiden in ihren Mauern. Durch Rothmann bewegt, ließ er sich nach seiner Rückkehr in die Niederlande durch Jan Mathys (wieder-)taufen.

In Münster wurden die Zeiten schwerer. Die Täuferbewegung fand zunehmend Anhänger, aber dies bot dem Fürstbischof eine juristische Handhabe, gegen die Stadt vorzugehen. Dabei war der Stadtrat der Verlierer, da er sich zwar standhaft weigerte, die Täufer auszuliefern, andererseits innerhalb der Stadt auch nicht zu diesen stand. Die Räte machten sich also auf beiden Seiten Feinde.

Für die Täufer nahte Verstärkung aus Leyden in den Niederlanden in Gestalt von **Jan Beukelszoon**. In Münster nannte man ihn nach seiner Herkunft **Jan van Leiden**. Der junge Mann, als Sohn des Bürgermeisters Beukel Gerrits 1509 auf der falschen Seite des Bettes geboren, erhielt trotzdem dem Brauch entsprechend den Beinamen Beukelszoon. Er erlernte das Schneiderhandwerk und kam damit im norddeutschen Raum weit herum, und sogar bis nach England und Portugal. Zurück in Leiden verdiente er gastronomisch seinen Lebensunterhalt, wobei er zudem den Künsten, etwa dem Singen und Dichten frönte. Als er 1533 Jan Mattys begegnete, schickte dieser ihn zur Unterstützung der Täuferbewegung nach Münster. Dort konnte Beukelszoon auch Bernd Rothmann wieder hören. Ein viertel Jahr später folgte Mathys seinem Schüler.

Durch Jan van Leiden vorbereitet stieg Mathys schnell zum Anführer der Täufer auf und erreichte durch sein Charisma für die Täufer eine Mehrheit bei der anstehenden Ratswahl. Den Erfolg schmälerten demoskopische Faktoren, da viele Anhänger der konkurrierenden Parteiungen geflohen waren.[285]

---

[285] Aktuell wäre die unsägliche Situation auf der Krim, wo Russland behauptet, die Mehrheit der Bewohner sei für die Zugehörigkeit zu Russland und das stimmen kann, da viele bodenständige Einwohner geflohen sind oder zwangsumgesiedelt wurden, während Russland neue Bewohner einschleuste. Diese demoskopische Wahlfälschung schreit zum Himmel, der seinerseits schweigt.

Nach dem Sieg der Täufer setzte sofort die Schattenseite des Sieges ein. Mitbürger wurden genötigt, sich taufen zu lassen oder flohen gerade davor. Am Prinzipalmarkt war der öffentliche Taufplatz. Heute markiert ihn ein kleines Kreuz im Straßenpflaster.

Der öffentliche Taufplatz und Lambertikirche

Zudem wurden Gegner enteignet und ihr Eigentum beschlagnahmt. Dadurch verwandelte sich der Sieg der Täufer in eine moralische Niederlage.

2.12.3 Jan Mathys Täuferreich und das Ende der Weltzeit

Nach dem Sieg begann Mathys, seine utopischen Vorstellungen umzusetzen. Die Naherwartung und die Vorstellung vom urchristlichen Kommunismus bildeten die Grundlage der Umstrukturierung Münsters zum Neuen Jerusalem. Nun wurde Privatbesitz in Gütergemeinschaft überführt – wobei weiterhin im für den Alltag nötigen Rahmen privates Eigentum existierte. Die Geldwirtschaft wurde aufgehoben, die Haustüren blieben unverschlossen.[286] Alles, was an die Vergangenheit fesselte oder in eine an der Vergangenheit orientierte Zukunft führen könnte, wurde zerstört. Alle greifbaren Bücher – abgesehen von der Bibel – ließ Mattys am 15. März ins Feuer werfen, zusammen mit Würfelspielen, Kartenspielen, Instrumenten und Noten.[287] Gerichtbarkeit wurde gehalten, Todesurteile wurden vollstreckt und durch eine Folter vorbereitet; die Praxis der Folter beendete erst Jan van Leiden, der andererseits Verurteilte durchaus selbst hinrichtete.[288] Vae victis! Von der Friedensliebe des Messias aus Nazareth war nichts zu spüren.

---

[286] Lutterbach, H., Das Täuferreich von Münster, S.76
[287] Ebd. S.79
[288] Die Revolutionsikone Che Guevara verhielt sich nach der (berechtigten) kubanischen Revolution nicht anders. Damit desavouierte er seine Ziele.

150

Im März wurde die Stadt von den Truppen des Bischofs Franz von Waldeck[289] ringförmig belagert. Trotzdem wagten die Münsteraner Ausfälle. Am 6. März ließen sie zwei Mühlen in Flammen aufgehen; eine Woche später warfen sie am Jüdefeldertor Brandfackeln in Landhäuser von Domherren.

All dies stand unter dem Vorzeichen des **Endes dieser Weltzeit**. Bernhard Rothmann hatte es für 1534 errechnet. Diese **Berechnung** nachzuvollziehen ist etwas kompliziert: Es beginnt mit Zeiten aus dem Alten Testament: Elija hatte, nachdem Israel auf die falschen Propheten gehört hatte, 3 ½ Jahr Strafe für das Gottesvolk herausgehandelt. Die babylonische Gefangenschaft dauerte 70 Jahre und vermehrte die Strafe um das 20-fache. Die babylonische Gefangenschaft der Kirche vermehrte die Strafe erneut um das 20-fache und damit war Rothmann bei der Zahl 1400. Da er meinte, die Kirche sei nach 100 Jahren vom Urchristentum abgefallen, war er bereits bei 1500. Wenn man nun noch die Lebenszeit Jesu auf 33 Jahre berechnete, musste nach dem Jahr 1533 das Ende kommen. Und natürlich würde der Messias am Festtag seiner Auferstehung erscheinen, also an Ostern 1534.[290] An dieser Berechnung durch Bernhard Rothmann orientierte sich Jan Mathys.

Es ging auf das Osterfest 1534 zu: Voller Vorfreude banden die Täufer am Karfreitag den Vertrag, in dem der Bischof Münsters Rechte garantiert hatte, an den Schwanz einer Stute und ließen diese nach St. Mauritz vor den Toren der Stadt galoppieren. Dann kam der Sonntag. Auf dem Marktplatz von Münster hielt Mathys den Berichten nach eine charismatische Predigt, die auch ihn ergriff. Er sah sich selbst als Vollstrecker des Willens Gottes, als Gideon. Gott würde für ihn Partei ergreifen, das würde er jetzt auch demonstrieren.

Er ritt aus der Stadt, einige Anhänger an seiner Seite, waffenlos, nur auf Gottes Schutz setzend. Die Soldateska des Fürstbischofs packte sich ihn und zerschlug seinen Körper. Mit den Leichenteilen trieben sie vor den Mauern Münsters und den entsetzten Blicken der Einwohner ein schauerliches Wurfspiel. Den Kopf spießten sie höhnisch-demonstrativ auf einen Pfahl. Am Abend, als die Landsknechte sich zurückgezogen hatten, sammelten Anhänger diese Leichenteile in einen Korb, um Mathys zu bestatten. Es war der 5. April 1534.

2.12.4 König „Johann I": Jan van Leiden

Gottes Eingreifen blieb aus und man musste neue Wege gehen. Als Mathys Nachfolger drängte sich sein engster Vertrauter Jan van Leiden an

---

[289] Da er die Soldaten übrigens nicht angemessen entlohnte, waren sie nicht zu jeder Zeit kampfbereit!

[290] Zu der Berechnung siehe Lutterbach, S.112.

die Spitze.[291] Mit Charisma und Erfahrung ausgestattet erhielt er sofort große Anerkennung trotz der enttäuschten Erwartung angesichts der ausbleibenden Wiederkunft des Messias. Jan nahm sich Mathys Witwe Divara aus Haarlem als Frau; die spätere „Königin von Münster".

Johann I schmückte sich mit königlichen Insignien: Krone, Zepter und Schwert. An der Wand hing der Reichsapfel; eine Weltkugel aus Glas, von zwei gekreuzten Schwertern durchbohrt, darüber das Kreuz: Der christliche Herrscher beanspruchte die Weltherrschaft.

Die Stadt musste effektiv verteidigt werden. Knipperdolling schlug vor, Kanonen auf den Kirchtürmen zu platzieren. Dazu mussten die Helme abgebaut werden. Zimmerleute sägten die tragende Konstruktion ab und stürzten die Hauben hinunter. Darunter kam so manches Nachbarhaus zu Schaden. Besonders beeindruckte die Menschen der Sturz des Turmhelms von St. Marien, da dieser ungewöhnlich länglich war; von dieser „Überwasserkirche" aus boten die Bischöflichen für die Schützen ein gutes Ziel. Beim Rückbau von St. Martini verrutschte allerdings die Spitze und verhakte sich. Beim Versuch, mittels eines Seiles das Dach zu Boden zu bekommen, polterte es doch noch herab und erschlug den Zimmermann. Das strategische Ziel, Kanonen zu positionieren, erreichten die Täufer. Vom Material her waren sie den Bischöflichen überlegen: 86 gegen 42 Geschütze, dazu 450 Hakenbüchsen auf Türmen, Mauern und Rundellen.[292] Das konnte ein langer Kampf werden!

---

[291] Zu den rechtlichen Implikationen siehe C. Fischer, Die Täufer in Münster (1534/35) - Recht und Verfassung einer chiliastischen Theokratie - Forum historiae iuris des Max-Planck-Instituts.

[292] Lutterbach, S.91

„Königin" Divara und Bürgermeister Bernd Knipperdolling

Als Jan Beutelzoon an der Macht war, lieferte er den Gegner umgehend Stoff für Diffamierungen, da er die Polygamie erlaubte. Zwar gerierten sich die Täufer als Sittenwächter, aber hier schien es einen „Sachzwang" zu geben. Unter ihren Anhängern lebten wesentlich mehr Frauen als Männer. Sie mussten versorgt werden. Reich rechnerisch hätte jeder Mann drei Frauen haben müssen. Jan van Leiden reduzierte die Problematik. Er soll 16 oder 17 Frauen geehelicht haben. Das war Wasser auf die Mühlen der Täufergegner. Sexualität und Moral machen sich immer hervorragend.

Ursprünglich hatten die Reformatoren die Bigotterie des römischen Klerus angeprangert, wo selbst die Bischöfe ihre Mätressen hatten. Das lief meist öffentlich, manche Geliebten waren juristisch abgesichert. Luther seinerseits hatte sich durch die Eheschließung mit einer Nonne in die Nesseln gesetzt. Wer freilich heutzutage einen US-amerikanischen (also traditionell puritanisch geprägten) Wahlkampf anschaut, weiß, dass man immer noch erfolgreich auf diese Karte setzt: Unzucht anprangern, aber im eigenen Lager tolerieren. Demokratie bestätigt die Akzeptanz von Bigotterie.

Der „summer of love" endete mit einer erfolgreichen Verteidigung der Stadt. Daraufhin ließ sich Jan Beutelzoon zu „Johannes I." krönen. Das schien zur Erwartung des Messias als Friedenskönig wenig zu passen. Freilich standen dem Frischgekrönten genügend Machtmittel zur Verfügung, sich gegen Kritiker durchzusetzen. Zudem verfügte er über einen großen emotionalen Rückhalt bei den Täufern. Seinen Sekretär Heinrich Krechting ernannte er zum „Kanzler des Königsreich" und zu seinem Stellvertreter. Der Kanzler hatte für die Ordnung zu sorgen.

Heinrich Krechting, Jahrgang 1501 war Bürgermeister im nahen Schöppingen gewesen. Der Sohn eines Stadtschreibers und Organisten agierte zudem als einflussreicher Richter im größten Münsteraner Gogericht. Nachdem ihn Jan van Leiden im Januar 1534 getauft hatte, floh er mit zahlreichen Mitbürgern vor dem Fürstbischof nach Münster. Er galt als kompetent und loyal zugleich. Ebenfalls im Rat war sein Bruder Bernd, der am Ende zu den drei geköpften Täufern gehörte.

Bernd Krechting, von seinem Bruder Heinrich gibt es keine Bilder

Als Scharfrichter wählte sich „Johannes I." Bernd Knipperdolling. In der Herrschaftsriege vertrat dieser die gebürtigen Münsteraner. Als Angehöriger einer Tuchhändlerfamilie gehörte er zur Oberschicht. Der betuchte Kaufmann war um 1495 als Bernd van Stockem geboren. Seit Februar 1534 Bürgermeister, arrivierte er nach Beuckelzoons Inthronisation zum Statthalter im „Neuen Jerusalem".

Wieweit kursierende Geschichten über das Schreckensreich historisch sind, ist umstritten, da sie von der Gegenseite kolportiert wurden, die vor Lügen nicht zurückschreckte. Der Rat von König Johann bestand aus 12 Aposteln. Widerstand wurde blutig bekämpft. Geld war dank der Gütergemeinschaft nicht mehr nötig. Da nach der Verbrennung aller Schriften nur noch die Bibel galt, stand auf Verstößen gegen die 10 Gebote die Todesstrafe. Angeblich soll er eine seiner Frauen wegen Ehebruchs geköpft haben – während einer Versammlung auf dem Marktplatz. So behauptete es dies die feindliche Presse. Die Versionen sind jedoch – vom Tötungsdelikt abgesehen – nicht deckungsgleich. Elisabeth Wandscherer hieß die Königsfrau, die Münster verlassen wollte. „Berichten" von bischöflicher Seite zufolge soll er, nachdem er ihr mit dem Schwert den Kopf abgeschlagen hatte, die Tote wie im Rausch umtanzt haben und mit seinen anderen Frauen „Allein Gott in der Höh sei Ehr" gesungen haben.[293]

Nach der Einführung der neuen Machtstrukturen peilte König Johann eine neue Strategie an. Auf die Dauer war „einer gegen alle" aussichtslos.

---

[293] Ähnlich perverses Verhalten wird auch aus anderen Kriegen berichtet. So sollen Israelis in palästinensische Häuser eingedrungen sein und die Bewohner ermordet haben, während sie „Hevenu Shalom Alechem" (Wir bringen euch Frieden) sangen.

Münster brauchte Verbündete. Van Leiden schickte Boten zu anderen Gemeinden. Diese Gesandten firmierten als Missionare, doch der Erfolg blieb aus. Manche wurden in den Nachbarstädten gleich dingfest gemacht, andere von Landsknechten geschnappt. In der Nähe fand man keine Hilfe, aber auch aus den Niederlanden war aufgrund der dortigen Kämpfe nichts zu erwarten.

Im neuen Jahr 1535 setzte der Belagerungskoller ein. Die Aggressionen stiegen, damit die Gewalttaten. Zudem waren die Nahrungsvorräte aufgebraucht. Die Täufer wurden regelrecht ausgehungert. Dann hatten die fürstbischöflichen Truppen leichtes Spiel. Der Schreiner Heinrich Gresbeck war im Mai aus Münster geflohen und hatte sich dem Bischof als Informant angeboten. Er kannte die schwache Stelle der effektiven Verteidigungsanlage am Kreuztor. Dort drangen über den Graben in der Nacht vom 24. Juni 1535 etwas mehr als 200 Landsknechte des Fürstbischofs und seiner Verbündeten ein. Sie versteckten sich in der Stadt und die Verteidiger schlossen das Tor wieder. Doch am Tage öffneten die Bischöflichen das Jüdefeldertor.

Inzwischen befanden sich nur noch 800 Menschen in Münster, von denen sich 300 in einer Wagenburg verschanzten. Gnadenlos schlugen die Landsknechte zu, richteten ein regelrechtes Massaker an. Die Tötungen an Männern und Frauen gingen noch über Wochen. Der Kanzler Heinrich Krechting hatte sich mit etwa dreihundert Kämpfern in einer Wagenburg verschanzt. Ihre Gegenwehr schien trotz Übermacht nicht zu besiegen. Der Kampf um den Prinzipalmarkt blieb unentschieden und es gab einen Kapitulationsvertrag.[294]

Heinrich Krechting und 24 Mitstreiter durften Münster lebend verlassen – mit Schutzbrief des Fürstbischofs und zehn Goldgulden fürs Überleben. Krechting kam in Lingen unter und versuchte tatsächlich nach drei Jahren, den Spieß herum zu drehen und Münster zurück zu erobern. Aber trotz der Konflikte, die seine Gegner auch noch zu bestreiten hatten, war sein Kontingent zu schwach. Vierzig Jahre später[295] starb er, hochbetagt und ebenso angesehen.

Anders erging es seinem Bruder Bernd Krechting, König „Johannes I." und Statthalter Bernd Knipperdolling. Das Dreigestirn hatte sich nicht zimperlich gezeigt. Man ging mit ihnen auch nicht zimperlich um. Zwar ließ man sie am Leben, aber nur, um Macht zu demonstrieren. Verhöre, meist

---

[294] Am 24. Juni, dem Tag der Einnahme der Stadt durch die bischöflichen Truppen, feierte man bis 2001 Dankgottesdienste, bei Jubiläen mit Dankprozessionen. (Historikerin (Leiterin der Mennonitischen Forschungsstelle) Astrid von Schlachta in „Pro" 18.12.2020, einem Interview zum „Tatort".)
[295] 1580. Sein Enkel Heinrich Krefting und sein Urenkel Hermann Wachmann waren Bürgermeister Bremens.

unter Folter wurden angestellt mit belanglosem Ergebnis. Die Verhandlung im Januar endete erwartungsgemäß mit dem Todesurteil.

Ihr Ende wird grausam geschildert. Die Schergen des Bischofs marterten Bürgermeister Knipperdolling, König Beuckelzoon und Prädikant Bernd Krechting in aller Öffentlichkeit auf dem Prinzipalmarkt an der Lambertikirche.

Christliche Folterungen, mit Rauchschwaden, weil die Zangen geglüht wurden. Daneben die (originalen) Käfige an der Lambertikirche

Den Predigern der Apokalypse wurden die Zungen mit glühenden Zangen aus dem Mund gerissen. Ihre Körper zerschlugen Landsknechte mit Schwertern. Es soll auch finale Todesstöße gegeben haben. Dann jubelte man beim üblichen „Zur-Schau-stellen". Die Leichen hängte man in drei Eisenkörben als Zeugnis für alle, „dass sie allen unruhigen Geistern zur Warnung und zum Schrecken dienten, dass sie nicht etwas Ähnliches in Zukunft versuchten oder wagten" am Turm der Kirche (!) auf. Dort blieben sie auch. Angeblich waren Knochenreste noch ein halbes Jahrtausend später zu erkennen. Auch heute kann man in Münster die Körbe am Kirchturm erblicken, wenngleich durch den letzten Krieg nicht mehr vollständig und in der falschen Reihenfolge. Auch die Folterinstrumente hängen im Stadtmuseum der Bischofsstadt.

Bernhard Knipperdolling, Jan van Leiden, Bernd Krechting.

Freilich starb damit nicht die Utopie eines himmlischen Jerusalems, aber Nachahmer schreckte die Niederlage tatsächlich ab.

> Was ist eine Religion, wenn in ihr die Glut erloschen ist und der Mut fehlt, entschiedene Wege zu gehen?

Ihr Mut, eine Umsetzung zu wagen ist das bleibende Zeichen von Mathys und van Leiden. Das Blutvergießen hingegen zeigt den Sieg des Bösen in denen, die an die Macht gekommen sind.

2.13 Epilog: Dreizehn Rebellen für einen Messias

Rebellen der Reformation! Zuordnung und Auswahl waren nicht leicht. Zentrale Persönlichkeiten der Reformation wie Melanchthon kamen nur am Rande in den Blick, dafür war die Frage, ob wir **Götz von Berlichingen** und **Franz von Sickingen** dazu zählen können. Durch **Ulrich von Hutten** waren sie mit den intellektuellen Rebellen der Humanisten verbunden. Mitunter schien das Aufbegehren eher der Suche nach der eigenen Persönlichkeit als dem Widerstand gegen die Abwege der traditionellen Autoritäten zu gelten.

Den charismatischen Aufbruch in der Frühzeit verkörperten **Nikolaus Storch** mit den Zwickauer Propheten und **Andreas Karlstadt**. An ihnen faszinierte die Unschuld derer, die etwas Neues beginnen, ohne auf Vorbilder aufzubauen. Mit **Hans Hut** und **Hans Hergot** öffnete sich der Blick zum diesseitigen wie jenseitigen Chiliasmus und wurde das Unbehagen an der geistlichen wie gesellschaftlichen Gegenwart unter Einsatz des Lebens artikuliert.

Die reformatorischen Vernetzungen zeigten sich bei denen, die in den unterschiedlichsten Zusammenhängen erschienen. **Melchior Hofmanns** Wirkungsgeschichte betraf die Naherwartung ebenso wie die Bekenntnisbewegung der Täufer. **Martin Luther** tauchte mehr als Gegner denn als Rebell auf, aber er hatte Initialzündungen gesetzt, ebenso wie **Ulrich Zwingli**, der im Kampf sein Leben ließ und dabei ein Fanal für die Freiheit setzte.

Der Weg von rebellischer Begeisterung hin zum Despotismus zeichnete sich im Bauernkrieg ab, wo die Wut über soziale Aussichtslosigkeit sich im

Vandalismus entlud. Anders zeigte sich dies bei **Jan Mathys** und **Jan van der Leiden**, deren enthusiastische Aufbrüche nicht mehr zum diktatorischen Ende passten. Fürsten wie Klerus gaben auf der Gegenseite kein besseres Bild ab, verfügten aber über die effektiveren militärischen und finanziellen Mittel.

Bei **Thomas Müntzer,** dem Rebellen aus dem Harz überzeugte seine Aufrichtigkeit und sein Versuch der Selbstkritik. Er machte seinen revolutionären Weg immer wieder an den Heiligen Schriften fest. Er wollte ganz nahe an Gottes Willen sein, nicht nur durch den Buchstaben, sondern auch durch den lebendigen Geist auf dem richtigen Weg geführt werden. Das Rebellische in unserer Natur und unserer Religion sollten wir erkennen, aber ebenso Geschichte kennen und aus Geschichte lernen. Hier lieferten uns die 13 Rebellen viel Material.

Religion braucht Rebellen. Warum? Religion tendiert dazu, in Riten zu erstarren. Sehr schön zeigte dies Sartre in „Die Fliegen", wo die Bevölkerung einen öffentlichen Bußtag begeht, der plötzlich gestört wird, weil ein Teilnehmer auf eine reale Verlogenheit zu sprechen kommt und den alles nivellierenden und zudeckenden Ritus unterbricht.

Rebellen spüren, dass etwas nicht mehr stimmt, was vielleicht einmal stimmig war. Freilich erkannten wir bei der offenen Rebellion, dass das Ergebnis oft einen Pferdefuß hatte und genauso ambivalent war wie der kritisierte Zustand. Deswegen war die Besinnung auf den Charakter der Utopie unerlässlich. Den Ort, an dem alles stimmt, gibt es unter unserem Himmel nicht – mit den Worten des Visionärs Johannes: Es muss ein neuer Himmel sein – und eine neue Erde.

Doch auch wenn Rebellen das eigentliche Ziel nicht erreichen können, sind sie notwendig. Durch sie spüren die Glaubenden, dass es um etwas Lebendiges geht. Gott kann bewegen.

In meiner evangelischen Kirche beobachte ich, wie sich die gesellschaftlichen Mechanismen widerspiegeln. In Führungspositionen gelangen am ehesten die, die wissen, wie man die Hebelchen zur Macht bewegt. Das ist keine schlechte Qualifikation. Schlecht wird es dann, wenn es Selbstzweck ist oder zum Selbstzweck mutiert. Gott wehrt sich leider nicht gegen die, die ihn usurpieren. Und mancher, der einen Theologen spielt, spielt ihn für das Publikum überzeugend, ohne die geistliche Tiefe abzudecken. Darum kann sich die Kirche über die Rebellen freuen, die Ungereimtheiten artikulieren und Richtungsänderungen forcieren. Wenn wir genau hinschauen, hat dieses Jesus aus Nazareth praktiziert.[296] Darum wurde der Rebellenkönig gekreuzigt und der Gottessohn auferweckt.

---

[296] Dostojewski lässt in „Die Brüder Karamasow" den Großinquisitor mit Jesus sprechen. Dabei wird deutlich, dass für die führenden Personen der Amtskirchen Jesus ein echtes Problem darstellt. Seine aufbrechende Kraft ängstigt die saturierten Kleriker.

3   Literatur

Ahuis, Ferdinand: Notorisch knapp bei Kasse, Luthers Biographie und die Juden, Deutsches Pfarrerblatt 10/2022

Barth, Karl, Christengemeinde und Bürgergemeinde, 1946

Bensing M., Thomas Müntzer und der Thüringer Aufstand, 1525, 1966

Berlichingen, Götz von, Lebensbeschreibung des Ritters Götz von Berlichingen1560 (1962)

Bloch, E,.Thomas Müntzer als Theologe der Revolution, 1963 (1922)

Bubenheimer, Ulrich, Oehmig, Stefan, (Hrsg.): Querdenker der Reformation – Andreas Bodenstein von Karlstadt und seine frühe Wirkung. 2001

Chronik Arnstadt, Hg. Reinhold, K., Bd.2

Decot, Rolf, *Kleine Geschichte der Reformation in Deutschland*, 2005 (zu: Nikolaus Storch und die Zwickauer Propheten)

Deppermann, Klaus, Melchior Hoffman: Widersprüche zwischen Lutherischer Obrigkeitstreue und apokalyptischen Traum. In: H.J. Goertz (Hrsg.): Radikale Reformatoren. München 1978. S.155–66.

Dokumente aus dem deutschen Bauernkrieg, Beschwerden Programme Theoretische Schriften, Hg. Lenk,W. Leipzig, 1983

Dr. Martin Luthers Leben, Herausgegeben von dem christlichen Vereine im nördlichen Deutschland. Halle, 1846, (in meinen Beständen)

Dürrenmatt, Die Wiedertäufer

Ebeling, Gerhard, Luther, 1981;

Egger, S., The Killers among us, 1997 (Prentice Hall)

Elliger W., Thomas Müntzer. Leben und Werk, 1975

Engels, F., Der deutsche Bauernkrieg, in: Karl Marx - Friedrich Engels - Werke, Band 7, Dietz Verlag, Berlin/DDR 1960

Fischer, C., Die Täufer in Münster (1534/35) - Recht und Verfassung einer chiliastischen Theokratie; im: Forum historiae iuris des Max-Planck-Instituts

Flachenecker, Helmut, Der Bauernkrieg im Taubertal, in Frankenland, Zeitschrift für fränkische Geschichte, Kunst und Kultur, 2024 Sonderheft Der Bauernkrieg in Franken

Fried, E., 100 Gedichte ohne Vaterland

Ganseuer, Frank F. Hans Hergot und der "Linke Flügel der Reformation" in Nürnberg, 1984

Gess, F.; Akten und Briefe zur Kirchenpolitik Herzog Georgs von Sachsen. Bd 2

Goertz, H-J., Thomas Müntzer, 1978

Goethe, J.W.v. Götz von Berlichingen

Guderian, H. Die Täufer in Augsburg

Harbort, S.; Das Hannibal-Syndrom, 2001Hauss, F., Väter der Christenheit, 1991

Hofmann, Melchior, Auslegung der heimlichen Offenbarung Joannis des heyligen Apostels unnd Evangelisten, 1527

Karlstadt, Andreas - Von abtuhung der Bylder / Vnd das keyn Betdler vnther den Christen seyn soll. *Andreas Bodenstein von Carlstadt*

Kaufmann, Thomas: *Luther auf dem Wormser Reichstag. Person und Publizistische Wirkung.* In: Hier stehe ich. Gewissen und Protest – 1521–2021. Begleitband zur Landesausstellung 3. Juli bis 30. Dezember 2021

Kehrer, J., Wilsberg und die Wiedertäufer, 1994

Kirchenordnung eines Erbarn Raths des heiligen Reiches Stat Schweinfurt in Franken, 1543

Konrad, Ruprecht, Der Bauernkrieg im Hochstift Bamberg 1524, in Frankenland, Zeitschrift für fränkische Geschichte, Kunst und Kultur, 2024 Sonderheft Der Bauernkrieg in Franken

Leng, Rainer, Der Bauernkreig im Hochstift Würzburg, in Frankenland, Zeitschrift für fränkische Geschichte, Kunst und Kultur, 2024 Sonderheft Der Bauernkrieg in Franken

Lenk, W., (Hg), Dokumente aus dem deutschen Bauernkrieg, 1983

Lilje, H., Luther, Anbruch und Krise der Neuzeit, 1952

Lindner, M., „Da fehlt ein Löffel voll Gehirn" in BdW 2001/8

Luther Deutsch, Bd.7 Hg. Aland, K. 1954

Luther, M., Werke, Hg. K.Aland

Lutterbach, H., Das Täuferreich von Münster, 2008

Müntzer, Th., Schriften und Briefe, Hg. Wehr, G.1978

Opitz, Peter, Ulrich Zwingli: Prophet, Ketzer, Pionier des Protestantismus

Pilz, G., Ein Sack voll Ablass, Bildsatiren der Reformationszeit, o.J.

Pohly, M. / Durán, K. Osama bin Laden und der internationale Terrorismus

Schauder, Karlheinz, Franz von Sickingen, 2006

Schoßwald, V., Albert Schweitzer, denken, glauben, leben, 2022

Schoßwald, V., Allmacht, 2015

Schoßwald, V., Gewalt in Gottes Namen, in: Korrespondenzblatt 12/2001

Schoßwald, V., Herrgott, Kampf um Welt und Wirklichkeit, 1991

Schweinfurter Kirchenordnung 1543 (Faksimile)

Schweitzer, Albert: Von Reimarus zu Wrede: Eine Geschichte der Leben Jesu-Forschung. 1913[2]

Seebaß, G., Müntzers Erbe Hans Hut, 2002

Spelsberg, Helmut, Aber Hutten kehrte nicht um: Betrachtungen zu Leben und Werk Ulrich von Huttens

Uhlmann, Peter, Die Täuferbewegung

Vogler, Günter, Die Täuferherrschaft in Münster und die Reichsstände : die politische, religiöse und militärische Dimension eines Konflikts in den Jahren 1534 bis 1536

Wehr G., Thomas Müntzer, 1972

Zimmermann, Dr. Wilhelm, Geschichte des großen Bauernkriegs, nach den Urkunden und Augenzeugen 2, 1856

Zitelmann Arnulf, Ich will donnern über sie! 1999

4 Aphorismen

Gesunder Menschenverstand bezeichnet die Unfähigkeit, Komplexität zu verstehen.

Die evangelische Kirche für den Frieden zu feige. Auch für interne Konfliktlösungen.

Hasenfüße rufen zu den Waffen

Es gibt viel zu beklagen, jammern wir's an...

Deutsche Kirchenleitungen: Sie propagieren stolz, dass sie ein Rettungsboot für Flüchtlinge auf dem Mittelmeer sponsern, aber das Leben ihrer Mitarbeiter ist ihnen egal, sie opfern es gerne, wenn es opportun ist.